墨香财经学术文库

"十二五"辽宁省重点图书出版规划项目

国家社科基金重大项目（18ZDA058）

国家自然科学基金项目（71672026，71972030）

辽宁省"兴辽英才计划"项目（XLYC1804007）

Reputation Sharing, Reputation Damage
and Recourse Liability of
E-commerce Platform Companies

平台型电商的声誉分享、声誉破坏与责任追索

汪旭晖 ◎ 著

东北财经大学出版社
Dongbei University of Finance & Economics Press
大连

图书在版编目（CIP）数据

平台型电商的声誉分享、声誉破坏与责任追索 / 汪旭晖著. 一大连：东北财经大学出版社，2020.10

（墨香财经学术文库）

ISBN 978 7 5654 3885 1

Ⅰ．平…　Ⅱ．汪…　Ⅲ．电子商务-研究-中国　Ⅳ．F713.36

中国版本图书馆CIP数据核字（2020）第102623号

东北财经大学出版社出版发行

　　大连市黑石礁尖山街217号　　邮政编码　116025

　　网　　址：http：//www.dufep.cn

　　读者信箱：dufep @ dufe.edu.cn

大连图腾彩色印刷有限公司印刷

幅面尺寸：170mm×240mm　字数：246千字　印张：17.5　插页：1
2020年10月第1版　　　　　2020年10月第1次印刷
责任编辑：李　彬　周　欢　责任校对：何　力
封面设计：冀贵收　　　　　版式设计：钟福建
定价：58.00元

"东北财经大学'双一流'建设项目
高水平学术专著出版资助计划"资助出版

作者简介

　　汪旭晖，东北财经大学教授、博士生导师，百千万人才工程国家级人选，国家有突出贡献中青年专家，享受国务院政府特殊津贴专家，教育部新世纪优秀人才，辽宁省特聘教授，辽宁省"兴辽英才计划"哲学社会科学领军人才，大连市领军人才，大连市优秀专家，霍英东青年教师基金获得者。兼任国务院工商管理学科评议组成员，中国商业经济学会副会长、青年分会会长，中国优选法统筹法与经济数学研究会高等教育管理分会副理事长，教育部高等学校物流管理与工程类专业教学指导委员会物流管理专业工作组副组长，中国流通三十人论坛（G30）专家，新零售50人论坛（NRF50）专家，中国物流学会常务理事、特约研究员，中国管理现代化研究会营销专委会常务理事，中国商业史学会常务理事，辽宁省高等学校物流管理与工程类专业教学指导委员会副主任委员，《营销科学学报》编委等。近年来在《管理世界》、《中国工业经济》、《南开管理评论》、《系统工程理论与实践》、International Journal of Contemporary Hospitality Management、Journal of Cleaner Production 等国内外权威期刊公开发表论文 150 余篇，其中 50 余篇被《新华文摘》

《中国社会科学文摘》《高等学校文科学术文摘》《人大复印资料》全文转载。分别在中国财政经济出版社、经济科学出版社、东北财经大学出版社等出版单位出版专著或参编书籍 10 余部。主持国家、省部级课题 30 余项，其中主持国家自然科学基金项目 4 项，主持国家社会科学基金项目、教育部人文社科项目、财政部项目、国家发展和改革委员会项目、农业农村部项目、辽宁社科基金重点项目、辽宁省高等学校创新团队项目、辽宁省教育科学"十三五"规划重点课题等多项。荣获中国人文社科最具影响力青年学者、复印报刊资料重要转载来源作者、影响中国流通发展与改革优秀人物奖、影响中国流通发展与改革优秀著作奖、商务部全国商务发展研究成果奖二等奖、中国服务业科技创新奖二等奖、全国商业科技进步奖二等奖、中国企业改革发展优秀成果一等奖、辽宁省自然科学学术成果奖一等奖、辽宁省普通高等学校本科教学成果奖一等奖、辽宁省哲学社会科学成果奖二等奖、中国物流学术年会优秀论文奖一等奖、大连市青年科技奖、大连市社会科学进步奖一等奖、辽宁省青年教育科研骨干等奖励或荣誉 40 余项。

前言

近年来，伴随着互联网技术的快速发展，电子商务已经成为我国主流的消费方式，平台型电商应运而生并逐渐繁荣。电子商务市场取得爆发式的增长，平台型电商发挥的作用不容小觑。随着 eBay、阿里巴巴等平台型电商企业的强势崛起，以及亚马逊、京东商城等垂直型电商企业的平台化转型，平台型电商已然成为电子商务领域最主要的商业模式，成为电子商务市场的中坚力量。然而，平台型电商繁荣发展的同时也暴露出了许多问题，诸如出售假冒伪劣产品、交易纠纷、平台型电商企业不作为等乱象愈演愈烈，严重干扰了正常的网络市场交易秩序。这使得平台型电商的经营和平台型网络市场的治理，都面临着越来越多的挑战。为此，"网络店铺实名""网购平台担责"等规章制度纷纷出台。但是，限于政府机构对信息的掌握不完整以及规制执行起来的高昂成本，政府规制难以为平台交易提供有效的"游戏规则"。而在制度无法发挥作用的"盲区"，声誉作为重要的补充是否可以发挥其应有的效用逐渐引起了学者们的研究关注。现有研究主要关注对平台卖家的信誉评价，平台型电商企业个体声誉的作用尚未引起大家的高度重视。更重要的是，平台型电商声誉是由平台企业和平台卖家共同创造的，而它具备哪些特征？如何发挥其对平台企业和平台卖家的约束效力？如何实现平台型电商声誉的有效管理？这些问题也没有得到学者的广泛关注。因此，亟待了解平台型电商声誉的特殊性质，并通过平台型电商声誉的有效管理，促进平台型电商更好地发展。

平台型电商模式的本质在于平台企业和平台卖家共创价值，向平台买家提供完整的购物体验。平台企业和平台卖家既共同创造平台型电商声誉，也共同分享平台型电商声誉。因此，基于平台企业与平台卖家互动视角，探讨平台型电商如何充分利用并有效维护其声誉，平台卖家如何分享平台型电商声誉，成为平台型电商建构其竞争能力的关键。与此同时，平台型电商的市场声誉也是一把双刃剑，诚信卖家形成的声誉存在正外部效应，违规卖家形成的声誉存在负外部效应。正确引导平台卖家诚信经营，维护良好的市场声誉，是平台型电商声誉分享的重要研究内容。因此，探讨平台卖家违规行为如何影响平台型电商声誉，并据此构建合理的责任追索策略，成为平台型电商保持竞争优势的关键。此外，平台型电商的声誉分享与责任追索必须实现协同匹配，才能形成系统完整的声誉管理模式。

总的来看，平台型电商是一个平等、开放、协同、共享的互联网松散联盟，平台企业与平台卖家的互动形成了平台型电商声誉的双元结构，并决定了平台型电商声誉同时具有"个体声誉"和"集体声誉"特征。平台型电商声誉具有较强的外部性，平台型电商的声誉分享与责任追索，不仅对内部成员具有一定的影响，还对潜在进入者具有一定的示范效应。平台型电商的声誉管理尤为复杂，但平台型电商如何实现声誉分享，平台卖家的哪些违规行为会对平台型电商声誉产生严重的消极影响，内部影响机制如何，平台型电商又如何进行责任追索等，现有的研究尚未关注。鉴于此，本书基于平台企业与平台卖家的互动视角，考察平台型电商的声誉分享、声誉破坏、责任追索策略以及最终的声誉管理模式。具体采取了定性分析与定量分析相结合的方法开展研究，主要研究内容包括：（1）平台型电商声誉分享的研究；（2）平台型电商声誉破坏的研究；（3）平台型电商责任追索的研究；（4）平台型电商声誉管理的研究。

　　本书对声誉管理领域进行了有益的创新探索，研究结果不仅有助于丰富传统的声誉管理理论，也有助于平台企业收取合理的声誉租金、采取适度的规制策略、建立良好的平台型电商声誉。本书既响应了平台企业建立竞争优势的呼吁，也迎合了协同开放的互联网精神，对实现平台型电商生态系统整体利益最大化具有重要的理论指导与实践借鉴意义。

　　　　　　　　　　　　　　　　　　　　　　著　者

　　　　　　　　　　　　　　　　　　　　　　2020 年 2 月

目录

第一章　问题的提出

一、研究背景

1.电子商务成为主流的消费方式

进入21世纪以来，伴随着我国互联网技术的发展，电子商务兴起，逐渐改变着我国居民的消费习惯。线上消费成为个人购物的新渠道，其在人们日常生活中的重要性不断提高。数据显示，2007年我国网上零售额为561亿元人民币，同年社会消费品零售总额则为89 210亿元，占比仅为0.6%。2019年实现全国网上零售交易额106 324亿元，比上年增长16.5%，同年社会消费品零售总额则为411 649亿元，占比达25.8%。其中，实物商品网上零售额85 239亿元，比上年增长19.5%，占同年社会消费品零售总额的比重为20.7%。经过20余年的快速发展，电子商务从过去的"零头"已经转变成为我国主流的消费方式，还将进一步改变我国居民的生活方式。同时，随着移动互联网技术的飞速发展，以智能手机为代表的智能移动终端广泛普及，移动电商用户的规模持续扩大，

《中国互联网发展报告2019》显示，截至2019年6月，我国网民规模为8.54亿人，互联网普及率达61.2%，其中，手机网民规模达8.47亿人，手机上网已成为我国网民最常用的上网购物渠道之一。

2. 平台型电商踏上发展的快车道

在电子商务市场中，以阿里巴巴、京东为代表的平台型电商已经成为一个快速增长且充分展示了发展潜力的领域（汪旭晖和张其林，2015）。电子商务市场取得爆发式增长，平台型电商发挥的作用不容小觑。相关数据显示，从2009年27家品牌的5 000万元人民币销售额，到2019年20万家品牌的4 101亿元人民币销售额，由阿里巴巴首创，全网电商平台共同参与打造的"双十一"购物潮，显然已成为全民性的购物狂欢节。经过多年的发展，平台型电商为商家和消费者提供了涵盖交易、支付、物流等各方面全周期的支持与服务，且各大平台与平台商家之间的依存关系越来越紧密，阿里系、京东系等主体均取得了显著的规模效益。目前，国内平台型电商呈现一超多强的局面，阿里系占据65.5%的市场份额，京东和拼多多等平台分享剩下的34.5%。

3. 平台型电商快速发展中问题的凸显

从2005年起，电子商务呈现高速发展的态势，平台型电商的数量和经营规模快速增长。然而，我国平台型电商在快速发展的同时也暴露出了许多问题。平台卖家与平台买家之间出现的产品质量不过关、售假、售后投诉等问题，平台企业与平台卖家之间的"围攻淘宝""电商平台二选一"等问题，且由于体验环节缺失加剧了信息不对称与交易的不确定性，平台型电商市场也存在着严重的"柠檬问题"等。由此可见，对于平台型电商的经营和平台型网络市场的治理，都面临着越来越多的挑战。

为了进一步规范平台型电商快速发展带来的问题，2019年1月，《中华人民共和国电子商务法》（以下简称"电商法"）正式出台，作为我国电子商务领域首部综合性的法律，对电子商务的发展产生了重要影响。电商法强化了电商平台的责任，规范了电商经营者的行为，加强了对消费者权益的保护。平台型电商兼具企业主体和市场主体的"双重身份"，在平台网络市场的规范发展中，发挥了不可或缺的作用。

4.平台型电商亟待建立其竞争优势

平台型电商为平台卖家和平台买家提供了交易服务，而成为一种特殊的"市场"（汪旭晖和张其林，2016）。平台型电商兼具双边市场和网络市场的双重特性，具有交叉网络效应（Cross-Network Effects）、联合需求效应（Joint-Demands Effects）、序贯赢家通吃效应（Winner Take All Effects）等特征（Rochet and Tirole，2003；Armstrong，2006），并凭此获得较强的先发优势。一旦先进入者在市场上建立垄断地位，很难有竞争者对其形成强有力的威胁（傅瑜等，2014）。正是由于平台型电商的自然垄断特性，现有研究对平台型电商产业的内部竞争缺乏系统性的分析（曲振涛等，2010）。实际上，平台型电商的垄断地位既不是完全依靠先发优势取得的，也不是永久持续的，而是一直处于激烈竞争的过程中（傅瑜等，2014）。因此，如何建立竞争优势，并保持动态竞争能力，成为平台型电商亟待解决的关键问题（Grewal et al.，2010）。

在平台型电商市场上，平台企业向平台买家提供交易中介服务，平台卖家向平台买家提供需要的商品/服务，因此，平台买家对平台企业与平台卖家的总体评价构成了平台型电商的声誉（简称"平台型电商声誉"），平台型电商声誉成为消费者在平台型电商市场中对平台卖家和平台企业形成交易信任的重要因素。在此基础上，平台型电商声誉不仅对平台买家具有较强的吸引力，更重要的是对平台卖家也具有较强的吸引力，因为平台型电商声誉可以被平台卖家所分享，有助于改善消费者对平台卖家的态度。因此，建立平台型电商声誉则成为平台企业和平台卖家最大的挑战之一。

平台型电商既是一个独立的企业，也是一个公共的市场。平台型电商声誉的形成与发展伴随着平台企业与平台卖家的良性互动，平台企业与平台卖家必须协同合作，才能满足平台买家的购物需求，从而共同创造平台型电商声誉；平台卖家必须遵守平台企业设定的平台规则，才能进入平台型电商市场，与平台企业共同分享平台型电商声誉。平台企业的交易服务、广告宣传、品牌形象塑造了企业声誉，平台卖家的商品/服务塑造了市场声誉，平台企业与平台卖家的互动关系决定了企业声誉和市场声誉的相互交织，而共同构成了平台型电商声誉的双元结构，并决定了平台型电商声誉既具有个体声誉特征，也具有集体声誉特征。吸引更多消费者进驻平台型电商，是平台企业与平台卖家共有的需求与互动的基础（汪旭晖和张其林，2016），因此，如何塑造良好的平台型电商声誉成为内在关键（Ngo-Ye，2013）。据此，基于平台企业与平台卖家的互动视角，探讨平台型电商如何充分利用并维护声誉，实现有效的声誉管理成为平台型电商建立市场竞争优势的关键。

二、研究问题

1.平台卖家如何分享平台型电商声誉

平台型电商声誉对平台买家的意义在于提供了商品/服务的可置信承诺，只有平台型电商声誉被平台卖家所分享，才能转化为对平台买家的真正价值（吴锦峰等，2014）。理论推定与实践调研均表明，平台卖家分享平台型电商声誉存在两条截然不同的路径：平台型电商声誉可以转移到（Reputation Transfer）平台卖家，对平台卖家的品牌权益具有一定的促进作用（汪旭晖和张其林，2017）；平台型电商声誉也可以溢出到（Reputation Spillover）平台卖家（Huang and Li，2009），有助于平台卖家获得更多成交量及价格溢价（Price Premium）等，这从笔者的前期调研结果可见一斑（同样的商品，京东商城价格>天猫商城价格>淘宝网价格）。而在此基础上，平台买家与平台卖家形成良性的"鸡蛋相生"（Armstrong，2006），才最终推动建立了平台型电商的竞争优势。因此，深入探讨平台卖家是如何实现平台型电商声誉分享的，成为探索平台型电商声誉管理的关键问题。

2.平台卖家违规行为能否会影响平台型电商声誉

平台型电商的企业声誉具有个体声誉特征，唯一的声誉承载主体和明确的责任追溯体制确保了平台企业可以主动地约束自身行为，从而塑造出良好的企业声誉，因此，平台型电商的企业声誉一般存在较强的正外部效应。但是，平台型电商的市场声誉具有集体声誉特征，"准公共物品"的特质导致平台卖家的"搭便车"行为，很容易造成市场声誉的"公地悲剧"（Winfree and McCluskey，2005），并且单个平台卖家对市场声誉的破坏程度远远大于贡献程度，甚至可能造成严重的"柠檬市场"问题（Lemon Market）（潘勇和廖阳，2009；Pan，2014）。由此可见，平台型电商的市场声誉是一把双刃剑，诚信卖家形成的市场声誉存在正外部效应，违规卖家形成的市场声誉存在负外部效应。平台型电商的声誉分享仅仅放大了个体声誉的作用，并不必然存在正外部效应，而违规卖家的不良声誉也会通过声誉分享路径予以放大，导致平台买家对平台卖家的不良认知，这也会对平台型电商声誉产生消极影响（Puligadda et al.，2012）。因此，如何正确引导平台卖家诚信经营避免平台型电商声誉遭到破坏，成为探索平台型电商声誉管理的重要内容。

3.平台型电商如何构建系统完善的责任追索策略

平台型电商声誉的创造和分享属于所有群体，那么平台型电商声誉的管理权也应该由所有群体分享。然而，平台型电商声誉对平台卖家的"准公共物品"性质，如果其质量的可追溯性缺失就会导致平台卖家在信息不对称情况下，更加倾向采取违规行为谋取超额利润，而平台卖家却缺乏动机参与平台型电商声誉的整体维护。因此，作为平台型电商的搭建者与管理者，平台企业成为了平台型电商声誉管理的唯一主体。平台企业除了积极约束自身行为，还会严厉惩处平台卖家的违规行为，也即对涉事卖家采取"责任追索"，通过提高个体违约成本降低个体违约动机，从而更好地维护平台型电商声誉。目前，无论是eBay还是阿里巴巴均设立了系统的平台规则，用以约束平台卖家行为，但却面临着合法性缺失问题，一旦碰到"围攻淘宝"事件，就不可避免地陷入规制困境。事实上，从平台企业与平台卖家的互动视角看，平台规则是平台企业对分享声誉的平台卖家采取的责任追索策略，只有以卖家违规行为破坏平台型电商声誉为依规，才能获得法理性基础。并且，平台企业设定的平台规则以及据此施加的违规惩处，不仅可以纠正违规卖家行为，而且对卖家观察者（其他平台卖家以及平台外部卖家）也具有较强的警示作用；但是，过分严苛的平台规则与惩处措施对追求用户规模最大化的平台企业并不必然适用。平台卖家违规行为对平台型电商声誉的破坏是平台型电商责任追索策略的构建依据，据此进一步探究如何构建系统完善的责任追索策略，也成为平台型电商声誉管理的重要研究内容。

4.平台型电商如何构建完整的声誉管理模式框架

平台型电商声誉分享取决于平台企业的服务策略，责任追索策略则隶属于平台企业的管理策略。服务策略与管理策略协同合作才能达到预期效果（Grewal et al., 2010），平台型电商的声誉分享机制与责任追索策略必须实现协同匹配，才能形成系统完整的声誉管理模式。因此，平台型电商如何匹配声誉分享与责任追索，从而构建声誉管理模式框架，也是探索平台型电商声誉管理的重要研究内容。

综上所述，目前学术界关于平台卖家声誉研究已经积累了较为丰厚的成果，但很少关注平台型电商声誉。且平台型电商声誉具有较强的外部性，但平台型电商如何实现声誉分享，声誉遭到破坏后，又如何进行责任追索，责任追索后又会产生何种影响，现有研究尚未关注。因此，本书将基于平台声誉分享、声誉破坏与责任追索以及最终的声誉管理模式框架构建视角，对平台型电商声誉管理和平台治理进行深入的探索，以响应平台型电商建立市场竞争优势的呼吁。

三、研究意义

平台型电商是一个平等、开放、协同、共享的互联网松散联盟，平台型电商声誉分享与责任追索，不仅对平台型电商内部成员具有一定的影响，还对平台型电商的潜在进入者具有一定的示范效应，所以平台型电商的声誉管理尤为复杂。由于平台型电商的自然垄断特性，国外很少关注平台型电商的声誉管理。而国内平台型电商对自身声誉的重视程度和有效利用程度还不高，相关理论研究更显得薄弱和滞后。因此，声誉管理领域中也孕育了更多的理论创新机会。本书基于平台企业与平台卖家的互动视角，在考察平台声誉分享、声誉破坏与责任追索的基础上，进一步探索最终的声誉管理模式，从而系统地构建平台型电商声誉对平台企业和平台卖家的约束效力理论分析框架。研究结果不仅有助于丰富传统的声誉管理理论，也将为平台企业的组织管理和平台经济的宏观调控提供丰富的经验借鉴，对平台企业构建高效的平台型电商声誉管理模式、收取合理的声誉租金、采取适度的规制策略、建立良好的平台型电商声誉，最终实现平台型电商生态系统整体利益最大化，都具有重要的理论指导与实践借鉴意义。

1.拓展声誉管理理论

平台型电商声誉是平台企业和平台卖家共同创造的公共性资源，平台型电商的独特经济特征建立在平台企业与平台交易双方的互动基础上，这是探索平台型电商管理创新的理论根基。平台型电商具有不同于传统声誉的"个体声誉+集体声誉"混合特征，平台型电商声誉突破了个体声誉和集体声誉分立的理论预设，成为互联网时代声誉理论发展的重要突破口。同时，平台型电商声誉兼具"企业声誉–市场声誉"的双元结构，平台企业与平台卖家的互动，共同创造了声誉，也共同分享了声誉。而只有平台型电商声誉为平台卖家所分享，才能真正转化为竞争优势。平台型电商声誉既可以转移到平台卖家，也可以溢出到平台卖家，存在两条完全不同的声誉分享路径。不同于传统声誉，声誉共创过程和价值共创过程的分离导致成员数量负向影响传统的集体声誉，从而降低了社会福利；声誉共创过程和价值共创过程的结合使得平台卖家数量在一定程度上正向影响平台型电商声誉，从而提高了社会福利。因此，本书基于平台企业和平台卖家的价值共创视角，探索平台型电商声誉的构想内涵和形成路径，以及基于声誉转移与分享这两条路径，探索平台型电商声誉分享机理，将依托平台型电商这一全新的组织形式建构特色的声誉理论。

2.丰富平台治理理论

平台企业与平台卖家的互动关系，使得平台型电商声誉的创造和分享具有集体声誉特征，而平台型电商声誉的管理则具有个体声誉特征。作为平台型电商声誉管理者，平台企业有动机也有能力约束自身行为，并严格规范平台卖家行为，从而维护良好的声誉。在平台型电商市场情景中，已有关于平台卖家的违规行为对平台买家的影响研究，尚停留在平台买家和平台卖家之间的相互影响关系上，而忽略了平台企业作为平台搭建方所起的作用。因此，本书基于平台型电商声誉的视角，探索平台型电商的责任追索策略。研究结果不仅丰富了现有的平台治理理论，也有助于揭示平台企业的偏私行为（如包庇违规卖家）与平台卖家违规行为（如销售假货）的背后机理，具有重要的理论意义。

3.优化平台企业组织管理

平台卖家的违规行为会影响消费者对平台企业的认知，而平台型电商声誉会因此受到牵连，平台企业的利益也将受到影响。鉴于平台卖家违规行为的危害，平台卖家违规行为对平台型电商声誉的影响机制，无论是在实践管理，还是在学术研究中都值得重视。因此，本书将以平台型电商声誉、平台卖家声誉与平台卖家违规行为作为综合的研究视角，进一步深入探索平台卖家违规行为对平台型电商声誉的影响机制，这既是平台型电商声誉研究的应有之义，也是平台企业与平台卖家互动关系的根本要求。研究结果不仅可以为平台型电商构建合理的责任追索策略提供依据，对于平台型电商应对声誉危机、落实管理责任、实现科学化和精细化的平台治理也具有现实的实践指导意义。

4.合理规制平台交易秩序

平台卖家的违规行为不仅侵害了平台买家的权益，也破坏了平台型电商的管理基础。从营销学角度看，有效地实施对平台卖家的管理与提高消费者对平台型电商企业的信任是平台型电商保持竞争优势的关键所在。而平台卖家违规后，厘清平台型电商的责任追索给平台买家用户带来的影响，也将有助于解决平台型电商企业和平台卖家对买家权益保护的责任界定模糊等问题。因此，本书基于平台卖家视角，进一步探索平台型电商责任追索对平台卖家的影响机理，又基于平台买家视角，进一步探索平台型电商责任追索影响平台买家用户的作用机制和边界条件。研究结论将对构建平台企业规制平台卖家的合法性基础，以及平台企业规制平台卖家违规行为的具体措施问题提供有益的参考，具有现实的指导意义。

第二章　文献综述

一、平台型电商的特征研究

平台型电商已经成为电子商务领域的主流商业模式，主要分为 B2B2B、B2B2C、C2B2C 三种类型，而且诞生了 eBay、阿里巴巴等较为知名的企业巨头（汪旭晖和张其林，2015）。平台型电商为平台买卖双方提供了网络交易场所，扮演了市场构建者、支持者和维护者的角色，从而建立起供应方和需求方之间的联系（Grewal et al.，2010）。平台型电商是对传统交易市场的改良与发展，通过减少交易成本、提高交易效率获得市场合法性（Grewal et al.，2010）。目前关于平台型电商特征的主流研究方向包括平台型电商的发展特征、平台型电商的定价特征和平台型电商的规制特征。

（一）平台型电商的发展特征

平台型电商为平台买家和平台卖家提供交易服务，成为一种特殊的市场服务中介。平台型电商既具有双边市场的特征（Rochet and Tirole，2003；Armstrong，2006），也具有网络市场的特征（汪旭晖和张其林，2015），这在很大程度上决定了平台型电商发展的内在逻辑。平台型电商具有双边市场的独特经济特征（Rochet and Tirole，2003），具体表现为平台参与方既存在单边网络效应，也存在交叉网络效应，还存在联合需求效应，较易产生序贯"赢家通吃"现象（Rochet and Tirole，2003；Armstrong，2006），从 eBay 独占中国市场到阿里巴巴垄断中国市场很好地说明了这一点。平台型电商的网络市场特征主要体现在具有边际运营成本为零等特性，从而获得无边界发展的优势（李海舰等，2014）。特别是平台型电商扩张过程内在地促成了规模经济与范围经济的同步实现，并形成一种自增强机制（汪旭晖和张其林，2015）。平台型电商的这种独特经济特征决定了"三方市场""交叉补贴""版本划分""数据服务"成为主流商业模式（李海舰等，2014；汪旭晖和张其林，2015），如何获取更多的用户成为商业模式的重要支撑。因此，平台型电商在发展过程中将会主动寻求个体利益最大化与生态系统利益最大化的平衡（汪旭晖和张其林，2015；汪旭晖和张其林，2016）。

（二）平台型电商的定价特征

平台型电商的发展必须解决盈利模式问题，这引发了大多数学者对平台型电商定价策略的探讨。不同于传统产业中价值链的流向是从左边的成本到右边的收入，平台型电商的双边用户都存在成本和收入，平台买家与平台卖家之间的交易总量不仅取决于市场整体价格水平，还取决于平台型电商的价格结构，即平台型电商具有价格结构非中性特征。具体来说，平台型电商的定价结构与双边用户的需求弹性有关，如果把平台两边的定价看成一个总和，那么该定价服从标准的 Lerner 原则，两边定价之比恰好就是双边用户所对应的需求弹性系数之比（Rochet and Tirole，2003）。由于平台型电商需要解决联合需求效应产生的"鸡蛋相生"问题，平台企业通常向获益较多的平台卖家收取较高的价格，而向获益较小的平台买家收取低价甚至倒贴，从而实现用户规模最大化，如 eBay 采取了"平台卖家多收费、平台买家少收费"策略，天猫商城采取了"平台卖家收费、平台买家免费"策略，淘宝网甚至采取了"平台买卖双方均不收费"策略（Rochet and Tirole，2003；Armstrong，2006；程贵孙，2010；汪旭晖和张其林，2015）。由于平台企业构建的是一个生态系统，因而其不仅仅看重系统内的价值创造，更加关注整个生态系统的发展以及生态系统内部的价值流动与合理分配。因此，如何吸引更多双边用户进驻，尽可能创造合作剩余，成为平台型电商的主流盈利模式，这决定了单边免费或双边免费将逐渐成为平台型电商的常态化定价（汪旭晖和张其林，2015）。

（三）平台型电商的规制特征

平台型电商具备自然垄断特性，较易形成单寡头竞争性垄断市场结构（傅瑜等，2014），因此，如何规制取得垄断地位的平台型电商成为研究热点（曲振涛等，2010）。"市场势力"与"垄断地位"学说认为应该加强政府行政干预，因为平台型电商利用垄断势力获取超额利润的行为可能导致社会福利损失，且这种行为不能被自发地纠正（曲振涛等，2010），并据此认定"围攻淘宝"事件正是阿里巴巴滥用市场势力的表现。但是，平台型电商的垄断地位并不是持续的，平台型电商产业内部也存在激烈的竞争（傅瑜等，2014），平台型电商仅具备"垄断状态"，并不具备滥用"市场势力"的能力。不仅如此，平台型电商也会主动兼顾个体利益最大化与公共利益最大化，因为个体利益最大化是最终目标，公共利益最大化则是目标实现基础（汪旭晖和张其林，2015）。因此，传统的反垄断规制手段并不适用于平台型电商产业（曲振涛等，2010；Zheng et al.，2019）。目前，究竟采用何种规制措施，尚处于理论思辨与范式探讨阶段，并未形成具体的规制措施和整改思路。普遍被认同的观点是平台型电商管理必须遵循"平台-政府"双元管理范式，才能有效保障参与各方的利益，最终实现生态系统的整体利益最大化（汪旭晖和张其林，2015）。

可见，平台型电商的迅速崛起和蓬勃发展引起了经济学（Rochet and Tirole，2003）、管理学（Parker and Alstyne，2005）、法学（Evans and Noel，2008）等多学科学者越来越多的关注，研究内容主要集中在平台型电商的发展特征（Rochet and Tirole，2003）、定价特征（Rochet and Tirole，2003；Armstrong，2006；Landsman and Stremersch，2011）与规制特征等（刘重阳和曲创，2018）。同时，营销领域的研究也开始涌现（Grewal et al.，2010；Landsman and Stremersch，2011；曲创和陈宁，2019）。营销学者关注了网络效应对定价（刘洋和廖貅武，2013）、产品线（王玮和陈丽华，2014）、侵权（Haruvy et al.，2004）、新产品成功（赵良杰等，2012）的影响，以及卖家多属行为的影响因素等（Landsman and Stremersch，2011）。

二、声誉理论的演化研究

（一）声誉理论的形成——博弈视角下的激励机制

声誉（Reputation）最早起源于经济学中激励代理人发挥积极性的隐性激励机制（Holmström，1999），代理人的诚信经营行为可以为其提供良好的声誉，有利于在下一轮博弈中获得更多的合作机会和更高的价格溢价。因此，大部分代理人出于长期利益的考虑，通常会放弃短期的机会主义行为，从而维护良好的声誉。当代理人属于多个企业构成的联合体时，也即多个利益相关者共同参与"声誉创造"时，个体声誉集合形成"集体声誉"（Collective Reputations），声誉成为一种"准公共物品"被集体内所有个体共享（Winfree and McCluskey，2005；肖红军，2020）。集体声誉可以为集体内个体提供更多的合作机会，更优质的合作伙伴，更高的声誉溢价，从而形成相对于其他竞争者的竞争优势，也即良好的集体声誉会使该集体中的每一位个体受益，具有较强的正外部效应，而且集体声誉还可以很好地弥补个体声誉的不足，例如在个体身份很难得到证实以至个体声誉失效情况下，集体声誉可以保障个体采取诚实行为，有利于长期交易的开展。不仅如此，个体违约行为会产生负外部效应，给集体中的守信者带来不利影响，使集体失去人们的信任并蒙受损失。因此，当个体违约时，集体会对个体进行"声誉惩罚"，通过提高个体违约成本降低个体违约动机，集体信誉背书为委托人提供了更有力保障。

（二）声誉理论的发展——声誉载体与品牌塑造

Kreps 将企业作为声誉载体（Bearer of Reputation）引入声誉理论，率先界定了企业声誉的概念与内涵（Kreps et al.，1982），引领了声誉理论的新发展。目前，学术界关于企业声誉的定义莫衷一是，但普遍认为企业声誉源于过去的经营行为，是与其他竞争者相比较，利益相关者感知到的需要和期望得到满足的集合体（宝贡敏和徐碧祥，2007）。声誉是企业"权威"的来源（Kreps et al.，1982），也是企业为其他利益相关者提供的一种隐性保证。良好的声誉有助于企业吸引人才和培养员工忠诚度（雷宇，2016），增强顾客对产品/服务以及购买决策的信心（宋锋森和陈洁，2020），提高产品售价和购买率（王强等，2010），构筑市场进入壁垒并抵御进入者等，最终为企业提供长期超额利润（何美贤和罗建河，2016）。更进一步，声誉引入营销领域，与企业品牌形成关联（陶红和卫海英，2016），从而产生了品牌声誉（Brand Reputation）（李国峰等，2008），即认为声誉是品牌形成的一个过程，一个集体的品牌或者声誉是有价值的资源，可以形成一种潜在的市场进入壁垒（Heinberg，2018）。企业建立良好的品牌声誉，有助于实现个体利益最大化，并成为竞争优势之所在（Kirmani and Rao，2000）。

（三）声誉理论的成熟——声誉体系的测度与声誉机制的维护

理论的成熟必然伴随着测度体系的建立。伴随着声誉引入不同的学科领域，也诞生出诸多测度方法，主要分为以下几种：一是测量量表，将企业声誉分为认知声誉和情感声誉，认知声誉是利益相关者对企业特征的理解、判断和评价，情感声誉则是利益相关者对企业所持有的喜欢、尊重或厌恶等情绪体验（Schwaiger，2004），该测度方法主要应用于管理领域对品牌声誉的测度；二是媒体曝光度，媒体正面报道为正面声誉，媒体负面报道为负面声誉，该测度方法广泛应用于公司治理及金融领域对企业声誉的测度；三是综合评测指数，典型的如 Harris -

Fombrun声誉商数（Reputation Quotient，RQ）、德国《管理者杂志》公布的"综合声誉"等，该测度方法主要用于权威媒体向大众披露企业社会声誉。

伴随着声誉测度体系的建立，大量实证研究成果纷纷涌现。研究表明，良好的声誉可以有效提高企业财务绩效，可以为企业融资提供溢价（Saeedi，2019），还可以为企业负面危机提供缓冲。除了直接效应，不同声誉之间还存在关联效应，如零售店铺声誉与零售集团声誉存在的相互促进作用，以及店铺声誉对自有品牌声誉的正向影响等（贺爱忠和李钰，2010）。

也正因为此，大量企业试图通过良好的经营行为、大量的广告宣传、公司标语、广告形象、公共关系、社会责任、口碑营销等建立品牌声誉。但是，声誉最终取决于企业外部利益相关者的主观感知，企业控制声誉的能力受到极大的限制。而且企业声誉的形成是一个长期的过程，很容易遭到破坏，企业的违约行为将会对声誉造成致命的影响，因此，企业还需要高度重视声誉的维护及修复，如社会责任行为已经成为企业修复声誉的重要举措等。

（四）声誉理论的创新——电子商务载体的发展

随着电子商务市场的繁荣，学者们渐渐将注意力集中在电子商务企业的声誉。声誉在网络交易过程中更为重要，因为"银货分离"交易较之传统的"银货两讫"交易存在更多过程风险，声誉成为识别卖家的重要因素，可以很好地降低风险（Leszczynski and Zakrzewicz，2019）。因此，如何建构声誉成为电子商务企业发展的关键战略（Karolina et al.，2018）。为了更好地便利平台卖家的声誉建构与平台买家的声誉识别，平台型电商大都建立了声誉形成机制（周黎安等，2006；李维安等，2007）。平台卖家声誉对财务绩效具有显著的正向影响，但更多体现在成交可能性，而不是成交价格上（李维安等，2007；Huurne et al.，2018），而且平台卖家声誉对"柠檬市场"问题具有重要的抑制作用（汪旭晖等，2019）。由此可见，关于声誉的研究已经积累了较为丰厚的研究成果，即便是在最新的电子商务领域，也诞生了大量具有影响力的研究结论（李维安等，2007；薛有志和郭勇峰，2012；李小玲等，2014；Veloso et al.，2019），这为本研究的开展奠定了较好的理论根基。

三、关于平台型电商声誉的研究

（一）平台型电商声誉分享的研究

平台型电商的本质在于平台企业和平台卖家共创价值，向平台买家提供完整的购物体验（冯华和陈亚琦，2016；汪旭晖和张其林，2016；Song et al.，2020）。因此，平台买家对平台型电商的评价，既包括对平台企业的评价，也包括对平台卖家的评价，在此基础上衍生的平台型电商声誉具备"平台企业驱动声誉"和"平台卖家驱动声誉"双元结构。可见，平台型电商声誉已经形成了独特的结构，也可能孕育出全新的特征。平台型电商的发展过程和平台型电商声誉的建构过程是融为一体的，后者也由此具备了平台企业和平台卖家的共创特征。平台型电商声誉的形成过程既包括"平台企业组织化建设"和"平台卖家个体化参与"双重路径，也包括"平台企业驱动声誉"和"平台卖家驱动声誉"互动耦合，暗合了"平台化运作"与"自组织管理"等互联网时代的组织发展趋势（李海舰等，2014）。在这个过程中，平台企业和平台卖家的角色定位不可避免地存在差异，"平台企业驱动声誉"的组织化建设和"平台卖家驱动声誉"的自组织发展也难免发生冲突，导致平台型电商声誉的形成过程更为复杂。平台企业和平台卖家既然已经共同创造平台型电商声誉，也应当共同分享平台型电商声誉。平台企业和平台卖家分享平台型电商声誉的机制如何，是否具备迥异于传统声誉分享机制的特征，这些问题还没有引起学界的广泛关注，尤其是平台卖家如何分享平台型电商声誉，更是现有研究很少关注的薄弱环节。

（二）平台型电商声誉破坏的研究

平台卖家违规行为对平台型电商声誉具有一定的消极影响，这也是平台企业规制平台卖家的合法性基础。违规行为具有违背规章制度与程序规则的倾向，通常被视作个体对"组织"规章制度的违背行为，是一种有意识的、刻意的、消极的行为（Tiwana et al.，2015）。平台卖家违规行为依据不同的违规程度可区分为违背规则与弯曲规则（打擦边球）两种（Sekerka et al.，2007），前者是对所有规制的违反与无视，后者则是部分遵守部分违反（Tobias，2016）。但是，在完全遵守和违背规则之间还存在着"灰色地带"，处于这一地带的行为表面上不是对规则的彻底违反，实质上仍是对规则的背离。但是，已有研究中卖家的违规行为仍尚缺乏一个明确且统一的定义。具体到本书所涉及的平台型网络市场的情境中，相关定义为电子商务的参与者在电子商务活动中的某个环节通过欺诈其他参与者来不当获利的行为。平台买卖双方之间的信息不对称是电商欺诈出现的重要原因（李莉等，2004），而且平台型电商中信息是间接传递的，这甚至直接导致了电商欺诈行为的产生。在平台卖家和买家空间分离的高风险下，消费者信任会调节消费者的网购态度和网购行为（McKnight，2002），而信任成为声誉机制运行的重要基础，信任受损则会破坏声誉机制的有效性。但是，平台卖家违规行为如何影响平台型电商声誉，仍然存在研究盲点，这直接导致了平台企业的规制措施存在失准。

（三）平台型电商责任追索策略与声誉管理的研究

平台卖家和买家通过平台链接界面进行互动、交易，逐渐形成平台卖家的群体声誉，并最终形成平台型电商企业的个体声誉，平台企业早已从交易的"局外人"演变成"局内人"。平台企业对卖家违规行为的治理，关系到平台企业个体声誉（Jane et al.，2019）。平台型电商惩处平台卖家的违规行为，也即对涉事卖家采取"责任追索"被认定为，平台型电商企业出于维护自身声誉、保持竞争优势的目的，依据单边主导格式合同，根据设定的平台规则对违规卖家施加的违规惩处行为。虽然平台型电商设立了系统的平台规则，用以约束平台卖家行为，但却面临合法性缺失问题（Li et al.，2020）。对卖家的管控必须由政府和平台双方实施，才能有效保障参与各方的利益，平台型电商市场奉行"平台-政府"双元管理范式，但在实际运行过程中，政府机构及其依赖的法律制度存在严重的"水土不服",平台型电商企业则成为时下最为重要的治理主体（汪旭晖等，2015）。平台型电商责任追索不仅是维护平台企业自身利益的前提，也是平台企业履行对其他平台卖家利益保护责任的必要保障（李海芹和张子刚，2010；汪旭晖和王东明，2018）。

平台型企业普遍采用介于科层制和市场制的中间型组织模式，扮演了"类政府机构的角色"，使得网络治理更贴近于市场治理，当平台出现冲突需要处理时，更倾向于使用"准行政权力"。平台企业和平台卖家维护或管理平台型电商声誉的过程，也是他们约束自己行为的过程。但是，平台型电商声誉对平台企业和平台卖家的约束效力并不完全一致，声誉危机来源将偏向约束效力较弱的一方，声誉管理权力则归属约束效力较强的一方，导致平台型电商声誉管理难以沿用传统的模式。可见，平台型电商声誉蕴含了丰富的理论创新机会。

四、文献述评

关于平台型电商的特征已经积累了大量研究成果，为本研究的开展打下了坚实的基础。可以看出，平台型电商的独特经济特征大都建立在平台企业与平台交易双方的互动基础上，孕育了大量的理论创新机会，但现有研究却较少关注。特别是平台企业与平台卖家的互动形成了组织内委托代理关系，使得平台型电商的管理环境具备迥异于实体企业与单边企业的特征，传统的管理范式并不适用。目前，学术界关于平台卖家声誉研究已经积累了较为丰厚的成果，但很少关注平台型电商声誉。

（1）平台型电商声誉界定及测量是值得研究的问题。平台型电商是平台卖家和平台买家通过平台企业提供的虚拟空间与互动机制开展交易，进而发展演化形成的特殊组织形态（Grewal et al.，2010；李小玲等，2014；金帆，2014）。平台型电商既是一个独立的企业，也是一个公共的市场，附着于这种特殊组织的平台型电商声誉及其作用机制，给现有的声誉理论带来很大的挑战。平台企业与平台卖家的互动关系，形成了平台型电商声誉的双元结构，并决定了平台型电商声誉既具有个体声誉特征，也具有集体声誉特征，即平台型电商声誉兼具"企业声誉–

市场声誉"双元结构与"个体声誉–集体声誉"耦合特征，这使得平台型电商声誉的测度与单纯的个体声誉或集体声誉的制度相比可能会有所不同，但目前学术界关于平台型电商声誉的概念、内涵、结构、测量等相关研究仍然是一个空白，这制约了该领域实证定量研究的开展，因此，平台型电商声誉的界定与测度都是值得研究的问题。

（2）平台型电商声誉的分享机制值得深入探究。平台型电商的独特经济特征建立在平台企业与平台交易双方的互动基础上，这是探索平台型电商管理创新的理论根基。具体到平台型电商声誉，平台企业与平台卖家的互动，共同创造了声誉，也共同分享了声誉。只有当平台型电商声誉为平台卖家所分享，才能真正转化为竞争优势。虽然平台型电商声誉具有较强的外部性，但平台型电商如何实现声誉分享现有研究尚未关注。虽然，理论推定与实践调研均表明，平台型电商声誉既可以转移到平台卖家，也可以溢出到平台卖家，存在声誉转移与声誉溢出两条完全不同的声誉分享路径，并据此构建了初步的理论框架。但是，理论框架中存在哪些关键性潜在影响变量，理论框架的逻辑关系是否可靠，平台型电商类型、卖家类型及市场定位会对哪些关键路径产生调节影响，控制变量应具体包括哪些，现有研究并没有对这两条路径的发生机理给出系统解释和实证检验，但都是研究的难点及关键所在。

（3）违规行为对平台型电商声誉的影响机制值得进一步研析。平台卖家违规行为对平台型电商声誉具有一定的消极影响，这是平台企业规制平台卖家的合法性基础。但是，平台卖家违规行为如何影响平台型电商声誉，仍然存在研究盲点，这直接导致了平台企业的规制措施存在失准，因此，系统识别、归纳、总结平台卖家违规行为特征对平台型电商声誉的影响，将是亟待解决的一个关键问题。

（4）如何构建系统完善的责任追索策略与声誉管理模式是值得深入思考的问题。平台企业与平台卖家的互动关系，使得平台型电商声誉的创造和分享具有集体声誉特征，而平台型电商声誉的管理则具有个体声誉特征。因此，作为平台型电商声誉管理者，平台企业有动机也有能力约束自身行为，并严格规范平台卖家行为，从而维护良好的声誉。尽管目前学界、政界、实业界关于平台企业规制平台卖家行为已经进行了大量讨论，但对于规制的合法性基础与具体化措施仍没有形成共识性意见，且对于平台型电商如何进行有效的责任追索，现有研究尚未关注。而平台型电商的声誉管理需要有针对性地制定责任追索策略，从而更好地维护平台型电商声誉；还需要系统平衡平台企业管理与卖家联盟自治、平台内部管理与政府机构监管之间的复杂关系。平台型电商的声誉管理模式建构将是一个系统工程。因此，探索平台型电商责任追索策略的适用范围、作用效果和控制特点，以及平台型电商如何匹配声誉分享与责任追索，从而构建系统完善的责任追索策略与声誉管理模式，都是值得研究和解决的关键问题。

鉴于此，本书基于平台企业与平台卖家互动视角，探索平台型电商的声誉分享机制，从平台型电商声誉视角出发，探索平台型电商的责任追索策略，正是对声誉管理领域创新的有益探索，为解决上述问题提供有益的参考。因此，本书基于平台型电商的声誉分享机制与责任追索策略，探索平台型电商声誉的管理与平台治理，既响应了平台企业建立竞争优势的呼吁，也迎合了协同开放的互联网精神，对实现平台型电商生态系统整体利益最大化具有重要的理论指导与实践借鉴意义。

第三章　理论框架与研究设计

一、理论框架

　　无论是资源基础观还是动态能力观，均将平台型电商的先发优势归结为先期获得的庞大用户规模，而如何持续吸引双边用户进驻则成为动态竞争能力的重要体现（Ngo-Ye，2013）。平台型电商的联合需求效应导致了双边用户的"鸡蛋相生"（Chicken-and-Egg），平台企业可以重点培育任意一边的用户规模（Rochet and Tirole，2003）。但是，平台卖家通常采用多属行为策略（Multi-homing Strategy），这使得平台企业更加关注如何吸引更多的平台买家（Landsman and Stremersch，2011；汪旭晖和张其林，2015）。事实上，相关研究表明，由于平台型电商交易的虚拟性、体验环节的缺失、信息与实物相分离、付款与交接相分离、法律追索难度大等问题（Duh et al.，2002），平台买家更加倾向选择声誉良好的平台卖家开展交易（李维安等，2007；陈明亮等，2008；肖俊极和刘玲，2012）。Elfenbein等人（2010）指出，具有较高声誉的平台卖家可以增强消费者对其的信任，从而促使消费者对该卖家作出选择。与此类似，Park（2000）的研究结果表明，声誉通过影响消费者对电子商务中卖家信任的正向影响，间接提高了消费者的购买意愿。他们的研究还发现，买方对卖方的信任也会产生对卖方的好感，并降低从该卖方购买的感知风险。此外，Han等人（1989）研究表明，声誉较高的平台卖家不仅能够提高消费者对其的信任，还能降低消费者的对用户隐私泄露的担忧，最终增强消费者的购买意愿。同样，Huang和Li（2009）的研究结果表明，高卖家声誉能够提高消费者对产品的质量感知并降低消费者感知风险，从而正向影响消费者购买意愿。

鉴于平台型网络市场的特殊性，平台卖家声誉不仅是平台卖家个体声誉，还应该包括平台卖家群体声誉。目前，平台卖家个体声誉已经积累了较为丰富的研究成果，平台卖家群体声誉却没有形成相对成熟的构想，但是一些研究也表明了平台卖家群体声誉存在的可能性与必要性。从已有研究看，消费者会依据某些产品质量形成对特定国家所产产品品质的整体认知，即来源国形象（Han等，1989），同时，消费者也会根据某些店铺服务形成对特定购物中心所辖店铺质量的整体认知，即购物中心形象。王长军和蔡昱瑶（2018）指出，平台买家可能依据单次交易结果形成对平台卖家群体的整体认知，这也为平台卖家群体声誉的提出奠定了坚实的基础。据此可以推知，平台买家会基于某些卖家特征形成对平台型电商所属卖家形象的整体认知，即平台卖家群体声誉。可见，平台卖家群体声誉的提出具有一定的可能性。从理论基础看，社会认知理论指出，人们往往对评价对象的突出特征进行演绎、扩张形成晕轮；社会分类理论认为，人们通常按照某些共性因素对群体加以分类，并据此认为特定群体的所有成员都具备相同的特质。无边界发展的平台型电商集聚了数量庞大的平台卖家（李海舰和陈小勇，2011；李小玲等，2014），平台买家不可能和所有卖家进行交易，也很难掌握所有卖家的详细信息。在这种情况下，受到"晕轮效应"（认知的偏差）与"刻板印象"（分类的结果）的影响，平台买家会基于部分卖家特征做出对卖家群体的整体评价，即平台卖家群体声誉。可见，平台卖家群体声誉的提出具有一定的合理性。

因此，集合了大量高信誉卖家的平台型电商更具竞争优势（Yeyi et al.，2018）。目前，平台型电商大都建立了卖家声誉形成机制，即平台买家评价平台交易，平台系统自行计算累计评价，并对平台卖家进行打标，从而形成显性化卖家声誉（如淘宝卖家的皇冠、蓝钻、红心等），这成为平台型电商建立市场声誉、打造竞争优势的重要途径（Ngo-Ye，2013）。吸引更多消费者进驻平台型电商，是平台企业与平台卖家共有的需求与互动的基础（汪旭晖和张其林，2016），因此，如何塑造良好的平台型电商声誉成为内在关键（Ngo-Ye，2013）。

平台型电商声誉可分为企业声誉和市场声誉：企业声誉是消费者对平台型电商作为独立市场个体的行为感知，即消费者对平台企业的行为感知，属于个体声誉；市场声誉是消费者对平台型电商作为交易市场的整体感知，包括对平台企业的中介服务、平台卖家的商品/服务以及生态系统内部其他参与者行为的整体感知，其中对平台卖家的行为感知占据了主导地位，属于集体声誉（潘勇，2003）。因此，消费者对平台型电商的评价既取决于平台企业，也取决于平台卖家（滕文波和庄贵军，2015），二者的良性互动共同形成了平台型电商声誉的双元结构。

良好的声誉有助于吸引更多消费者进驻平台型电商，这对于平台企业构筑用户规模壁垒、建立竞争优势具有重要的作用，也为平台卖家创造了更多的交易机会与更高的价格溢价，这表明平台企业与平台卖家可以共同分享平台型电商声誉。目前，关于平台企业如何分享平台型电商声誉，已经具备了大量的理论研究基础，但对于平台卖家如何分享平台型电商声誉，尚缺乏系统的理论分析与实证检验。

与此同时，作为平台型电商的搭建者与拥有者，平台企业可以完全享有平台型电商声誉的剩余索取权（平台卖家的分享声誉是声誉价值的实现），且明确的单一主体具有良好的责任追溯体制，有动机对自身行为加以约束以维护良好的声誉（Grewal et al.，2010）。但是，平台型电商声誉对平台卖家的分享并不是完全均衡的，拥有强势品牌的平台卖家可以获得更多成交量及价格溢价，即可以分享更多的平台型电商声誉。声誉的非均衡分配导致个别平台卖家可能采取"搭便车"行为谋取个体利益最大化，也即平台卖家存在投机风险，从而对平台型电商声誉造成破坏，甚至可能造成严重的"柠檬市场"问题（Pan，2014）。但是，平台卖家的哪些违规行为会对平台型电商声誉产生严重的消极影响，内部影响机制如何，却少有人关注。

此外，作为平台型电商的管理者，平台企业有动机也有能力对平台卖家的声誉破坏行为进行追溯，这既是平台企业维护自身利益的自发行为，也是平台企业履行维护卖家利益的责任。平台企业与平台卖家的互动关系决定了平台企业成为平台型电商声誉的唯一监管者，这对集体声誉普遍采用的联盟委员会管理模式形成了巨大的挑战。因此，探索平台企业如何规制平台卖家的违规行为，具有重要的理论价值与实践意义。

综上所述，平台企业与平台卖家的互动关系决定了平台型电商声誉的双元结构，成为平台型电商声誉研究的理论根基。因此，本书基于平台企业与平台卖家互动视角，探索平台型电商的声誉分享机制、平台型电商的声誉破坏与责任追索策略以及最终的声誉管理模式，主要研究内容包括：（1）平台型电商的声誉分享：平台型电商声誉对平台卖家绩效的影响研究；（2）平台型电商的声誉破坏：卖家违规行为特征对平台型电商声誉的影响研究；（3）平台型电商的责任追索：责任追索策略对违规卖家及平台观察者的影响研究；（4）平台型电商的声誉管理：声誉分享机制与责任追索策略的协同匹配。平台型电商声誉的研究框架，如图3-1所示。

（一）平台型电商的声誉分享

根据联想网络理论（Associative Network Theory）与范畴化理论（Categorization Theory），记忆信息形成相互联系的网状结构予以存储（Puligadda et al.，2012），并且呈现一种层次结构（A Hierarchical Structure）。平台买家会将平台卖家信息整合到现有关于平台型电商的记忆信息网络，并在此基础上形成对平台卖家的态度，可见，平台型电商声誉对平台卖家声誉具有一定的影响，主要体现在改变平台买家对平台卖家的信任（Trust）、品牌权益（Brand Equity）等，也即平台型电商声誉可以转移到平台卖家，这是平台型电商声誉分享的关键路径。

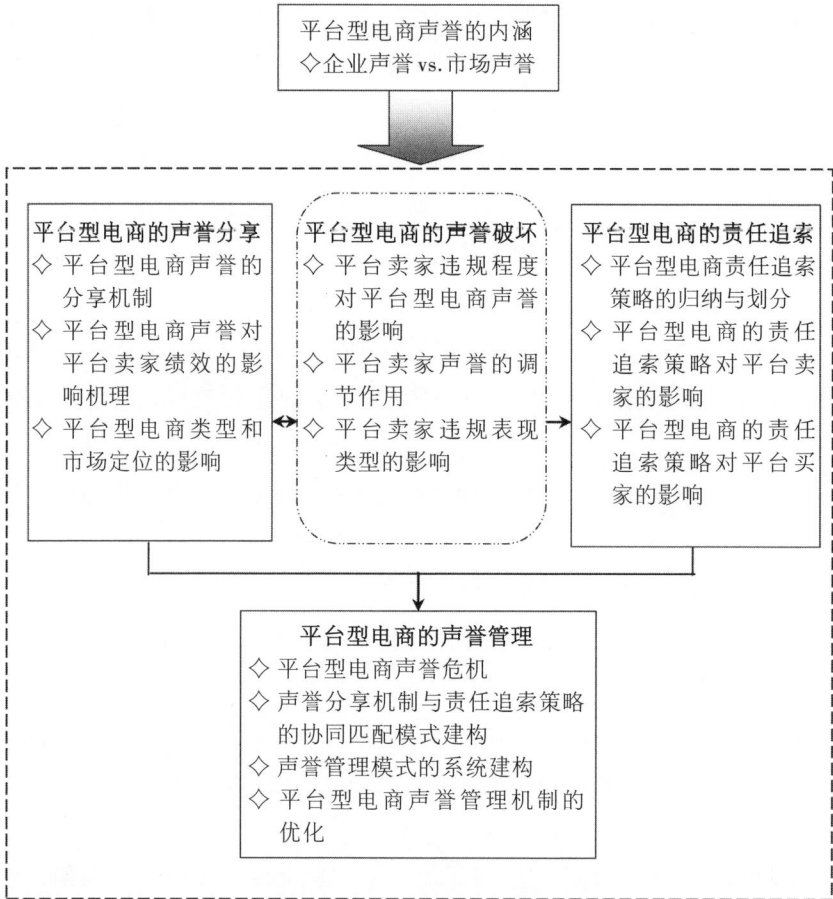

图 3-1　平台型电商声誉的研究框架

　　平台型电商声誉存在集体共创，这将所有平台交易参与者的利益紧紧绑在了一起。单个平台卖家的违规行为将会招致平台企业及其他平台卖家的惩罚，这对部分违规卖家的"搭便车"行为形成一种强有力抑制，从而成为一种集体声誉背书。集体声誉背书具有较强的溢出效应（Winfree and Mccluskey，2005），可以为内部成员提供更多的市场交易机会与更高的价格溢价（Huang and Li，2009），这是平台型电商声誉分享的另一条关键路径。平台型电商声誉的转移路径与溢出路径存在极大的差异：声誉转移路径主要体现在平台型电商声誉可以改变平台买家对平台卖家的态度，缺乏声誉的平台卖家可以从中获得更大的收益；声誉溢出路径主要体现在平台型电商声誉可以为平台卖家带来更大的市场范围，拥有声誉的平台卖家可以从中获得更大的收益（Winfree and McCluskey，2005）。

目前，平台型电商呈现全面发展的态势。虽然，淘宝、京东等占据了平台型电商市场上的绝大部分份额，但是，各种平台型电商企业仍如雨后春笋般日益发展。从平台型电商的类型来看，有综合型电商，如唯品会；有社交型电商，如拼多多；有垂直型电商，如聚美优品等。从市场定位战略来看，有偏高端市场的，如寺库；有偏低端市场的，如环球捕手等。结合现实情况，我们认为平台型电商的声誉转移与声誉溢出不可避免地受到平台型电商的类型以及市场定位等外部因素的干扰（Winfree and Mccluskey，2005；Huang and Li，2009）。

此外，平台卖家多采取多平台策略，即同一品牌卖家同时入驻多家平台型电商。例如，在淘宝起家的韩都衣舍，也陆续进驻了京东、小红书等平台；欧莱雅等美妆品牌同时进驻天猫、京东、唯品会、聚美优品等多家平台。不同的平台型电商，因其不同的声誉，可能对同一品牌同一卖家的声誉也会带来不同的影响。因此，多平台策略是否有效？什么样的多平台组合是有效的？都是平台型电商声誉对平台卖家绩效影响机制中需要考虑的问题。因此，平台型电商声誉对平台卖家绩效的内部影响机制仍然有待探索。

据此，平台型电商声誉分享的研究内容主要包括以下几点：（1）平台型电商声誉的构建，主要是基于平台企业与平台卖家价值共创视角探索平台型电商声誉的分享机制，即平台型电商声誉在平台卖家与平台企业间的转移与溢出路径。（2）平台型电商声誉对平台卖家绩效影响的一般性规律是什么？重点通过实证研究的方法，归纳并验证平台型电商声誉对平台卖家的分享路径。（3）当平台型电商类型不同时（B2C vs. B2B2C）或市场定位不同时（高端 vs.低端），平台型电商声誉对平台卖家绩效的影响机理有何不同？

（二）平台型电商的声誉破坏

平台型电商声誉对平台卖家具有"准公共物品"性质，质量可追溯性缺失导致平台卖家在信息不对称情况下，更加倾向采取违规行为谋取超额利润，由此产生的负外部性将会对平台型电商的守信卖家带来不利影响（Winfree and McCluskey，2005）。不仅如此，根据联想网络理论与范畴化理论，平台型电商声誉与平台卖家声誉作为信息节点共同形成网状记忆结构，平台买家对平台卖家的不良认知也会对平台型电商声誉产生消极影响（Puligadda et al.，2012）。平台型电商的声誉分享仅仅放大了个体声誉的作用，并不必然存在正外部效应，违规卖家的不良声誉也会通过声誉分享路径予以放大。探索平台卖家违规行为对平台型电商声誉的破坏，既是声誉分享研究的应有之义，也是探索平台型电商责任追索策略的构建依据，这是平台企业与平台卖家互动关系的根本要求。

平台卖家违规行为对平台企业的制度规范形成挑战，可能伤及平台企业的信誉基础，从而对平台型电商的企业声誉产生消极影响；还可能伤及平台卖家的集体信誉背书，引发消费者对平台市场的整体不信任，从而对平台型电商的市场声誉产生消极影响。平台卖家的不同违规行为特征对平台型电商声誉的影响有所不同，先期调研过程中发现，违背具体条款（Specific Conditions）的行为主要对平台型电商的企业声誉产生影响，违背一般条款（General Terms）的行为更可能对平台型电商的市场声誉产生影响，这与平台企业在交易过程中扮演的角色及承担的责任存在一定的关联性。并且，平台卖家具有专属的个体声誉（平台企业的打标），可能对违规行为的负向影响产生一定的调节效应，具体调节路径如何，尚有待考察。

随着平台型电商市场中竞争越来越激烈，平台卖家会仍会采取投机的行为从而在竞争中获得优势，且违规的投机行为形式愈发多样。电商发展早期，平台卖家利用网络交易的虚拟性，出现虚假宣传、售卖质量不合格的产品，甚至售假等欺诈行为。电商发展后期，鉴于在线评论已成为平台买家重要的购买意向影响因素，平台卖家则出现刷单、刷好评、好评返现等虚假营销行为。而上述平台卖家的违规行为都会对平台型电商声誉产生不同程度的破坏和影响。并且，买家对于售假等欺诈行为是否会更多归为卖家责任？对于好评返现等虚假营销行为是否会更多归为平台型电商的不作为？买家如何归因平台卖家的违规行为，又如何影响买家对平台型电商声誉的认知等问题仍不明确。因此，对于平台卖家违规行为特征对于平台型电商声誉的影响机理仍需深入探究。

据此，平台型电商声誉破坏的研究内容主要包括以下几点：（1）平台卖家违规行为对平台型电商声誉的影响。（2）当平台卖家违规程度不同时，平台卖家违规行为对平台型电商声誉影响有何不同。（3）当平台卖家违规表现类型不同时，平台卖家违规行为对平台型电商声誉的影响有何不同。

（三）平台型电商的责任追索

平台企业惩治违规卖家，既是履行正常的市场管理职责，对平台型电商的企业声誉具有一定的积极影响；也有利于提高市场交易质量，对平台型电商的市场声誉具有一定的积极影响。平台企业可以通过设立进入筛选机制甄别申请卖家，吸收高质卖家的同时阻止低质卖家混入市场；也可以通过制定平台规则惩戒违规卖家的"搭便车"行为。但是，平台企业兼具市场经营者与市场管理者双重角色，平台企业不仅可以通过市场服务功能引导违规卖家，典型的如平台卖家的声誉形成机制，也可以通过市场管理功能制裁违规卖家，典型的如平台型电商的卖家规则（汪旭晖和张其林，2015）。但是，平台型电商的责任追索策略，必须建立在平台卖家违规行为对平台型电商声誉造成破坏的基础上，才能获得合法性。因此，平台型电商责任追索策略与现有的平台规则不能完全混同，需要依据平台卖家违规行为对平台型电商声誉影响研究的结论进行具体的识别与归纳。

由于平台型电商具有较强的开放性，平台型电商的责任追索策略也具有较强的外部性。具体而言，平台型电商的责任追索策略不仅影响违规平台卖家，还会影响其他平台卖家；不仅影响平台内卖家，还会影响平台外卖家。而且，平台型电商的责任追索策略不仅影响平台卖家，还会影响平台买家。因此，对于追求双边用户规模最大化以及生态系统整体利益最大化的平台型电商而言，究竟采取何种责任追索策略才是最优选择，还存在较多问题，责任追索策略对平台卖家和平台买家的影响机理仍需深入探究。

据此，平台型电商责任追索的研究内容主要包括以下几点：（1）平台型电商的责任追索策略归纳与划分。（2）平台型电商的责任追索策略对平台卖家的影响。（3）平台型电商的责任追索策略对平台买家的影响。

（四）平台型电商的声誉管理

基于平台企业和平台卖家的价值共创视角，平台企业与平台卖家均具有管理平台型电商声誉的合法性。但是，平台卖家是平台型电商声誉危机的主要来源，平台企业是平台型电商声誉管理的重要主体，因此，厘清平台型电商声誉危机与平台企业规制平台卖家成为平台型电商声誉管理的首要任务。平台型电商的声誉分享取决于平台企业的服务策略，责任追索策略则隶属于平台企业的管理策略。平台服务策略与平台管理策略协同合作才能达到预期效果（Grewal et al., 2010），所以平台型电商的声誉分享机制与责任追索策略必须实现协同匹配，才能形成系统完整的声誉管理模式。

平台企业和平台卖家维护或管理平台型电商声誉的过程，也是他们约束自己行为的过程。然而，平台型电商声誉对平台企业和平台卖家的约束效力并不完全一致，因此，平台型电商声誉管理难以沿用传统的模式。平台型电商声誉对平台卖家的约束效力不强，导致平台卖家的机会主义行为容易引发平台型电商声誉危机。而平台型电商声誉对平台企业的约束效力较强，使得平台企业不仅约束自身行为，还会规制卖家行为，有助于维护良好的交易秩序。为此，平台企业应该综合运用市场化方案、产业化方案、行政化方案规制平台卖家，平台型电商声誉管理模式的系统构建仍需进一步探索。

据此，平台型电商声誉管理的研究内容主要包括以下几点：（1）平台型电商声誉危机；（2）平台型电商的声誉分享机制与责任追索策略的协同匹配模式建构；（3）平台型电商声誉管理模式的系统建构；（4）平台型电商声誉管理机制的优化。

二、研究设计

（一）预期研究目标

本书预期实现四个研究目标，具体如下：（1）探索平台型电商声誉的双元结构及测量构件；（2）构建平台型电商声誉对平台卖家绩效的影响机理模型，重点归纳声誉分享的关键路径，并进一步考察平台型电商类型和市场定位的调节作用，试图揭开平台型电商声誉分享的"理论黑箱"；（3）探讨平台卖家违规对平台型电商声誉的影响，以及平台买家的反应；（4）探索平台型电商的责任追索策略，以及责任追索策略与声誉分享机制的协同匹配，最终建构系统的声誉管理模式。

（二）具体研究方案

本书针对不同研究内容采取不同研究方法：

1.在研究"平台型电商的声誉分享"以及"平台型电商的声誉破坏"这两部分内容时，主要采取定性分析与定量分析相结合的方法来建构并验证模型。本书先通过访谈法与专家咨询法，修正实证检验模型及假设路径关系。从平台型电商或论坛等找到相关核心变量及其关系存在的证据，通过定性与定量研究方法的结合使研究结论具有更好的信度和效度。在上述基础上，我们构建平台型电商声誉对平台卖家绩效的影响机理模型与平台卖家违规行为特征对平台型电商声誉的影响机理模型。同时，我们采用实证研究方法，选择平台型电商的论坛或评论专区开展大规模问卷调查，从而进一步验证模型假设。平台卖家的问卷调研主要通过已经建立合作关系的阿里巴巴商盟开展数据收集。消费者问卷调研主要在阿里巴巴和京东商城的评论专区或社区论坛开展数据采集。在数据收集过程中将注重与先期调研的平台卖家进行匹配，以便获取双边数据。在数据采集完毕之后，由专门人员进行调查和数据录入，对数据进行无反应偏差检验（Non-Response Bias）和共同方法偏差检验（Common Method Bias），并采用SPSS统计软件对数据进行统计分析。

2.在研究"平台型电商的责任追索"这部分内容时，我们在访谈分析的基础上，采用实验法对平台型电商的责任追索效果进行交叉验证。根据研究设计设定实验情境，探索平台型电商不同责任追索策略的适用范围、作用效果及控制特点，进一步提高责任追索策略的可靠性。其中，实验研究方法允许研究人员在测量自变量或多个因变量的影响之前对这些变量进行操纵，将其作为推断因果关系是否存在的依据非常有效。研究设计对实验变量和外来变动控制得越好，就越能证明研究结论确立了正确的因果关系。因此，我们开展实验室实验进行研究。研究组根据具体研究问题和基本假设进行实验设计，基于前期定性研究结果，设计并测试文字性实验刺激材料。实验前，课题组将参考已有的相关研究，通过深入访谈（In-Depth Interview）和焦点小组座谈会（Focus Group Discussion）来选取实验刺激物，并通过预实验（Pilot Study）来检验实验设计的有效性。在实验过程中，根据责任追索策略与平台卖家违规的不同类型，把被试分成若干实验组，确保每个实验小组多于30人。实验主持者先让被试接受实验刺激，随后让被试回答相关的测量问题，以此检验不同责任追索策略的适用情境。该实验设计采用组间设计和组内设计相结合，关键假设重复性验证，并严格控制外生变量，保证研究的内部效度。

3.在研究"平台型电商的声誉管理"这部分内容时，本书采取多案例研究方法。多案例研究遵循复制的法则，即通过某个或某几个案例研究取得有价值的发现后，接着进行更多案例的相同研究，以分析确认初次发现的真实性和可靠性。研究组选取多家平台企业作为案例研究样本，通过与企业中高层管理者深度访谈、直接观察、参与性观察、文献及档案记录分析等方法获取资料。通过多案例比较研究，不断推理验证，从理论探索性的归纳、演绎、对比、分析，最终得出相关研究结论。本书所遵循的技术路线，如图3-2所示。

```
                    ┌──────────────┐
                    │  确定研究问题  │
                    └──────┬───────┘
          ┌────────────────┴────────────────┐
  ┌───────────────┐              ┌───────────────┐
  │  案头研究       │              │  小组访谈       │
  │ ◇ 阅读文献      │─────────────▶│ ◇ 提纲设计      │
  │ ◇ 整理归纳      │              │ ◇ 访谈实施      │
  └───────┬───────┘   ┌────────┐  │ ◇ 定性分析      │
          │           │ 专家甄别 │  └───────┬───────┘
          └───────────┴────────┴───────────┘
                    ┌──────────────────┐
                    │ 初始研究理论框架的确定 │
                    └─────────┬────────┘
```

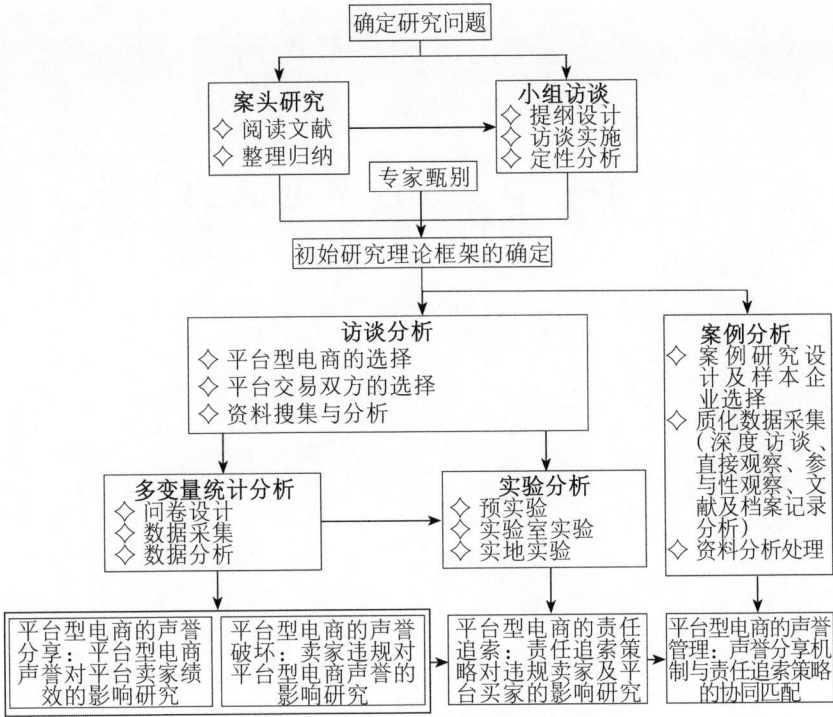

图3-2　本书遵循的技术路线

第四章　平台型电商的声誉分享

一、平台型电商声誉分享机制的理论框架构建

平台型电商是平台卖家和平台买家通过平台企业提供的虚拟空间与互动机制开展交易，进而发展演化形成的特殊组织形态（Grewal et al.，2010；李小玲等，2014；金帆，2014）。平台型电商的本质在于平台企业和平台卖家共创价值，向平台买家提供完整的购物体验（冯华和陈亚琦，2016；汪旭晖和张其林，2016）。因此，平台买家对平台型电商的评价，既包括对平台企业的评价，也包括对平台卖家的评价，在此基础上衍生的平台型电商声誉具备"平台企业驱动声誉"和"平台卖家驱动声誉"双元结构。可见，平台型电商声誉已经形成了独特的结构，也可能孕育出全新的特征。根据 Actor and Actor to Actor 导向的平台型电商价值共创分析框架（见图4-1），平台型电商的价值共创过程并不是价值创造过程与价值传递过程的融合，而是价值创造过程与价值传递过程的分离。因此，只有平台企业和平台卖家共同创造的"供给侧"价值传递

到平台买家或被平台买家所分享，一个完整的价值共创过程才得以最终实现，而这也正是平台型电商模式的本质所在（冯华和陈亚琦，2016）。

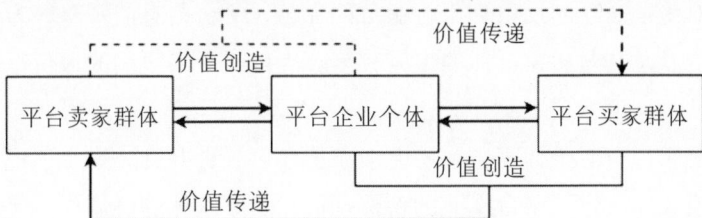

图4-1 Actor and Actor to Actor 导向的平台型电商价值共创分析框架

　　鉴于此，本章将基于价值共创视角探索平台型电商声誉的构想内涵和形成路径，从而揭示平台型电商声誉分享机制。在此基础上，本章构建了平台型电商声誉分享的研究框架，并通过两个实证研究进一步分析了平台型电商声誉对卖家绩效影响的一般规律和内在机理。本章试图依托全新的组织形式对声誉理论进行创新性建构，从而为探究平台型电商声誉对平台企业和平台卖家的约束效力提供系统的理论分析框架，也为构建高效的平台型电商声誉管理模式提供具体的对策建议，还为规范平台交易秩序提供更具针对性的政策主张。

（一）平台型电商声誉的构想界定

1.平台型电商声誉的基本内涵

　　基于平台企业和平台卖家的价值共创视角，平台型电商基本运营模式如下：平台企业个体提供平台架构、平台规则、平台中介，平台卖家群体提供平台商品、平台服务、平台信息，平台企业个体和平台卖家群体通过资源整合与经营互动，共同向平台买家提供完整的购物体验（Grewal et al.，2010；李小玲等，2014）。从这个角度出发，建构平台型电商声誉的基本内涵，可以得到如下结论：当平台买家评价平台企业时，其将平台企业视为一个独立个体，所持有的认知/情感形成了"平台企业驱动声誉"，本章将这界定为平台企业个体声誉，具体包括平台买家对平台架构的合理性、平台规则的公平性、平台中介的公正性等方面的认知评价以及其对平台企业的喜爱程度；当平台买家评价平台卖家时，其将卖家群体视为一个市场整体，所持有的认知/情感形成了"平台卖家驱动声誉"，本章将这界定为平台卖家群体声誉，具体包括平台买家对平台商品的质量、平台服务的完善、平台信息的完整等方面的认知评价以及其对卖家群体的喜爱程度。大家对于淘宝网的评价呈现出两种截然不同的观点（"电商巨头"vs."假货市场"），恰恰对应了本章提出的平台企业个体声誉和平台卖家群体声誉，并且，平台型电商基本运营模式还决定了平台企业的价值创造与卖家群体的价值创造是打造平台买家购物体验的必备环节，从而导致平台企业个体声誉和平台卖家群体声誉呈现出相互依赖、相互影响、共同发挥作用的耦合特质。

本章将平台型电商声誉区分为平台企业个体声誉和平台卖家群体声誉的双元结构，原因在于：①内涵不同。平台企业个体声誉主要针对平台企业，具体包括平台架构的合理性、平台规则的公平性、平台中介的公正性、平台买家的认同感等；平台卖家群体声誉主要针对平台卖家，具体包括平台商品的质量、平台服务的完善、平台信息的完整、平台买家的喜爱等。②重点不同。平台企业个体声誉侧重知名度，平台卖家群体声誉侧重美誉度，即平台企业"聚人气"，平台卖家"留客户"。③作用不同。平台企业个体声誉促使平台企业采取监管策略维护平台买家的权益（Grewal et al.，2010），对平台企业而言是一种行为约束，对平台买家而言是一种制度保障；平台卖家群体声誉表征平台买家会通过平台市场遇到优质卖家的可能性，对卖家群体而言是一种整体形象，对平台买家而言是一种概率保障。换句话说，平台企业个体声誉保障买家权益免受损害，平台卖家群体声誉保障买家的权益得以实现，即平台企业个体声誉较高，平台买家获得事后救济的可能性较高；平台卖家群体声誉较高，平台买家实现成功购物的可能性较高。④性质不同。平台企业独享平台企业个体声誉的剩余索取权，既会积极地进行声誉投资，也会自发实施声誉监管，所以平台企业个体声誉是一种个体声誉；平台卖家共享平台卖家群体声誉的收益分配权，既不会主动进行声誉投资，也没有动力实施声誉的监管，所以平台卖家群体声誉是一种集体声誉。

本章将平台型电商声誉认定为平台企业个体声誉和平台卖家群体声誉的互动耦合，表现如下：①平台企业个体声誉和平台卖家群体声誉共同发挥作用。平台企业创造的价值与卖家群体创造的价值是构成平台买家购物体验的必备要素，任何一个环节的失误都会引发平台买家对平台型电商的不满，进而影响到整体的平台型电商声誉。②平台企业个体声誉和平台卖家群体声誉相互依赖。平台企业的价值创造在很大程度上通过卖家群体的商品/服务/信息予以最终实现，卖家群体的价值创造在很大程度上需要平台企业的架构/规则/中介作为营销支撑，因此，平台企业个体声誉依赖卖家群体的表现，平台卖家群体声誉依赖平台企业的支持。③平台企业个体声誉和平台卖家群体声誉相互影响。良好的平台企业个体声誉可以吸引大量的平台买家体验平台市场的商品/服务，有助于平台卖家群体声誉的建立；良好的平台卖家群体声誉可以诱发更多的平台买家"点赞"平台企业的基础服务，有助于平台企业个体声誉的建立；平台企业个体声誉受损，平台买家可能"抵制"平台市场，从而导致平台卖家群体声誉受损；平台卖家群体声誉受损，平台买家可能"声讨"平台企业，从而导致平台企业个体声誉受损。

鉴于此，本章基于平台企业和平台卖家的价值共创视角，将平台型电商声誉定义为平台买家对平台企业和平台卖家共同创造的平台型电商购物体验的整体评价，其中，平台买家对平台企业的个体评价形成了平台企业个体声誉，平台买家对卖家群体的整体评价形成了平台卖家群体声誉，平台企业个体声誉和平台卖家群体声誉的互动耦合形成了平台型电商声誉。

2.平台型电商声誉的双元结构

平台型电商声誉具有平台企业个体声誉和平台卖家群体声誉双元结构：平台买家既依据平台企业的过去行为建构平台企业个体声誉感知，也依据平台卖家个体声誉的"平均概率"建构平台卖家群体声誉感知。从营销投入角度看，平台企业具有投资平台企业个体声誉的积极性，平台卖家没有投资平台卖家群体声誉的积极性，因此，平台企业个体声誉的建立往往先于平台卖家群体声誉的建立。从顾客感知角度看，平台企业个体声誉是平台买家"乘兴而来"的前提，平台卖家群体声誉是平台买家"尽兴而归"的结果，因此，平台企业个体声誉的形成往往先于平台卖家群体声誉的形成。可见，平台企业个体声誉和平台卖家群体声誉的发展并不是同步的，平台企业个体声誉的发展往往先于平台卖家群体声誉的发展。据此，可以将平台型电商划分为四个类型：①繁荣发展。此类平台型电商的平台企业个体声誉比较高、平台卖家群体声誉也比较高，即平台买家对平台企业与卖家群体都比较信任和喜爱，较为容易产生持续的购买行为与推荐行为，而平台型电商则可以获得长远的发展，典型的如天猫商城。②落后发展。此类平台型电商的平台企业个体声誉比较低、平台卖家群体声誉也比较低，即平台买家对平台企业与卖家群体都不太信任和喜爱，较为容易产生逃离行为与恶性评价，而平台型电商则很难获得长远的发展，典型的如拍拍网。③初期发展。此类平台型电商的平台企业个体声誉比较高、平台卖家群体声誉比较低，即平台买家对平台企业较为了解或喜爱，对于卖家群体却持有一定的谨慎态度。此类平台型电商大多处于不稳定的发展阶段，如果发展成功，平台型电商可以过渡到繁荣发展；反之，平台型电商难免沦落为落后发展。由于发展初期的平台型电商大多呈现这类特征，因此，本章采用"初期发展"描述此类平台型电商，典型的如豆瓣市集。④由于平台企业是平台型电商的主导者，承继了平台型电商的品牌，还会积极主动进行声誉投资或品牌塑造，因此，一般不会出现"平台企业个体声誉比较低、平台卖家群体声誉比较高"的情况。

3. 平台型电商声誉的特殊性质

（1）个体声誉和集体声誉的混合性。平台企业个体声誉是一种个体声誉，平台卖家群体声誉是一种集体声誉，那么，作为平台企业个体声誉和平台卖家群体声誉的耦合体，平台型电商声誉由此兼具了个体声誉和集体声誉的部分特征。平台企业个体声誉既具有竞争性，又具有排他性，属于私人物品；平台卖家群体声誉既具有非竞争性，又具有非排他性，属于公共物品；平台型电商声誉则同时具备内部非竞争性和外部排他性，属于俱乐部物品。但是，不同于俱乐部物品的内部完全非竞争性，平台型电商声誉具有一定的内部竞争性，因为平台参与者分享平台型电商声誉既包括对声誉本身的分享，也包括对声誉收益或附带资源（如客户资源）的分享，声誉本身不具有内部非竞争性，声誉收益却具有内部竞争性，如天猫卖家均可以获得天猫商城的"声誉担保"，却不得不竞争天猫商城的买家资源。因此，平台型电商声誉属于一种特殊的"类俱乐部物品"。

（2）"公地悲剧"和"公地繁荣"的并存性。平台型电商声誉的公共性质使得平台卖家容易采取机会主义行为谋求个体利益最大化，从而导致平台型电商声誉的衰退，即出现"公地悲剧"。如果平台企业设定的准入门槛越低、监管力度越小，那么，劣质卖家数量越多，平台卖家采取机会主义行为的可能性越大，平台买家对平台交易过程的感知质量将大大降低，从而导致平台型电商声誉的衰退，即产生"公地悲剧"；如果平台企业设定的准入门槛越低、监管力度越小，那么，产品/服务数量越多，卖家群体满足平台买家需求的可能性越大，平台买家成功完成购物的信念将大大增强，从而推动了平台型电商声誉的提高，即产生"公地繁荣"。淘宝网的"恶名市场"与"万能淘宝"恰恰反映了这两种效应。究其本质，平台买家对卖家群体价值创造的评价侧重市场满足需求的潜力（取决于卖家数量），而对卖家群体声誉创造的评价侧重市场满足需求的能力（取决于卖家质量）。卖家群体的价值创造过程和声誉创造过程融合在一起，平台型电商声誉便形成了满足需求潜力和满足需求能力两维度结构。因此，不同于一般的集体声誉容易滋生"公地悲剧"，平台型电商声誉同时存在"公地悲剧"和"公地繁荣"。

（3）分享主体和监管主体的分离性。不同于横向渠道联盟声誉（如俱乐部声誉）的分享主体之间主要是业务竞争关系，也不同于纵向渠道联盟声誉（如供应链声誉）的分享主体之间主要是业务合作关系，平台型电商声誉的分享主体之间形成了更为复杂的关系网络，既包括业务竞争关系，也包括业务合作关系，还包括空间集聚关系和行为监管关系。其中，平台企业可以凭借主导地位和产权优势天然地分享平台型电商声誉，平台卖家则必须加入平台市场才能够参与分享，后者既不同于区域农产品凭借地理优势获得内生集体声誉，也有别于认证企业凭借制度优势获得外生集体声誉。并且，不同于以往的分享者大都组建公共委员会作为声誉监管主体，平台企业拥有平台型电商声誉分享"准入权"，既可以设定准入门槛将不合格卖家"阻挡"在市场门口，也可以通过查封店铺将不合规卖家"赶出"市场之外，成为平台型电商声誉的监管主体。因此，不同于一般声誉的分享主体和监管主体具有一体性（集体分享与集体监管或个体分享与个体监管），平台型电商声誉的分享主体和监管主体具有分离性（集体分享与个体监管）。

（二）平台型电商声誉的形成路径

平台型电商的发展过程和平台型电商声誉的建构过程是融为一体的，后者也由此具备了平台企业和平台卖家的共创特征。平台型电商声誉的形成过程既包括"平台企业组织化建设"和"平台卖家个体化参与"双重路径，也包括"平台企业驱动声誉"和"平台卖家驱动声誉"互动耦合，暗合了"平台化运作"与"自组织管理"等互联网时代的组织发展趋势（李海舰等，2014）。在这个过程中，平台企业和平台卖家的角色定位不可避免地存在差异，"平台企业驱动声誉"的组织化建设和"平台卖家驱动声誉"的自组织发展也难免发生冲突，导致平台型电商声誉的形成过程更为复杂。平台型电商声誉的形成过程与平台型电商的发展过程是同步的，大致经过导入阶段、成长阶段、成熟阶段，具体如下：

1.导入阶段

平台企业和平台卖家的价值创造主要体现在：平台企业通过入驻资质、管理规则等对平台卖家实施定向选择，向平台买家提供初级购物场所；平台卖家通过申请入驻、良性经营等在平台市场开设虚拟店铺，向平台买家提供全新购物渠道；平台企业和平台卖家的互动较少，主要限定在业务合作。在这个阶段，平台企业出于吸引大量用户的需求，具有建立平台企业个体声誉和平台卖家群体声誉的积极性；平台卖家出于维护个体利益的考虑，没有建立平台企业个体声誉和平台卖家群体声誉的积极性。在平台型电商面对的竞争压力相对较大的背景下，平台企业不得不采用直接建立方式与间接借用方式快速提升平台型电商的知名度。由于财务资本实力较弱，平台企业只能采用投资少、效率高的直接建立手段，如开展宣传活动提升认知度、推动文化建设提升认可度、采取公关活动提升认同度等。由于社会资本实力较弱，平台企业只能吸引品牌强度低、经营实力弱、合作意愿低的品牌商家进驻平台市场，借用品牌商家声誉提振平台卖家群体声誉。由于平台市场饱和度较低，平台卖家通过良性经营即可获得平台买家青睐，无须投入太大营销成本就可以获得平台买家的关注。平台卖家的良性经营为平台买家提供了良好的购物体验，这在一定程度上提高了平台卖家群体声誉，但却难以从整体上提升外部线索极为匮乏的平台型电商声誉。此时，平台交易双方较少，平台交易数量也较少，"市场"远未形成，平台企业个体声誉和平台卖家群体声誉的相互影响较弱。

2.成长阶段

平台企业和平台卖家的价值创造主要体现在：平台企业通过组织卖家开展集体促销、培训卖家提高服务质量、完善机制规范卖家行为等，向平台买家提供优质体验；平台卖家通过响应平台企业的号召、适应平台规则的变革、谋求独具一格的营销等，向平台买家提供特色服务；平台企业和平台卖家的互动增多，开始拓展到营销合作。在这个阶段，平台企业出于打造竞争优势的需求，具有建立平台企业个体声誉和平台卖家群体声誉的积极性；平台卖家出于扩大业务销售的考虑，将会主动开展促销活动，客观上为平台卖家群体声誉的建立做出了贡献。在平台型电商面对的竞争压力逐渐减小的背景下，平台企业开始采用直接建立方式与间接借用方式同步提升平台型电商的知名度和美誉度。由于财务资本实力大大增强，除了继续沿用宣传活动、文化建设、公关活动等，平台企业还可以改进服务提升满意度、改良机制提升信任度、建设社群提升忠诚度。由于社会资本实力大大增强，除了合作商家的档次级别不断提高，平台企业还可以借用社会机构和并购企业的声誉，同步提升平台卖家群体声誉和平台企业个体声誉。由于平台市场饱和度提高，除了延续良性经营，平台卖家还会开展打折促销以应对市场竞争。无论是平台卖家自发竞争形成的集体促销（如淘宝价格战），还是平台企业组织开展的集体促销（如天猫"双十一"），都将形成强有力的外部线索，对平台型电商声誉产生重要的提升作用。此时，平台交易双方数量增多，平台交易数量也增多，"市场"逐渐成形，平台企业个体声誉开始对平台卖家群体声誉"输血"：大量营销投入快速提高了平台企业个体声誉，使之成为平台买家的制度保障，也成为平台卖家的"声誉担保"，从而弥补了平台卖家的"信号不足",最终提高了平台卖家群体声誉。

3.成熟阶段

平台企业和平台卖家的价值创造主要体现在:平台企业通过监管卖家行为、引导卖家行为等实现平台卖家的"去个性化",向平台买家提供标准化情境;平台卖家通过参与规则制定、参与市场管理等寻求平台企业的外部支持,向平台买家提供个性化情境;平台企业和平台卖家的互动加深,逐渐延伸到管理合作。在这个阶段,平台企业出于打造持续竞争优势的需求,具有建立平台企业个体声誉的积极性,用以拓展其他业务;平台卖家出于打造品牌竞争优势的需求,具有建立平台卖家品牌声誉的积极性,用以拓展其他市场,客观上为平台卖家群体声誉的建立做出了贡献。在平台型电商面对的竞争压力相对较小的背景下,平台企业开始采用直接建立方式与间接借用方式逐渐提升平台型电商的美誉度。平台企业积累了庞大的财务资本,更多地通过践行社会责任提升平台企业美誉度,同时,也会优化支持种群提升平台市场美誉度。平台企业积累了庞大的社会资本,甚至可以借用政府机构声誉提升平台企业个体声誉。由于平台市场饱和度较高,平台卖家除了继续在平台市场内部投资平台店铺信誉,还会在平台市场外部加强品牌声誉投资,从而建立自己的核心竞争力。平台企业也会对平台卖家的声誉投资行为给予一定的外部支持,典型的如天猫原创品牌。此时,平台交易双方数量很多,平台交易数量也很多,"市场"已经形成,平台企业个体声誉对平台卖家群体声誉的"输血"逐渐弱化,相反,平台卖家群体声誉对平台企业个体声誉的"反哺"逐渐增强:平台市场发展存在较强的"马太效应",平台卖家群体声誉借此获得自增长动力,进而成为维持甚至提升平台企业个体声誉的重要支撑,平台企业则凭此逐渐减少宣传活动、文化建设、公关活动等。但是,平台卖家群体声誉容易陷入危机:先加入的平台卖家已经获得良好的信誉评价和大量的忠实客户,"马太效应"的存在使得这些卖家逐渐减少声誉投入;后加入的平台卖家难以在濒临饱和的平台市场与前者展开公平竞争,往往采取不正当竞争行为,从而对平台卖家群体声誉造成破坏。为此,平台企业将会进一步完善平台规则、加强卖家监管,避免发生平台卖家群体声誉和平台企业个体声誉的负向互动，最终形成稳定、优质的平台型电商声誉。

由此可见，平台企业通过"定向化选择""集体式促销""标准化管理"等决定平台型电商声誉的发展方向，平台卖家通过"选择性适应""个性化经营""参与式管理"等丰富平台型电商声誉的具体内涵，平台企业和平台卖家协同合作、良性互动、相互成就，最终创造了稳定、鲜明、独特的平台型电商声誉。为了达到分析平台型电商声誉约束效力的目的，本章将重点探讨平台企业和平台卖家在平台型电商声誉建立过程中的态度、行为、影响因素、战略导向：①平台企业拥有价值共创的主导权，使之能够从平台型电商声誉获得更多的利益，从而具有更强的动机和能力去建立并维护平台型电商声誉，平台卖家则与之相反。因此，平台企业会主动维护平台企业个体声誉和平台卖家群体声誉。②平台企业主要提供情境价值，这种价值的提供存在较强的规模效应，使得平台企业的声誉建立行为重在提高消费者的认知，以鼓励更多的消费者体验平台的情境；平台卖家主要提供使用价值，这种价值的提供存在较高的交易费用，使得平台卖家的声誉建立行为重在优化消费者的感知，试图将更多的消费者发展为忠实客户。③由于平台企业提供的架构/规则/中介具有初始投资成本高、边际使用成本低的特征，其声誉建立行为受财务资本与社会资本的影响较大；由于平台卖家提供的信息/商品/服务具有同质程度较高、市场竞争激烈的特征，其声誉建立行为受市场饱和度的影响较大。④平台企业倾向内涵式发展，尽力将全部用户圈定在平台市场，以建构完善的情境，所以平台企业声誉建构战略的重心逐渐向内部感知过渡；平台卖家倾向外延式扩张，努力寻求多属行为策略，以售出更多的商品，所以平台卖家声誉建构战略的重心逐渐向外部线索过渡。总体上，在平台型电商声誉的形成过程中，平台企业从侧重外部线索转变为侧重内部感知，平台卖家从侧重内部感知转变为侧重外部线索，走出了一条完全相反的道路。究其本质，平台卖家竞争在于产品竞争，但是，由于模块化生产与技术外溢加剧了产品同质化竞争（汪旭晖和张其林，2015），品牌强度成为平台卖家建立竞争优势的关键；平台企业竞争在于模式竞争，但是，由于技术进步与模式创新的不相容降低了模式同质化竞争（傅瑜等，2014），模式优化成为平台企业保持竞争优势的关键。可见，平台企业的声誉建设活动决定了平台型电商声誉的发展走向（从外部线索到内部感知），两者是一致的，平台卖家的声誉建设活动则与之相反，导致平台卖家成为平台型电商声誉危机的重要来源，且引发的危机随着平台型电商的发展逐渐加剧。因此，平台型电商声誉危机的爆发期大多处于平台型电商的成熟阶段，不同于企业声誉危机的爆发期大多处于企业的成长阶段。

（三）平台型电商声誉的分享机制

平台企业和平台卖家既可以共同创造平台型电商声誉，也应当共同分享平台型电商声誉，因此，平台型电商声誉的分享机制包括平台企业的声誉分享机制和平台卖家的声誉分享机制。在价值共创过程中的主导地位使得平台企业享有平台型电商品牌的产权，因此，平台企业分享平台型电商声誉在很大程度上遵循传统个体声誉的分享路径（如品牌声誉授权、品牌声誉租金等），平台卖家群体声誉的加入无外乎增加了这条路径的不确定性。在价值共创过程中的从属地位导致平台卖家只能参与分享平台型电商声誉。但是，平台卖家分享平台型电商声誉在很大程度上颠覆了传统集体声誉的分享路径，不仅缘起于平台企业的组织化建设改变了声誉形成机制，而且体现在卖家群体的松散型联盟改变了资源分配机制，特别是，平台卖家创造平台型电商声誉的过程，也是分享平台型电商声誉的过程，两种过程的互动融合还在很大程度上加剧了这条路径的复杂性。鉴于此，本章重点探索平台卖家分享平台型电商声誉的机制（以下简称平台型电商声誉分享机制）。

1.平台型电商声誉的分享路径

平台型电商声誉的作用主要体现在两个方面：一是社会信号效应。平台型电商声誉作为信息载体对于消费决策具有一定的参考价值，良好的平台型电商声誉有助于吸引新客户的加入，进而形成"马太效应"，典型的如拥有较高声誉的天猫商城已经成为消费者首选购物平台。二是社会网络效应。平台型电商声誉作为情感连带对于消费群体具有一定的凝聚作用，良好的平台型电商声誉有助于培养老客户的黏性，进而形成"锁定效应"，典型的如拥有较高声誉的天猫商城已经沉淀了大量的平台买家。同一个卖家在不同的平台型电商开设店铺，不同店铺的销量、价格与绩效往往存在显著的差异，这是社会信号效应和社会网络效应共同作用的结果。其中，店铺销量差异主要源于两个方面：一个是选择偏好的差异，声誉良好的平台型电商可以为平台卖家提供更高的"声誉担保"，从而吸引更多的多属行为（Multi-homing）买家光顾，这主要表现为社会信号效应；另一个是市场规模的差异，声誉良好的平台型电商可以为平台卖家提供更大的客户群体，从而吸引更多的单属行为（Single-homing）买家光顾，这主要表现为社会网络效应。店铺价格差异主要源于两个方面：一个是附加价值的差异，平台型电商声誉越高，平台商品的附加价值越大，平台卖家的溢价越高，这主要表现为社会信号效应；另一个是转换成本的差异，平台型电商声誉越高，平台买家的转换成本越大，平台卖家的溢价越高，这主要表现为社会网络效应。店铺绩效差异既源于纯粹的社会信号效应和社会网络效应，也源于两者的混合效应。

根据社会信号效应，平台型电商声誉可以充当平台卖家的"补充信号"，对于平台买家建构卖家声誉感知具有重要的参考价值，主要体现在两个方面：①平台卖家进驻平台市场，表明平台卖家符合平台企业的准入要求，也能够接受平台企业的严格监督，有能力为平台买家提供良好的商品/服务，这为平台买家建构卖家声誉感知提供了依据。②平台卖家进驻平台市场，表明平台卖家属于平台市场的"类别成员"，具备卖家群体的共有特征，平台买家受到"晕轮效应"与"刻板印象"的影响建构卖家声誉感知。因此，平台买家会将平台型电商声誉转移到平台卖家个体声誉，本章将这种分享机制定义为声誉转移路径。根据社会网络效应，平台型电商声誉可以为平台卖家带来一定的客户资源，平台卖家进驻平台市场即可无偿分享这些资源，主要体现在两个方面：①平台型电商声誉通过"锁定效应"集聚了大量的平台买家，平台卖家可以吸引这些买家，从而获得庞大的流量支持，如同一件韩都衣舍衣服在天猫旗舰店的销量远远大于京东旗舰店。②平台型电商声誉通过"锁定效应"集聚了大量的忠诚买家，平台卖家可以向这些买家索取更高的价格，从而获得巨大的声誉溢价，如同一件商品在天猫商城的售价普遍高于淘宝网。因此，平台卖家可以分享平台型电商声誉带来的客户资源，本章将这种分享机制定义为声誉溢出路径。

平台型电商声誉的转移路径和溢出路径存在差别：①作用对象不同。平台型电商声誉转移效应（平台卖家通过声誉转移路径获得的分享效应）主要发生在跨平台购物的多属行为买家，平台型电商声誉溢出效应（平台卖家通过声誉溢出路径获得的分享效应）主要发生在平台内购物的单属行为买家。更准确地说，对于平台买家而言，平台型电商声誉转移路径的实现需要经历"选择平台—选择卖家—开展交易"三个阶段，平台型电商声誉溢出路径的实现需要经历"选择卖家—开展交易"两个阶段，前者的作用对象需要经历从多属行为到单属行为的消费模式转变。②分享资源不同。平台型电商声誉转移路径主要涉及信任、喜爱等无形的情感资源，平台型电商声誉溢出路径主要涉及大量客户、忠诚客户等有形的实物资源，或言之，前者主要涉及声誉本身（如天猫卖家获得的"声誉担保"），后者主要涉及客户资源（如天猫卖家获得的"流量支持"）。③内在机理不同。平台型电商声誉转移路径的预设是将平台型电商声誉视为一种信号，其为平台卖家提供了"平台声誉担保"，并且，在声誉转移过程中，平台买家的最终着眼点落在平台卖家；平台型电商声誉溢出路径的预设是将平台型电商声誉视为一种指标，其为平台卖家提供了"平台选择依据"，但是，在声誉溢出过程中，平台买家的最终着眼点仍在平台型电商。或言之，对于平台卖家来说，平台型电商声誉转移路径的机理在于"为我所有"，如韩都衣舍将"淘品牌"作为宣传口号以提高自身品牌声誉；平台型电商声誉溢出路径的机理在于"为我所用"，如韩都衣舍倾力打造天猫旗舰店以分享天猫商城的大量客户。④作用范围不同。平台型电商声誉转移效应具有边界通透的特点，即使平台卖家脱离平台型电商，依然可以享受这种效应带来的收益，如在天猫商城积累了良好品牌声誉的三只松鼠开设实体店，也迅速赢得了消费者的青睐；平台型电商声誉溢出效应具有边界固化的特点，一旦平台卖家脱离平台型电商，便不可以享受这种效应带来的收益，如韩都衣舍自建官网的销售收入远远低于天猫旗舰店。

2.平台型电商声誉的分享程度

（1）平台卖家获得的声誉分享效应大小受到卖家声誉的影响。低声誉卖家无法自发为平台买家提供可信的信号，需要平台型电商声誉加以"佐证"，而高声誉卖家则与之相反，所以低声誉卖家获得的声誉转移效应大于高声誉卖家；高声誉卖家既可以吸引更多的平台买家光顾，也可以获得更高的成交转化率，还可以获得更高的价格溢价（李维安等，2007；朱艳春等，2017），而低声誉卖家则与之相反，所以高声誉卖家获得的声誉溢出效应大于低声誉卖家。

（2）平台卖家获得的声誉分享效应大小受到卖家数量的影响。平台卖家获得的声誉转移效应与卖家数量之间存在正相关关系，平台卖家获得的声誉溢出效应与卖家数量之间存在倒 U 型关系。卖家集聚产生的交叉网络效应可以提高买家数量，进而提高平台型电商声誉的整体分享效应，从而提高了单个卖家获得的分享效应，如大量淘宝卖家集聚形成了"鸡蛋相生"，使得单个卖家获得了较多的流量；卖家集聚产生的竞争效应可能加剧资源争夺，进而降低平台型电商声誉的平均分享份额，从而降低了单个卖家获得的分享效应，如大量淘宝卖家集聚引发了"客户争夺战"，导致单个卖家获得了较少的流量。由于消费者总量是有限的，卖家集聚能够吸引的买家总量也是有限的，不可能一直增长，因此，卖家集聚产生的交叉网络效应随着卖家数量增长到一定规模将逐渐趋于稳定；但是，卖家集聚产生的竞争效应却会随着卖家数量的增长逐渐加剧，不仅在于平台卖家数量增多改变了市场竞争结构，还在于消费者数量有限性的约束条件导致买家数量增长存在"天花板"。可见，卖家集聚产生的交叉网络效应与竞争效应存在此消彼长的关系。更重要的是，声誉转移路径主要涉及的情感资源并不具有消耗性，声誉溢出路径主要涉及的实物资源则具有消耗性。综上可知，平台卖家获得的声誉转移效应受到交叉网络效应的正向影响，不会受到竞争效应的负向影响，与卖家数量呈现正相关关系；平台卖家获得的声誉溢出效应既受到交叉网络效应的正向影响，也受到竞争效应的负向影响，但是，交叉网络效应与竞争效应存在此消彼长的关系，导致平台卖家获得的声誉溢出效应与卖家数量呈现倒 U 型关系。

（3）平台卖家获得的声誉分享效应大小受到卖家结构的影响。同类卖家的声誉转移路径之间存在互补关系，即同类卖家越多，平台卖家集聚产生的网络效应越突出，单个卖家获得的声誉转移效应越高，呈现典型的"抱团取暖"；同类卖家的声誉溢出路径之间存在竞争关系，即同类卖家越多，平台卖家集聚产生的竞争效应越突出，单个卖家获得的声誉溢出效应越低，呈现典型的"同行冤家"；异类卖家的声誉转移路径/声誉溢出路径之间均存在互补关系，即卖家种类越多，平台型电商的网络效应越突出，单个卖家获得的声誉分享效应越高，呈现典型的"规模效应"。究其本质，同类卖家之间的生态位重叠度高，彼此争夺"共同"资源，导致声誉溢出路径之间的竞争程度较高，如同质化淘宝卖家之间的"价格大战"；异类卖家之间的生态位重叠度低，彼此分享"共性"资源（蔡宁等，2015），使得声誉溢出路径之间的互补程度较高，如多元化淘宝卖家形成的"万能淘宝"；网络空间集聚与"鸡蛋相生"触发的网络效应则同步提高了同类卖家和异类卖家获得的声誉转移效应。

3.平台型电商声誉的分享边界

平台卖家参与分享平台型电商声誉的边界条件既包括市场准入权限（只有进驻平台市场的卖家才能分享平台型电商声誉），也包括声誉使用权限（只有合乎使用规范的卖家才能分享平台型电商声誉）。但是，由于平台企业在价值共创过程中处于主导地位，导致这些权限牢牢掌握在平台企业手中，使之成为平台型电商声誉分享边界的确定者。

这种边界确定方式具有一定的优势：①平台企业作为唯一的管理主体，在制定市场准入标准、审核入驻卖家资质、强制驱逐违规卖家等方面具有节约交易成本的优势，还可以规避"集体行动的困境"。②平台企业作为唯一的产权所有者，可以更为有效地维护平台型电商声誉，否则，平台型电商声誉可能陷入"公地悲剧"，其引发的"柠檬问题"甚至会导致整个平台市场消失。③平台企业作为唯一的剩余索取者，可以充分发挥平台型电商声誉的效用，通过适度地开发整合这一资源，使其产生更大的价值。

这种边界确定方式存在一定的劣势：①平台企业作为唯一的管理主体，容易利用"角色"之便进行权力寻租，典型的如"淘宝小二"的腐败问题。②平台企业作为唯一的产权所有者，容易向其他参与主体索取垄断高价（声誉租金），典型的如2011年"围攻淘宝"事件。③平台企业作为唯一的剩余索取者，容易过度利用平台型电商声誉，如依托强大的平台企业个体声誉，阿里巴巴建立了天猫超市，与天猫卖家争夺客户资源，从而对平台市场竞争产生了极为不利的影响。为了尽可能规避这种边界确定方式的劣势，政府机构应该采取垄断性规制与公共性管理（汪旭晖和张其林，2015），平台企业也应该自觉遵循一定的平台型电商声誉分享边界。对于后者，本章所持的倾向性观点是：平台企业可以参与分享平台型电商声誉转移效应，即可以利用平台型电商声誉开发新的业务或开发新的市场，如余额宝的开发等；不应该参与分享平台型电商声誉溢出效应，即不得分享平台型电商声誉带来的实物资源，如天猫超市的设立等。理论依据在于：声誉转移路径所涉资源具有非消耗性特征，处于这条路径的平台型电商声誉具备俱乐部物品的特质，平台企业适度开发平台型电商声誉可以创造更大的收益；声誉溢出路径所涉资源具有消耗性特征，处于这条路径的平台型电商声誉不具备俱乐部物品的特质，平台企业的"运动员"和"裁判员"双重角色容易导致平台型电商声誉的过度使用，不利于平台市场的公平竞争。

（四）平台型电商声誉分享机制的研究框架

1.平台型电商声誉对平台卖家绩效影响的一般规律

平台型电商声誉分享机制主要通过两种路径实现：一种是声誉转移路径，根据社会信号效应，平台型电商声誉可以充当平台卖家的"补充信号"，对于平台买家建构卖家声誉感知具有重要的参考价值；另一种是声誉溢出路径，根据社会网络效应，平台型电商声誉可以为平台卖家带来一定的客户资源，平台卖家进驻平台市场即可无偿分享这些资源。

在声誉转移路径中，平台型电商声誉作为信息载体对于消费决策具有重要参考价值，良好的平台型电商声誉有利于吸引新顾客的加入，从而形成"光环效应（Halo Effect）"。然而，现有研究却对这种光环效应缺乏起码的关注，忽视了平台企业与平台市场参与者之间的关系机制。由于平台企业声誉与平台卖家声誉存在集体共创，平台型电商声誉对于参与到平台市场中的每一个平台参与者都具有明显影响。以往声誉理论的研究基本都强调声誉对于企业绩效的影响，而鲜有研究涉及市场中各个参与主体间关系的影响。这种不足必然会导致企业间关系研究的偏差甚至错误认识。诚然，相对平台买家而言，平台卖家更为理性，规则性也更强，但并不意味着可以忽视平台买家作为平台的参与者对于平台市场的关键作用，因为在平台卖家与消费者之间的关系中，仍然存在"非理性"的情感因素。因此，消费者个体因素会影响甚至主导平台型电商声誉的分享路径，心理学中的心理契约（Psychological Contract）概念为精确和深入刻画消费者与平台型电商之间的关系提供了理论依据，为研究平台型电商企业、平台卖家和平台买家的关系展现了新的微观视角，开辟出平台企业与平台参与者之间的新空间。

在声誉溢出路径中，平台型电商声誉作为情感连带对于消费群体具有一定的凝聚作用，良好的平台型电商声誉有助于培养老客户的黏性，进而形成"锁定效应"。以往研究并没有将平台型电商企业与平台买家的关系视为平台型网络市场中平台卖家发展的重要资源，忽视了平台型网络市场中多边参与主体之间的价值溢出过程。这反映了平台卖家对平台型电商声誉的分享机制的动力缺失，从而导致低声誉的平台卖家没有改善声誉的动机和意愿。归根结底，平台卖家与平台买家之间的关系实质上是个体关系的集合，这种关系将促成和增强平台型电商声誉。因此，本章将深入探索平台企业的集体声誉如何影响平台买家对平台卖家个体声誉的感知，从认知锁定的研究视角探索平台型电商声誉对平台买家购买意愿的形成机制，充分考虑平台买家跨平台选择的转换成本和转换收益，从而建立平台买家与平台型电商之间的忠诚关系。

2.平台型电商声誉对平台买家态度影响的边界条件

平台型电商对平台卖家绩效的影响存在一般规律，但是，平台型电商的声誉转移与声誉溢出不可避免地受到平台型电商类型以及市场定位等外部因素的干扰（Huang and Li, 2009），平台型电商声誉分享机制的内部影响机理仍然有待探索，本章将重点关注平台型电商类型和平台型电商市场定位对平台型电商声誉分享机制的边界作用。

平台型电商的类型的划分具有不同的划分依据，较为主流的划分方式是根据平台型电商的服务对象进行划分。通常按照服务对象的差异，可以把平台型电子商务分成以下类型：B2C 电子商务平台，即商家自营平台直接面向消费者的模式；B2B 电子商务平台，即面向企业与企业之间供需采购的模式；C2C 电子商务平台，即个人面向个人的网络商务模式；B2B2C 电子商务平台，即商家进驻第三方电商平台面向消费者服务的模式。其中，电子商务平台中的 B2C 和 B2B2C 被统一称作平台型网络零售，由于平台型电商声誉的分享路径受到平台买家的影响，因此，本章将重点针对平台型网络零售类型探讨平台型电商声誉对平台买家态度的影响，以洞察平台型电商声誉分享机制的边界条件。

平台型电商的市场定位是关于一个平台企业的消费者、客户、协作者和供应商之间各自的角色地位和相互关系的描述，通过这个描述能够清楚地指出产品、信息和资金的流动，以及各个参与者所能获得的主要利益。平台型电商企业利用互联网持续盈利的能力取决于该企业的市场定位是否足够清晰。因此，平台型电商声誉的分享路径要以顾客价值创造为起点，以企业价值实现为终点，最后必须回归到企业如何盈利这个原始问题上。市场定位具体体现了企业现在如何获利，以及在未来长时间内的发展计划，它可以归结概括为一个体系，这个体系包括价值、规模、收入来源、定价、关联活动、整合运作、各种能力、持久性等部分以及各部分之间的连接环节和该体系的内在动力。平台型电商的市场定位也是一个体系，除了传统的市场定位体系的各个环节，该模式中突出的一点在于它可以利用互联网的特性来获利。据此，平台型电商市场定位可以定义为：平台企业利用互联网确立以客户价值为中心的价值主张，为客户创造价值并通过某种方式将价值传递给客户，满足客户的需求，最终使客户、企业本身、合作伙伴、员工、股东及其他利益相关者实现价值的商业逻辑。据此，平台型电商的市场定位将影响平台企业向平台多边参与主体传递价值主张的声誉分享路径，从而成为影响平台型电商声誉分享机制的边界条件。

3.研究框架

综合以上分析，本章构建了平台型电商声誉分享机制的理论框架，为研究平台型电商声誉对平台卖家绩效影响的一般规律和内在机理奠定了理论基础，具体如图4-2所示。

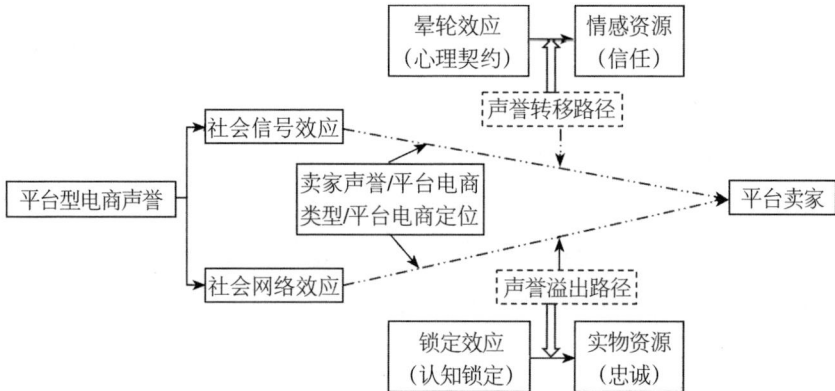

图4-2 平台型电商声誉分享机制的理论研究框架

鉴于此，本章拟解决以下两个关键问题：

（1）平台型电商声誉对平台卖家绩效的影响。本章具体探索了不同路径下的声誉分享机理：在声誉转移路径中，平台型电商声誉通过晕轮效应形成平台卖家的情感资源；在声誉溢出路径中，平台型电商声誉通过锁定效应形成平台卖家的实物资源。这种情感资源和实物资源分别表现为平台买家的信任和忠诚，而信任和忠诚将通过形成平台买家的购买意愿累积为实际的平台卖家绩效。据此，本章的实证研究分别验证了心理契约和认知锁定对于平台型电商声誉与平台卖家绩效关系之间的中介作用。

（2）平台型电商声誉对平台买家态度的影响。在探究平台型电商对平台卖家绩效的影响的基础上，本章通过实证研究进一步验证了平台型电商声誉分享机制的边界条件，即平台型电商类型和平台型电商定位对平台型电商声誉与平台买家态度间关系的调节作用。据此，构成了平台型电商声誉分享的研究框架，并为后续的实证研究奠定了理论基础。

二、平台型电商声誉对平台卖家绩效的影响研究

（一）研究假设

根据平台型电商声誉的分享机制，本章将探索平台型电商声誉对平台卖家绩效的影响，分别验证声誉转移和声誉溢出这两种声誉分享路径，以心理契约和认知锁定构建平台型电商声誉影响平台买家购买意愿的中介机制，以归纳和总结平台型电商声誉对平台卖家绩效影响的一般规律，从更为广阔的视角探索网络信息的社会信号效应和社会网络效应，从而为平台型电商制定良好的声誉策略提供理论依据。

1.平台型电商声誉转移路径——基于心理契约的中介作用

在平台型电商声誉的声誉转移路径中，声誉分享机制主要通过平台买家对平台企业的心理契约形成平台卖家的信任资源，从而转化为实际的平台卖家绩效。Pavlou 和 Gefen（2004）首次将心理契约引入网络营销情境中，认为在网络买家和卖家之间存在着一系列的心理契约。他们认为心理契约比法律契约更宽泛，因为它里面包含着很多感性的、不成文的、隐含的条款不能够被明确纳入法律合同。Demotta 和 Sen（2017）对电子商务情境中的心理契约进行了研究，强调网络消费者的感知，并将心理契约定义为：在电子商务情境下，网络消费者对电子商务企业未明说的责任与义务的感知。Finch 等（2015）等认为心理契约也存在于商家和网络消费者的交换关系中，而网络购物的虚拟性和不确定性导致网络消费者进行购买决策时，主要依赖的是自己主观方面对商家的感知，所以他们将心理契约定义为网络消费者对于商家所承诺的义务和责任的主观感知。由于网络本身具有虚拟性、远程操作性及不稳定性等特点，所以网络营销领域心理契约的内容与传统营销领域又有所区别。网络购物环境下心理契约的具体内容，与网络购物的特点紧密联系在一起。在网络情境中，Pavlou 和 Gefen（2004）指出，商家应履行的心理契约主要包含了四个方面的内容：第一，商家使用与顾客约定的送货方式，及时将顾客购买的各种产品送到他们手中；第二，顾客收到的商品

应该与商家在网站对于商品的描述一致；第三，商家与顾客约定付款方式，及时接收顾客的付款；第四，商家根据在销售时与顾客之间的约定，提供退换货或退款服务。该研究深入地思考了网络营销情境的特殊性，为后续其他学者研究网络环境下的心理契约奠定了良好的基础。申学武和聂规划（2007）认为在电子商务情境下，从顾客角度出发，商家应履行的心理契约内容主要包括：提供干净整洁的页面、服务快捷、给予价格优惠或折扣、诚信经营、服务专业性强、服务态度好、提供质量和服务保障、主动承担责任、尊重顾客、关心顾客的工作和生活、培养与顾客长期的友谊等。喻建良（2011）等认为在网络购物情境中，商家的网站设计、商家能够给消费者带来的短期利益和回报、商家销售人员给予的尊重和工作及生活上的关心、与在线销售人员之间建立的友谊这些都是构成心理契约的主要内容。

Keller（1993）认为，企业声誉是利益相关者基于企业过去、现在和未来活动以及活动沟通方式的理解。无疑，平台卖家声誉从属于平台企业的集体声誉，并最终抽象化为对于关系伙伴的心理期望，认为平台卖家应该提供符合预期的服务和履行应尽的职责，即依照平台企业声誉形成定制化的心理契约。心理契约依内涵和特性可以解析为交易契约和关系契约。交易契约关注短期回报和利益，即着眼于客观、短期和货币性回报，后者则关注广泛、长期、情感型关系，除了经济方面的物质回报之外，更关注更高层次的情感投入，如对个人的支持、事业的关注等无形因素，进而产生较强的参与和归属情感，更多地体现为隐含的和主观理解。关系契约是一种更高级的情感承诺和关系感知，是对关系对象更高程度的心理认同。因此，本章提出以下假设：

H_1：平台型电商声誉对平台买家心理契约具有正向影响。

H_{1a}：平台型电商声誉对平台买家交易契约具有正向影响。

H_{1b}：平台型电商声誉对平台买家关系契约具有正向影响。

顾客信任是反映企业声誉的一个重要指标，信任指的是可靠、可信、诚实和善意（Ganesan，1994）。企业拥有可信声誉有助于建立客户忠诚，能够在企业危机中全然身退，甚至能够获得规制和媒体的优待（Keller，2003）。在企业间关系中，声誉可以显著降低个人初次的接触壁垒,创造一种类似于"熟悉"的可信性(Kirmani and Rao, 2000)。因而企业声誉会增加消费者对产品和服务购买决策的信心,降低企业搜寻客户的交易成本。当平台买家获取并加工处理相关信息时,信任声誉会迅速占据主要地位,并最终出现在决策集之中,因为平台买家重视与高声誉的平台企业进行的联系和交易。因此,平台企业产生的先入为主的好感会促使买家信任变得越来越强。这样,信任能导致产品需求增加,并带来溢价收入。据此,本章提出如下假设:

H₂:心理契约在平台型电商声誉与平台买家信任的关系中起中介作用。

平面买家可以通过已经发生的交易记录判断平台卖家与平台企业的特性。那些具有良好记录的企业将会创建值得合作的声誉。这种声誉有助于顾客形成对于未来交易或者关系的良好预期,具有优异交易记录的平台卖家出现机会主义行为的概率将大大降低。故而,平台卖家就有动力向平台市场标示自己并诚实经营。由于声誉具有天然抑制机会主义的能力,因此,具有良好声誉的平台企业将会在平台买家心中创建良好的印象,使得其对于与平台市场中的平台卖家产生积极的交易向往。缺乏共同的心理认同,也就是认为合作者是否履行未来的职责,对于合作方是否能够正直和善意而不是仅仅追求自我利益的心理氛围存在于企业间是重要的前因。也就意味着,缺乏必备的心理契约是平台企业与平台卖家合作最终趋向失败的首要原因。唯有对等和稳定的心理契约,才能构建应付动态环境的异质性行为,而这正是企业间合作的必备要件。关系契约直接决定资源的有效使用和配置,当心理契约缺失面临信息不对等时将会愈发困难,搭便车等破坏合作的机会主义行为的发生也就成为必然。故而,如果平台企业与平台卖家存在铰接双方的心理契约,则会放大企业间信息交换和资源协同的效果,有助于决策制定的高效能,降低对于资源被攫取的担忧,驱动更大程度资源分享和承担风险的主动性。据此,本章提出以下假设:

H₃:心理契约在平台型电商声誉与平台买家购买意愿的关系中起中介作用。

2.平台型电商声誉溢出路径——基于认知锁定的中介作用

关于认知锁定的研究发现,当消费者评估认知线索更多的是基于

"属性表现"时，他们就被锁定到一个特定的网站。Biwas（2004）的研究发现，较高的认知成本导致消费者经常访问喜欢的网站而不是尝试新的网站，在喜欢的或熟悉的网站上搜索比了解一个新的网站更有效率。因此，消费者很可能被锁定到一个能够低认知搜寻成本获得有用信息的电子商务网站。指出，在网络经济中，消费者在网上搜索时将投入超过预期的认知成本，因为在有限理性的前提下他们必须处理大量的信息。因此在网络环境下，认知锁定这一现象更为明显。Johnson等（2003）指出当消费者连续访问某一网站而不是其竞争替代者时，就发生了认知锁定，具体表现为在网站的反复体验。Lin等（2010）认为在网络环境下，认知锁定是指由网站黏性所造成的消费者自愿或强制性的依赖于特定的网站。Shih（2012）认为在网络环境下，认知搜寻成本、认知交易成本和认知转换成本是消费者认知锁定产生的根本原因。Monroe和Chapman（1987）认为如果用户在使用某一网络时投入过多，他就很难转换到其他网络，企业能够借助送种"锁定效应"获得盈利。通过文献回顾和不同环境下的认知锁定的概念对比可知，网络环境下的认知锁定是传统锁定与互联网渠道结合而产生的一种新型表现形式，虽然形式有所改变，但其本质是没有变化的。因此，本章认为在平台型网络市场中，认知锁定就是指平台企业通过一定的方式使平台买家对于现有的平台具有高度的转换成本以及较低的转换收益，导致其不愿意或无法转换到其他平台，从而达到对消费者持续的保有状态。

消费者对平台型电商形成认知锁定是因为其对于替代网站具有高度的转换成本和较低的转换收益，因此，平台买家认知锁定程度的策略可通过形成锁定的转换成本及转换收益来进行测量。对于转换收益，Shih（2012）认为积极的转移障碍及转换收益主要取决于竞争对手在产品或服务方面的优势程度，顾客与现有供应商人员交往关系的密切程度，以及顾客对现有供应商与替代者在财务上、社交上及心理上对比的风险程度感知。对于转换成本的测量，Burnham（2003）等通过实证研究，将转换成本的构成因子分为程序转换成本、财务转换成本和关系转换成本。Cuarnaa（2004）的研究发现，网站提供的信息有用性、交易成本化以及网络外部性会增加消费者在网站购物时对消费品效用的判断。通过减少认知成本，一个供应商的捆绑信息和服务有锁定消费者的潜在能力。据此，本章提出如下假设：

H_4：平台型电商声誉对平台买家认知锁定具有正向影响。

H_{4a}：平台型电商声誉对平台买家转换成本具有正向影响。

H_{4b}：平台型电商声誉对平台买家转换收益具有正向影响。

Chen（2002）认为在锁定阶段，顾客的满意度和忠诚度都很高，因而转换成本非常高，一般很难转换品牌，故而维持对现有品牌的购买意愿。同时，由前文的文献回顾我们可知道，在平台型网络购物环境下，因情感和精力投入形成的转换成本一般要大于因时间和经济投入形所成的转换成本，网络环境下顾客的情感锁定比物质锁定更加重要。Swatit 和 Sweeney（2000）认为认知锁定可以通过转换成本和转换收益的认知程度来获得，其受消费者认为他们能从采购某个产品所得效用或利益的积极影响，受为产品支付的货币价格和非货币牺牲的消极影响。通过降低花费在产品搜索和替代品比较的成本，将会使消费者对该产品的忠诚度提高。Marruy 和 Haubl（2007）的研究发现减少网上购物的认知成本，使得消费者可以通过减少他们在使用一个新购物网站时的成本（即货币的和非货币的价格）而获得经济效益。相对于竞争的替代品，消费者使用现任产品的技巧和经验增加了现任的产品的持续忠诚，即增加了消费者的忠诚度。

Reichelld（2000）的研究表明如果一个网络零售商期望获得财务上的成功，建立消费者对其的忠诚是必需的。唐小飞（2008）认为顾客忠诚表明顾客认为感知风险及交易成本较低，从而产生持续购买愿望。吴敏华（2006）指出虚拟社区是一种锁定网上顾客的有效手段，而网络环境下的顾客忠诚有助于促成网上交易的发生及维持网上交易者之间的持久关系，并且顾客对企业的忠诚影响了顾客的购买意愿。因此，平台买家忠诚度作为网上交易的一个重要基础，其对于维持交易关系和长久锁定顾客有着十分重要的作用。据此，本章提出以下假设：

H_5：认知锁定在平台型电商声誉与平台买家忠诚的关系中起中介作用。

Murray 和 Haubl（2007）认为人们使用或购买产品的行为会因重复次数的增加而变得更加熟练，他们的研究发现，消费者主观感受到的产品易用性比产品的客观易用性对人们产生的影响更强。因此即便在有更优选择存在的条件下，认知锁定仍然会使消费者保持对某种产品的持续购买行为。Shih（2012）关于手机和移动服务行业的实证研究表明在网络环境下消费者认知锁定正向影响消费者购买意愿。以往的购物经历使得消费者更加了解曾经购买或使用过的产品和品牌，送些信息能够影响消费者未来的购买决策或购买意愿，因此消费者关于某种商品的购买或使用经历和认知锁定会影响其对商品的忠诚度以及未来的购买意愿。同时，Anderson 和 Naras（2001）等认为在网络购物中不确定性和风险程度高，并且缺少契约或保证的情况下，顾客忠诚程度决定了企业能否与消费者建立并保持长期密切的关系，即能否影响消费者购买意愿。据此，本章提出以下假设：

H₆：认知锁定在平台型电商声誉与平台买家购买意愿的关系中起中介作用。

据此，平台型电商声誉对消费者购买意愿的影响如图4-3所示。

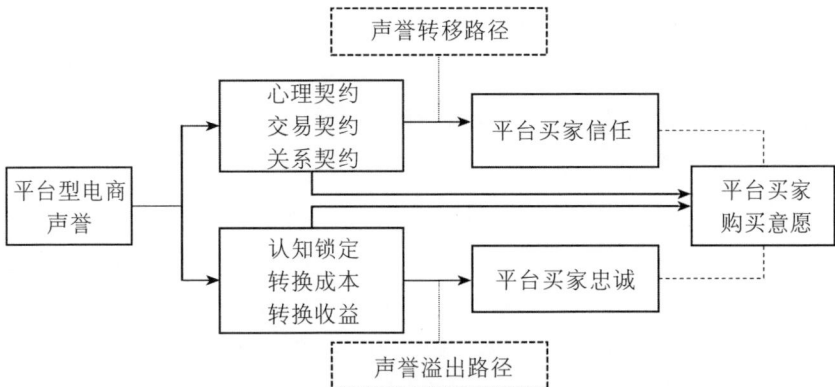

图4-3　平台型电商声誉对消费者购买意愿的影响

（二）研究设计

1.问卷设计过程

为了保证测量题项的语意精确，方便消费者进行填写，提高问卷各测量题项的信度与效度，本章问卷的形成经历了如下过程：（1）借鉴国内外学者相关研究量表。通过对往学者的研究进行回顾与分析，搜集与平台型电商声誉、认知锁定、心理契约、信任、忠诚及购买意愿等变量相关的成熟量表，并结合被调研群体网络购物的特征，设计初步量表。（2）专家访谈。为了保证问卷中各测量题项的质量和问卷设计的科学性与可操作性，通过与网络购物方面的相关专家以及经常进行网络购物的消费者进行访谈，确定了测量题项的数量，并完善了问项的语句措辞，提高了问卷的内容效度，得到初始问卷。（3）小样本测试。问卷预试，对回收的有效数据进行信度和效度分析，删除不符合研究要求的测量题项，提高整体问卷的质量。（4）编制大样本问卷。根据小样本测试的结果和被调查者反馈的信息，对问卷中的测量题项进行进一步的完善，形成正式问卷。

2.变量操作与定义

本章中各个变量的测量题项都是在国内外相关文献的基础上结合本章的实际情况修改而成。平台型电商声誉参考McKnight等（2002）、朱艳春等（2017）和李维安等（2007）的研究，设计5个测量题项："知名度较高""选择的商家优质""披露的信息符合期望""交易诚信"和"交易形式规范"。心理契约参考Rousseau（1998）的研究，分别从交易心理契约和关系心理契约两个维度进行测量，交易心理契约测量题项设计为："提供简洁和舒适的界面""给予真正的价格优惠或服务""提供快捷服务""不会为了赚钱提供高价产品""售后服务完善""处理纠纷及时"，关系心理契约测量题项设计为："服务人员真心且认真""服务人员放心且可靠""服务人员尊重我而且不会敷衍我""服务人员有活动及时通知我""服务人员重视与我的友谊"。认知锁定参考Burnham等（2003）的研究，分别从转移成本和转移收益两个维度进行测量，转移成本的测量题项设计为："对当前平台投入了太多时间和精力掌握相关知识并形成使用习惯""转换到其他平台需要投入大量时间和精力""转换到其他平台具有不确定的风险""转换到其他平台会损失当前平台积累的优惠"，转移收益的测量题项设计为："该平台产品质量高于其他平台""该平台产品性价比高于其他平台""该平台比其他平台更能满足我的需求"。信任参考 Anderson 等（2003）的研究，设计 5 个测量题项：
"成功完成交易""信守承诺""商品和服务可靠""提供良好的商品
和服务""值得相信"。忠诚参考 Kim 等（2004）的研究，设计 6 个测
量题项："下次购买时，不会考虑其他卖家""继续关注和浏览当前
卖家""购买同类产品，该卖家是首选""会推荐给朋友""我认为该
卖家是最好的卖家""我喜欢该卖家"。购买意愿参考 Petrick 和
Dubinsky（2003）的研究，设计 4 个测量题项："下次购买的可能
性较大""乐意在此购物""会向其他人推荐该卖家""会继续在此
购买"。

在咨询市场营销专业的专家和研究生意见的基础上，本章又对初步
设计的问卷测量指标和测量语句进行了相应的调整，采用 Likert 七级量
表（完全不同意/不同意/有点不同意/一般/有点同意/同意/完全同意）对
各个变量进行测量，并形成最终的问卷用于数据收集。

（三）数据分析

1.样本构成

本次实证研究采用线上发放问卷方式，共收到有效样本 200 份，
删除明显无效问卷后，保留 172 份有效问卷（有效率 86%）。关于本
章实验对象基本特征的分析见表 4-1。本实验的参与者具有以下特
征：在性别分布上，女性实验参与者（92 人）多于男性参与者（80
人），占比分别为 53.5% 和 46.5%，男女比例较为均衡；在年龄上，
多数被试者年龄都集中在 20~25 岁，20-25 岁的被试所占比例为
77.3%，25~30 岁的占比 15.1%，20 岁以下的占比 6.4%，31 岁及以上
人数较少；在学历上，被试本科学历占比为 47.1%，研究生学历及以
上占比 45.9%；在使用平台型电商的时间上，所有被试都具有 1 年以
上的网购经验，经验在 4~6 年的被试最多，占比 65.1%，极少数被试
使用平台型电商的时间为 10 年及以上；在过去半年内，所有被试都
使用过平台型电商进行购物，购物 10 次及以上的人数所占比重较大，
占比 58.7%。

表4-1 人口特征统计

	指标	频次	频率
性别	男	80	46.5%
	女	92	53.5%
年龄（岁）	20以下	11	6.4%
	20~25	133	77.3%
	25~30	26	15.1%
	31及以上	2	1.2%
学历	大专及以下	12	7%
	本科	81	47.1%
	研究生及以上	79	45.9%
使用电商平台的时间	不足1年	0	0
	1~3年	34	19.8%
	4~6年	112	65.1%
	7~9年	20	11.6%
	10年及以上	6	3.5%
过去半年内购物次数	0次	0	0
	1~3次	29	16.9%
	4~6次	28	16.3%
	7~9次	14	8.1%
	10次及以上	101	58.7%

2.信度分析

在对变量间统计关系进行检验之前，为了确保数据的可靠性和有效性，需对各变量进行信效度析，信度分析主要是可靠性分析（Reliability Analysis）。目前学术界普遍认可 Cronbach's alpha 值大于 0.7 说明量表的内部一致性很高。本章采用统计软件 SPSS 20.0 测度了量表的信度，结果见表4-2，各个测量项目的 Cronbach's alpha 均值大于0.70，说明量表的测量指标具有良好的一致性。

表4-2　　　　　　　　　　信度分析（N=172）

变量	测项数	Cronbach's alpha
平台型电商声誉	5	.816
交易心理契约	6	.896
关系心理契约	6	.911
转换成本	4	.811
转换收益	3	.879
信任	5	.928
忠诚	6	.879
购买意愿	4	.878

3.效度分析

本次研究的测量量表参考了国内外研究中效度较高的量表，并进行了适当转换修改，经广泛征求专家意见并反复斟酌问卷衡量题项的内容及题意，该量表具有良好的效度。随后，通过因子分析（Factor Analysis）来对问卷进行构思效度的分析。因子分析是多元统计分析技术的一个分支，其主要目的是浓缩数据。在各个领域的科学研究中往往需要对反映事物的多个变量进行大量的观测，收集大量的数据以便进行分析寻找规律。多变量大样本无疑会为科学研究提供丰富的信息，但也在一定程度上增加了数据采集的工作量，更重要的是在大多数情况下，许多变量之间可能存在相关性而增加了问题分析的复杂性，同时对分析带来不便。如果分别分析每个指标，分析又可能是孤立的，缺乏综合性。盲目减少指标会损失很多信息，容易产生错误的结论。因此需要找到一个合理的方法，在减少分析指标的同时，尽量减少原指标包含的信息损失，对所收集的资料作全面的分析。由于各变量间存在一定的相关关系，因此有可能用较少的综合指标分别综合反映存在于各变量中的各类信息。因子分析就是这样一种降维的方法。它通过研究多变量之间的内部依赖关系，探求观测数据中的基本结构，并用少数几个假想变量来表示基本的数据结构，这些假想变量即为因子。因子分析的方法有两类，一类是探索性因子分析，另一类是验证性因子分析，本章利用验证性因子分析（CFA）来检验模型的效度，采用 χ^2/df、GFI、NFI、IFI、TLI、CFI、RMSEA 指数的拟合程度进行验证，拟合标准分别为：χ^2/df 大于10表示模型很不理想，小于 5 表示模型可以接受，小于 3 则表示模型很理想；GFI、NFI、IFI、TLI、CFI 应大于或接近于 0.90，越接近于 1 越好；RMSEA 处于 0 和 1 之间，临界值为 0.08，越接近与 0 越好，分析结果见表 4-3，该模型具有最理想的匹配指数，说明各个变量之间是有区别的，模型结构合理。

表 4-3 　　　　　　　　　　验证性因子分析

模型	NFI	IFI	TLI	CFI	GFI	χ^2/df	RMSEA
1	0.97	1.01	1.02	1.00	0.97	0.55	0.00
2	0.93	0.96	0.95	0.97	0.95	1.80	0.07
3	0.92	0.96	0.94	0.97	0.94	1.75	0.07

（四）研究结果

1. 假设检验

本章运用 SPSS 20.0 对变量进行了相关关系分析，具体结果见表 4-4。

表 4-4 　　　　　　　　　　相关关系分析

		平台型电商声誉	交易契约	关系契约	转换成本	转换收益	信任	忠诚	购买意愿
平台型电商声誉	皮尔逊相关性	1	.766**	.747**	.563**	.632**	.698**	.601**	.629**
	Sig.（双尾）		.000	.000	.000	.000	.000	.000	.000
交易契约	皮尔逊相关性	.766**	1	.901**	.679**	.736**	.767**	.705**	.658**
	Sig.（双尾）	.000		.000	.000	.000	.000	.000	.000
关系契约	皮尔逊相关性	.747**	.901**	1	.700**	.811**	.810**	.729**	.705**
	Sig.（双尾）	.000	.000		.000	.000	.000	.000	.000
转换成本	皮尔逊相关性	.563**	.679**	.700**	1	.817**	.697**	.648**	.665**
	Sig.（双尾）	.000	.000	.000		.000	.000	.000	.000
转换收益	皮尔逊相关性	.632**	.736**	.811**	.817**	1	.798**	.724**	.724**
	Sig.（双尾）	.000	.000	.000	.000		.000	.000	.000
信任	皮尔逊相关性	.698**	.767**	.810**	.697**	.798**	1	.900**	.889**
	Sig.（双尾）	.000	.000	.000	.000	.000		.000	.000
忠诚	皮尔逊相关性	.601**	.705**	.729**	.648**	.724**	.900**	1	.910**
	Sig.（双尾）	.000	.000	.000	.000	.000	.000		.000
购买意愿	皮尔逊相关性	.629**	.658**	.705**	.665**	.724**	.889**	.910**	1
	Sig.（双尾）	.000	.000	.000	.000	.000	.000	.000	

注：*表示 p<0.05，**表示 p<0.01，***表示 p<0.001。

表4-4显示，各变量之间均有显著的相关关系。但是由于变量间的简单相关关系会受到变量之间的相互影响以及其他很多相关因素的影响，它们并不能代表各变量间的真实关系，因此，还需要进一步通过回归分析对其进行检验，以确定它们之间的真实关系。平台型电商声誉对因变量（信任和忠诚）和中介变量（心理契约和认知锁定）的回归分析结果见表4-5，中介变量（心理契约和认知锁定）对购买意愿的影响结果见表4-6。

表4-5 　　　　　　　　　　　因变量和中介变量的回归分析结果

	信任	忠诚	自变量			
			交易契约	关系契约	转换成本	转换收益
自变量						
平台型电商声誉	0.413**	0.326**	0.415**	0.435***	0.374***	0.332***
整体模型						
F	51.382***	64.060***	110.456***	110.121***	85.482***	82.344***
R^2	0.398	0.420	0.390	0.389	0.353	0.367

注：*表示 $p<0.05$，**表示 $p<0.01$，***表示 $p<0.001$。

见表4-5，所有回归方程的 R^2 在0.353~0.546之间，表明预测变量能够较为充分的解释因变量。以平台型电商声誉为自变量，心理契约（交易契约、关系契约）和认知锁定（转换成本、转换收益）为因变量时，回归系数分别为0.415（$p<0.001$）、0.435（$p<0.001$）、0.374（$p<0.001$）、0.332（$p<0.001$），即平台型电商声誉分别对心理契约和认知锁定有显著的正向影响。假设 H_1、H_4 得到验证。以平台型电商声誉为自变量，信任为因变量时，回归系数为0.413，$p<0.001$，即平台型电商声誉对信任有显著的正向影响；以平台型电商声誉为自变量，忠诚为因变量时，回归系数为0.326，$p<0.001$，即平台型电商声誉对忠诚有显著的正向影响。假设 H_2、H_5 得到验证。

表4-6   中介变量对购买意愿的影响结果

		购买意愿
中介变量		
心理契约	交易契约	0.627***
	关系契约	0.104*
认知锁定	转换成本	−0.032
	转换收益	0.143**
自变量		
平台型电商声誉		0.018*
整体模型		
F		112.656***
R²		0.546

注：*表示 p<0.05，**表示 p<0.01，***表示 p<0.001。

见表4-6，以平台型电商声誉为自变量，购买意愿为因变量，心理契约和认知锁定（交易契约、关系契约、转换成本、转换收益）为中介变量时，p值分别为0.627（p<0.001）、0.104（p<0.05）、−0.032、0.143（p<0.01），转换成本对购买意愿没有显著影响，但整体上中介变量对购买意愿有显著的正向影响，中介作用存在，H₃、H₆均得到验证。

2.研究结论

根据相关性检验和回归分析发现，平台型电商声誉通过心理契约的中介作用正向影响平台买家的信任建立和平台买家的购买意愿；平台型电商声誉通过认知锁定的中介作用正向影响平台买家的忠诚建立和平台买家的购买意愿。其中，平台型电商声誉分别通过交易契约和关系契约的中介作用对平台买家的信任产生正向影响；平台型电商声誉通过转换收益的中介作用对平台买家的忠诚产生正向影响，平台型电商的转换成本对平台买家忠诚和购买意愿没有显著影响。

三、平台型电商声誉对平台买家态度的影响研究

（一）研究假设

平台型的双边性和网络外部性特征使平台型电商声誉对平台卖家的影响受到平台类型和市场定位的影响，基于此，本章将平台型电商类型和平台型电商的市场定位引入平台型电商声誉分享机制，系统地探讨不同类型及不同市场定位下的平台企业承载的平台型电商声誉对买家态度的影响。具体而言，本章将探究平台型电商声誉对平台买家态度影响的边界条件，分别探索平台型电商类型和平台型电商市场定位对平台型电商声誉与平台卖家绩效关系的调节作用，以探索在不同外部因素影响下，平台型电商声誉分享路径的内部机制如何，从而丰富网络情境下的声誉理论和电子商务商业模式研究，为不同类型和市场定位的平台企业提供有益的理论参考。

平台型电商市场具有双边性的特征，具体而言，平台型电商是指平台企业并不为买卖双方交易任何商品和服务，而是利用"平台"对买卖双方产生的相互吸引作用，通过制定合理的收费将买卖双方聚集在平台中进行交易的电子商务市场。其中，提供"平台"服务的企业称为平台企业。平台企业不生产任何交易的产品和服务，只为企业提供信息，企业通过搜寻自愿组成买方和卖方而形成交易，但这样描述性的概念并没有揭示平台企业的本质。Rochet 和 Tirole（2003）指出，许多具有网络外部性的市场都由不同两边的出现，市场两边最终利润产生于它们在同一平台上的相互作用。Roche 和 Tirole（2006）基于价格的角度粗略地将双边或更一般的多边市场定义为，通过一个或几个平台能够使最终用户相互作用，并通过合理地向每一方收费而试图把双方或多方维持在平台上的市场。因此，平台能够通过对市场一边收取更多的费用，同时使另一边的价格下降同等的数量，从而影响交易量，则市场就是双边的。Amstrong（2006）基于网络外部性角度将平台型市场定义为市场中的两组参与者通过中间层或平台进行交易，其中一组参与者加入平台的收益

取决于加入该平台的另一组参与者的数量。

　　Reichheld 和 Schefter（2000）指出，平台型电商市场可以由三个联合特征来识别：结构、外部性和非中性。其中，结构代表平台必须同市场的双边相互作用；双边市场相对之间存在外部性；而非中性是指总的交易量必须取决于"总"的使用费用如何在参与者之间相互分割，或者说取决于总的进入费用如何在市场各边间分配。Hsieh（2005）从平台的角度对平台型电商市场的特征进行进一步归纳：所有的这些平台通过促使两组消费者达到且相互作用或者通过降低交易成本而提高价值；平台各边需求的非独立性，即是指平台一边的销售量同另一边销售量之间的相互联系性。综上，平台型电商市场具有交叉网络外部性、网络效应和价格的倾斜性等特征。根据这些特征的表现程度，可以对平台型电商市场进行进一步分类。

　　平台型电商市场的分类主要集中在市场竞争和平台功能两个角度。从竞争程度来分类，可以将平台市场分为三类：一是垄断者平台，市场上只有一个可供选择的平台；二是竞争性平台，市场双边都有多个平台可供选择，但双边中的各边仍然是单归属的，即每边的参与者只能选择其中一个平台进行交易；三是存在竞争性瓶颈的平台，两边的参与者希望加入所有平台，形成了多归属的情形（Amstrong，2006）。从功能上对平台进行分类，可以将市场分为市场制造者平台，其中平台的主要作用是促使两组不同的成员间相互交易；受众制造者平台，指平台将广告商和观众联系起来；需求协调者平台，指平台在两组或多组间通过产生间接网络效应来提供产品或服务。

　　在不同类型的平台市场下，平台型电商声誉对各边参与者的影响受到平台功能和平台竞争程度的影响。在B2C平台中，平台竞争性不充分，平台致力于满足平台买家的需求，从而平台型电商声誉对平台买家态度的影响主要通过交叉网络外部性而实现。在B2B2C平台中，平台竞争性充分，平台致力于促成不同平台成员间的相互交易，从而平台型电商声誉对平台买家态度的影响主要通过需求互补性而实现。因此，不同类型的平台型电商市场对平台参与者的影响效应不同。据此，本章提出以下假设：

H_1：平台型电商类型在平台型电商声誉与平台买家态度的关系中起调节作用。

H_{1a}：平台型电商声誉越高，平台买家对 B2B2C 的平台型电商的买家态度越高。

H_{1b}：平台型电商声誉越低，平台买家对 B2C 的平台型电商的买家态度越高。

根据产品价格和消费者购买能力，平台型电商的市场定位通常可以划分为高端市场和低端市场。低端市场以价格为吸引平台买家的着力点，大批量、同质化成为这类市场主要的特征。因此，在低端市场中，无论是产品还是品牌，都与竞争对手差别不大，消费者关注的重点在于价格而不是差异。相反，对于高端市场的消费者而言，差异性则超越价格成为其关注的重点。对于平台型电商而言，唯有建立特征突出的差异化优势才是建设高端市场的根本。消费者愿意为高端市场的产品和品牌支付相对较高的价格，源于高端市场上具有不完全替代性的某方面差异，这些特性能够满足高端市场的消费者对于个性化、精英身份的认同感。在低端市场，消费者认产品而不认企业，因此低端市场的平台企业通常只关注产品品牌，而没有企业品牌意识。而高端市场上，产品只是消费者关注的其中一个方面，消费者不但会重视产品及产品品牌的层次，更会关注销售该产品的平台企业的层次，平台企业成为支撑产品和品牌的关键力量。平台买家对高端品牌的消费不仅仅是对产品本身的消费，其消费具有整体性，其注重的是对高端的产品、品牌及企业的完整感受。平台型电商声誉是驱动高端市场区别于低端市场建设的关键要素。

在不同的平台型电商市场定位，平台买家态度具有不同程度的差异。低端市场的买家态度权重比高端市场低，可以从以下两个方面解释。首先，影响低端市场的消费者消费的一个重要因素是价格，在低端市场，消费者强调的是产品的功能，在满足消费者功能需求，消费者会优先选择价格低廉的产品，而不会对品牌支付溢价。其次，低端市场由于消费群体大，所以存在丰富的消费需求，即市场细分化的趋势非常明显，由于存在多个细分市场，而低端市场要产生规模经济效益，平台企业就不会囊括每个细分市场，不能像高端市场一样进行差异化营销。因此，低端市场的买家态度影响强度较高端市场要小。

因此，不同的市场定位对平台型电商声誉的分享机制具有不同程度的影响。对于高端市场定位的平台型电商，平台买家受到平台市场集体声誉的影响较大；对于低端市场定位的平台型电商，平台买家受到平台市场个体声誉影响较大。据此，本章提出以下假设：

H_2：平台型电商市场定位在平台型电商声誉与平台买家态度的关系中起调节作用。

H_{2a}：平台型电商声誉越高，平台买家对市场定位高的平台型电商的买家态度越高。

H_{2b}：平台型电商声誉越低，平台买家对市场定位低的平台型电商的买家态度越高。

据此，本章的变量关系如图4-4所示。

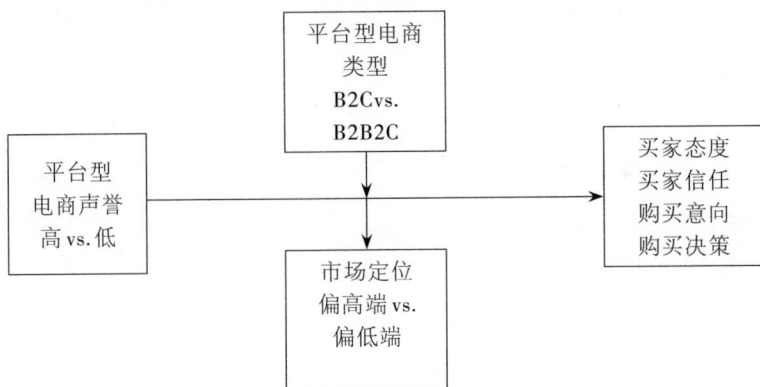

图4-4 平台型电商声誉对消费者购买意愿的影响

（二）研究设计

1.实验设计

本章采用情景模拟实验法来检验上述提出的假设，共包含两个实验。

实验1设计为（平台型电商声誉：高 vs.低）×（平台型电商类型：B2C vs.B2B2C）共4组实验情境，从而探索平台型电商声誉与平台型电商类型对平台买家态度的影响，从而验证 H_1。

实验2设计为（平台型电商声誉：高 vs. 低）×（市场定位：偏高端 vs. 偏低端）共4组实验情境，从而探索平台型电商声誉与平台型电商市场定位对平台买家态度的影响，从而验证 H_2。

本实验以大学生在平台型电商购买洗发水过程中查看平台型电商声誉作为研究背景，这主要基于两方面考虑：第一，洗发水是常见的商品，男女都会有购买的需要；第二，平台型电商声誉有大量关于洗发水的产品和平台卖家。每种实验条件至少保证25个被试，且每种实验条件下被试者的性别比例基本持平。

2.实验量表

本章中各个变量的测量题项都是在国内外相关文献的基础上结合本章的实际情况修改而成。平台型电商声誉参考 McKnight 等（2002）、朱艳春等（2017）和李维安等（2007）的研究，设计5个测量题项："知名度较高""选择的商家优质""披露的信息符合期望""交易诚信""交易形式规范"。买家信任参考 Anderson 和 Srinivasan（2003）的研究，设计5个测量题项："成功完成交易""信守承诺""商品和服务可靠""提供良好的商品和服务""值得相信"。购买意愿参考 Petrick 和 Dubinsky（2003）的研究，设计4个测量题项："下次购买的可能性较大""乐意在此购物""会向其他人推荐该卖家""会继续在此购买"。购买决策参考 Chatterjee（2001）的研究，设计4个测量题项："该信息为我的购买决策提供了很大帮助""该信息提供了一些关于产品的其他见解""该信息改变了我对该产品的态度和想法""该信息影响我购买该产品"。

3.实验步骤

实验的被试者主要选取了某财经大学管理学院的在校生，实验的时间持续15分钟左右，共有198名学生参加，并随机分配到不同实验组，其中女性占57.6%，男性占42.4%，年龄均值为22.8。整个实验过程需被试者独立完成。首先被试者来到实验室并被随机分到两个实验组，即高声誉组和低声誉组，每名被试者只接受一种刺激情境。被试者将拿到一份实验说明介绍了本次实验的注意事项及相关说明，阅读完毕后，被试者开始填写实验问卷。

在实验1中，被试将分别看到四组实验情境，分别是"高声誉×
B2C""高声誉×B2B2C""低声誉×B2C""低声誉×B2B2C"。

在实验2中，被试将分别看到四组实验情境，分别是"高声誉×偏
高端""高声誉×偏低端""低声誉×偏高端""低声誉×偏低端"。

在阅读完实验材料后，被试者需要完成对平台型电商声誉买家态度
的测量。作为控制变量，被试者还需完成个人基本信息（包括年龄、性
别、收入等）即完成实验。

（三）实验结果

1.实验1结果

表4-7的方差分析结果显示平台型电商声誉的主效应显著（$F_{(1, 198)}=4.872$，$P<0.05$），平台型电商类型的主效应不显著（$F_{(1, 198)}=1.350$，$P=0.270$），平台型电商类型与平台型电商声誉的交互作用具有
显著性（$F_{(1, 198)}=5.734$，$P<0.05$）。

表4-7 主体间效应的检验

来源	III 型平方和	df	均方	F	Sig.
平台型电商声誉分组	5.856	1	5.856	4.872	.027
平台型电商类型	1.625	1	1.625	1.350	.267
平台型电商声誉×平台型电商类型	6.375	1	6.375	5.734	.019
误差	142.194	198	1.189		

两者交互作用显著，因此对两者进行简单效应检验，检验结果见
表4-8，当平台型电商声誉较低时，与B2B2C类型相比，被试者在B2C
的实验条件下买家态度更高（$F_{(1, 198)}=6.218$，$P<0.05$，$M_{B2C}=4.235$，$M_{B2B2C}=3.104$）。当平台型电商声誉较高时，平台型电商类型并没
有引起被试者买家态度的显著差异（$F_{(1, 198)}=0.764$，$P>0.3$，$M_{B2C}=3.318$，$M_{B2B2C}=3.451$），可见H_1得到部分证实。

表4-8 简单效应检验的检验结果1

平台型电商 声誉分组		均值	标准差	标准误	F	显著性
低声誉 分组	B2C	4.2354	.75376	.12549	6.218	.014
	B2B2C	3.1043	1.29089	.21206		
	总数	3.8726	1.07839	.12677		
高声誉 分组	B2C	3.3176	.82483	.13510	.764	.389
	B2B2C	3.4510	1.38232	.21646		

2. 实验2结果

表4-9的方差分析结果显示平台型电商声誉的主效应显著（F（1，198）=0.531，P=0.287），市场定位的主效应不显著（F（1，198）=0.263，P=0.609），市场定位与平台型电商声誉的交互作用具有显著性（F（1，198）=6.407，P<0.05）。

表4-9 方差分析结果

源	III 型平方和	df	均方	F	Sig.
平台型电商声誉分组	.630	1	.630	.531	.287
平台型电商类型	.311	1	.311	.263	.609
平台型电商声誉×市场定位	7.487	1	7.487	6.407	.012
误差	179.202	198	1.170		

两者交互作用显著，因此对两者进行简单效应检验，检验结果见表4-10，当平台型电商声誉较高时，与偏高端市场定位相比，被试者在偏低端市场定位的实验条件下买家态度更高（F（1，198）=5.507，P<0.05，$M_{偏低端}$=4.110，$M_{偏高端}$=3.493）。当平台型电商声誉较低时，与偏低端市场定位相比，被试者在偏高端市场定位的实验条件下买家态度更高（F（1，198）=9.104，P<0.05，$M_{偏高端}$=3.598，$M_{偏低端}$=2.876），且买家态度均值普遍较低，可见H_2得到证实。

表4-10 简单效应检验的检验结果2

平台型电商 声誉分组		均值	标准差	标准误	F	显著性
高声誉分组	偏低端	4.1098	1.18699	.18538	5.507	.021
	偏高端	3.4927	.74716	.12064		
	总数	3.8583	1.02538	.11364		
低声誉分组	偏低端	3.5978	1.37663	.21499	9.104	.002
	偏高端	2.8763	.64758	.10370		

3.实验结论

本章通过情景实验法对平台型电商声誉与平台型电商类型和平台型电商市场定位的影响关系进行验证。实验结果表明，在平台型电商声誉较低时，相对于B2C的平台，平台买家对于B2B2C的平台具有相对更高的买家态度；在平台型电商声誉较高时，平台买家对于B2C和B2B2C的平台类型的购买态度不存在显著差异。当平台型电商声誉较高时，与偏高端市场定位相比，消费者在偏低端市场定位的平台具有更高的买家态度；当平台型电商声誉较低时，与偏低端市场定位相比，消费者在偏高端的市场买家态度相对更高，且买家态度整体较低。

四、结论与讨论

（一）研究结论

立足于平台企业和平台卖家的价值共创视角，本书界定了平台型电商声誉的构想内涵，为不同平台型电商之间的对比分析提供了标准和依据，有助于突破现有研究局限在平台型电商内部的桎梏，具有重要的理论价值与现实意义。更为重要的是，平台型电商声誉是平台企业和平台卖家共同创造的公共性资源，具有不同于传统声誉的特殊性质，具体如下：①平台型电商声誉的基本内涵包括平台企业个体声誉和平台卖家群体声誉。平台型电商声誉属于个体声誉和集体声誉的混合，突破了个体声誉和集体声誉分立的理论预设，成为互联网时代声誉理论发展的重要突破口。与一般的个体声誉类似，平台企业个体声誉可以对平台企业形成有效约束，成为制度的重要补充；与一般的集体声誉不同，平台卖家群体声誉只是卖家行为集合的表征，并不具备强制约束力，无法替代制度发挥作用。此外，不同于声誉共创过程和价值共创过程的分离导致成员数量负向影响传统的集体声誉，从而降低了社会福利（Winfree and McCluskey，2005）；声誉共创过程和价值共创过程的结合使得平台卖家数量在一定程度上正向影响平台型电商声誉，从而提高了社会福利。②平台型电商声誉的形成路径包括平台企业驱动路径和平台卖家驱动路径。平台企业驱动建立平台企业个体声誉的路径具有典型的企业主导特征、他组织特征、目的性特征，平台卖家驱动建立平台卖家群体声誉的路径具有典型的"去中心化"特征、自组织特征、或然性特征，平台企业个体声誉和平台卖家群体声誉的互动耦合形成了最终的平台型电商声誉。③平台型电商声誉的分享机制包括声誉转移路径和声誉溢出路径。平台型电商声誉的作用可以分为社会信号效应和社会网络效应，据此，可以将平台卖家分享平台型电商声誉的机制分为声誉转移路径和声誉溢出路径，声誉分享效应大小取决于卖家的声誉、数量与结构，声誉分享边界却被平台企业牢牢把控。

根据本章建立的平台型电商声誉分享机制研究框架，本书首先探索了平台型电商声誉对平台卖家绩效影响的一般规律。平台型电商声誉对平台卖家绩效的影响是通过声誉转移路径和声誉溢出路径实现的：在声誉转移路径中，平台型电商声誉正向影响平台买家信任和平台买家购买意愿，心理契约对这种影响具有中介作用；在声誉溢出路径中，平台型电商声誉正向影响平台买家忠诚和平台买家购买意愿，认知锁定对这种影响具有中介作用。本书认为，在声誉转移路径中，平台型电商声誉高的平台企业通过晕轮效应累积了平台买家大量的情感资源，从而使平台卖家在声誉较高的平台型市场获得平台集体声誉的背书，在平台买家对平台信任的前提下，对该平台的卖家产生更高的购买意愿，从而形成实际的平台卖家绩效；在声誉溢出路径中，平台型电商声誉高的平台企业通过锁定效应获得了平台买家大量的实物资源，平台卖家能够通过平台买家对于平台的忠诚获得平台买家更多的关注，从而对平台型电商声誉高的平台卖家产生更高的购买意愿，从而形成实际的平台卖家绩效。

为了进一步检验平台型电商声誉对平台卖家绩效影响的内在机理，本书进一步探索了平台型电商对平台卖家绩效影响的边界条件。通过对平台型电商类型和市场定位调节作用的分析，本书发现在平台型电商声誉较低时，相对于B2C的平台，平台买家对于B2B2C的平台具有相对更高的买家态度，从而形成较高的卖家绩效，这是可能是由于声誉较低的平台难以对平台卖家形成高质量的声誉分享，从而导致消费者对于平台卖家具有普遍较低的声誉感知，因此难以对卖家层级较多的平台形成良好的买家态度。在平台型电商声誉较高时，平台买家对于B2C和B2B2C的平台类型的购买态度不存在显著差异，这可能是由于消费者对于平台声誉高的企业具有普遍较高的买家态度，因此无论平台卖家的声誉、数量、类型是否存在差异，消费者的整体声誉感知较高，从而有利于形成更高的买家态度，进而形成实际的平台卖家绩效。当平台型电商声誉较高时，与偏高端市场定位相比，消费者在偏低端市场定位的平台具有更高的买家态度；当平台型电商声誉较低时，与偏低端市场定位相比，消费者在偏高端的市场买家态度相对更高，且买家态度整体偏低，这是由于平台型电商声誉较低时，消费者对平台卖家的声誉感知普遍较低，从而难以形成正向的买家态度，因而难以形成实际的平台卖家绩效。

（二）管理启示

未来，除了继续完善监管措施规制卖家行为，平台企业还可以充分发挥经济性激励与社会性激励双重作用，激励卖家自发约束个体行为，系统建构高效声誉管理策略，最终实现从"规制违规行为"向"激励合规行为"的范式转换。

经济性激励如下：①优化平台型电商的声誉分享机制。平台企业既要降低合规卖家的平台租金作为声誉奖励金，建立多元化平台型电商声誉分享路径，同时，也要对经营良好的平台卖家进行适当的品牌授权，建立全方位平台型电商声誉转移路径。此外，还要减少人为干预流量分配，建立竞争性平台型电商声誉溢出路径，最终提高平台卖家坚持合规经营的动机。②优化平台型电商的卖家信誉机制。平台企业既要设计合理的卖家信誉评价机制，将个体声誉从集体声誉中分离出来；同时，也要设计实时的违规卖家披露机制，将违规卖家从卖家群体中隔离开来。此外，还要设计便利的平台店铺转让机制，使信誉交易脱离黑市交易从而规范起来，最终提高平台卖家坚持合规经营的动机。③优化平台型电商的信息供给机制。平台企业既要健全平台买家的"收藏"功能以降低交易双方的流动性（建立重复博弈的双边关系情景），也要完善电商平台的搜索引擎以提高市场信息的对称性（建立关联博弈的多边关系情景），还要实施平台卖家的分流机制以推动平台市场的多元化（建立平台主导的信号甄别机制），最终提高平台卖家坚持合规经营的动机。④优化平台型电商的声誉管理机制。平台企业既要采取事前监管策略，控制平台卖家的数量与质量，提高平台型电商声誉的平均分享份额，以防止"公地悲剧"；也要采取事后救济策略，优化平台买家的服务与体验，提高平台型电商声誉的整体分享效应，以确保"公地繁荣"，最终提高平台卖家坚持合规经营的动机。

社会性激励如下：①深化卖家主体意识。平台企业可以宣传平台型电商的共创性质，营造平台型电商的社群文化，激发平台卖家的参与热情，健全平台卖家的参与机制，努力激活平台卖家的群体认同，切实塑造平台卖家的群体规范，以此减弱平台卖家从事机会主义行为的动机。②强化社会资本价值。平台企业既可以通过平台认证制度等实现平台企业个体声誉向平台卖家个体声誉转移，也可以通过品牌扶持计划等鼓励平台卖家个体声誉向平台卖家品牌声誉转向，还可以通过网络信用贷款等推动平台卖家个体声誉向平台卖家个体收益转化，以此减弱平台卖家从事机会主义行为的动机。

第五章　平台型电商的声誉破坏

一、理论框架

（一）平台卖家违规的界定

平台型网络市场是典型的双边市场，平台卖家、平台买家和平台型电商企业共同构成了三位一体的商业系统。平台型电商企业作为市场的建立者，承担着提供技术、仲裁交易、规制市场主体行为的责任。在平台型电商市场中，平台型电商企业向平台卖家和平台买家提供交易中介服务，平台卖家向平台买家提供后者需要的商品和服务，平台买家对平台卖家的评价和对平台型电商企业的评价共同构成了平台型电商声誉。平台型电商声誉具有"个体声誉–集体声誉"的双元特性。从个体声誉的角度来看，唯一的声誉承载主体和明确的责任追溯体制确保了平台型电商企业可以主动约束自身行为；从集体声誉的角度看，平台型电商声誉是整个市场共享的"公共物品"，平台卖家没有动机参与平台型电商声誉的整体维护，甚至很可能出现"搭便车"行为，进而导致"公地悲剧"（Winfree and McCluskey，2005）。并且，由于体验环节的缺失、信息与实物相分离、付款与交接相分离等虚拟交易特征，相比传统交易市场，平台型电商情境下信息不对称问题更加严重，使得平台卖家更易产生投机心理。平台卖家为了获取超额利润往往会铤而走险，违反合同约定和市场规则，或者是钻规则漏洞打"擦边球"。而此类行为侵犯了消费者的权益，对买家态度造成消极影响，导致消费者出现失望、愤怒等情绪，改变消费者对平台制度信任的认知，进而迁怒平台型网络市场中其他合规卖家和平台型电商企业，最终将对与平台制度信任和买家态度相辅相成的平台型电商声誉造成严重破坏。

1.违规行为相关研究

通过梳理相关文献，发现国内外学者主要结合法学、经济学和管理学等学科领域对违规行为进行具体情境下的研究，但目前尚未形成明确且一致的定义。汪青松（2019）提出违规行为是一种背离行为，是一种有意识的个体行为，一些情形下是结构化的，一些情形下也可以是不受约束的。这种行为通常有多重影响因素，组织内往往有约束这一行为的具体规制。王秀为等（2018）提出违规行为是守则行为的对立面，具有违背规章制度与程序规则的倾向，是一种有意识且刻意的行为。李玉峰等（2015）依据不同的违规程度将违规行为区分为违背规则与弯曲规则（打擦边球）两种，前者是对所有规制的违反与无视，后者则是部分遵守部分违反。但在完全遵守和违背规则之间还存在着"灰色地带"，处于这一地带的行为，即便表面上不是对规则的彻底违反，实质上也是对规则的背离。在国内的文献中，违规行为通常被视作个体对企业规章制度的违背行为。Tobias（2016）将违规行为中的"规"解释为组织规则，违规行为是组织中成员对组织规则的违反和背离行为，这是一种消极的行为。该学者还在研究中将违规行为从行为动因（包括主动和被动违规行为）和行为后果（分为轻微与严重）两个维度进行分类，进而对违规行为进行测量。

基于对相关文献的归纳与分析，本章在对平台卖家违规这一概念进行界定时，将沿用（Tobias，2016）所做出的定义。在本章已进行的文献回顾当中，违约行为、制度边界与网络欺诈行为都在一定程度上对应了平台卖家违规行为的概念，但现有的研究仍存在以下两个方面的不足：一方面，由于目前学界对"违规行为"这一概念的界定尚不明确、统一，平台卖家违规行为作为平台型电商情境下一个更为细化的概念，尚未得到清晰的界定。另一方面，现有研究中的相关概念在内容上彼此多有重叠，无法很好地解释平台卖家违规行为的内容。因此，本章在已有研究的基础上，提出平台卖家违规行为的概念，以期拓展违规行为与平台型电商声誉的相关研究。

2.平台卖家违规的程度

为了保护平台型电商中消费者的权益，国家已通过《中华人民共和国消费者权益保护法》《中华人民共和国电子商务法》等相关立法进行规制，同时平台企业也各自推出了市场管理措施，对卖家违规行为以及违规处理做出了规定，如《淘宝规则》《天猫规则》《京东平台规则》等。结合违规行为的定义与上述法规，平台卖家违规在很大程度上涉及了违约行为以及制度边界的概念，与网络欺诈行为、电子商务欺诈行为等概念也有一定的相关性（李焰和王琳，2013）。因此，本章首先对涉及的相关概念进行研究综述。

考虑到平台企业与平台卖家之间的关系，以及二者间以合同要约形式签订的协议，平台卖家违规在很大程度上对应了违约行为的概念。Payne等（2008）将违约行为定义为违反合同债务或是不履行合同债务的行为。根据违约行为发生的时间，违约行为可划分为预期违约和实际违约；实际违约又可分为不履行（根本违约或拒绝履行）、不符合约定的履行和其他违反合同义务的行为；而不符合约定的履行又可分为推迟履行、不达质量的履行、部分履行或履行方法不当等。国内关于违约行为的文献也大多聚焦于不同的研究对象，如经济组织模式的违约行为，订单农业中农户的违约行为、企业贷款和借贷平台的违约行为等。

经文献梳理发现，平台卖家违规主要有以下两种情形：一种是无视法律和法规、直接违背平台制度规范的违规；另一种是逃离在平台型电商的规制之外，往往处于模棱两可的情形中，虽然直接或间接地损害了消费者的利益，却相对比较模糊的违规。本章依据卖家违规程度的不同，将平台卖家违规界定为：平台卖家对平台型电商规则的违背和偏离，这一行为不仅涵盖完全的违规，还包括处于"灰色地带"的违规。由此，平台卖家违规可划分为平台卖家实际违约和平台卖家制度边界违规。平台卖家实际违约是指提供平台服务、产品和信息的平台卖家不履行与平台型电商企业签订的初始格式合同和续约协定中的义务，包含不履行、不符合约定的履行和其他违反合同义务的行为。平台卖家制度边界违规则是指处于制度边界中的侵害平台买家利益的违规行为，该边界以外的行为是平台型电商制度禁止的，以内的行为是平台型电商制度允许的，且这一边界具有一定厚度，既包括规制不明确的"灰色地带"，也包括因技术进步而出现的缺乏制度约束的"空白地带"。

3.平台卖家违规的表现类型

在研究平台卖家违规对平台型电商声誉影响的基础上，本章结合实际情况进一步根据平台卖家违规表现对其进行更为细致的分类。随着网络技术的发展，卖家违规日益繁杂，而具体的卖家违规对消费者态度的影响程度又是不同的，故已有研究虽然具备一定的理论及实践意义，但能否有针对性地落实于实际情况的治理还有待进一步研究。目前，互联网的虚拟性、开放性、信息不对称性等，已导致网络交易中出现了大量的虚假营销宣传和实际销售欺诈，严重损害了其他平台经营者和消费者的利益。虽然有关网络违规经营行为的法律、法规在不断完善，例如，增加相关条例以作为规制网络欺诈行为的依据，但是，针对诸如"好评返现""刷单"等新型的平台卖家虚假营销问题，仍未得到良好规制。与此同时，随着交易数额的海量增加，也出现了卖家通过各种各样的欺骗手段诱导买家成交，从而给买家造成损失的欺诈问题，目前常见的有炒作声誉、炒作单品销量、售卖假货、售卖残次品、收款不发货等。

目前对虚假营销宣传的研究主要集中在"好评返现""刷单"等方面，如郭海玲（2015）指出"好评返现"是近年来在网络商品交易中衍生出的一种新的营销手段。网络商品经营者通过向消费者承诺"好评返现"的方式以提高其店铺的好评率和信用等级，吸引更多的消费者。其背后蕴含着不正当竞争行为的本质特征，它侵占了其他同类经营者的交易机会，损害了消费者的合法权益，扰乱了网络交易市场公平竞争秩序，是一种新型的不正当竞争行为。韩菁等（2019）认为"好评返现"作为一种全新的网络营销方式，在为商家带来短期利润的同时，却损害了消费者的利益，对电子商务购物平台精心打造的信用评价体系也提出了挑战。它不但破坏了市场竞争秩序，使优胜劣汰机制发生扭曲，而且破坏了电子商务平台的诚信环境。此外，电子商务中的"刷单"问题也尤为突出，对消费者购买决策产生了消极影响，不利于电子商务的发展。"刷单"作为互联网背景下的新型不正当竞争行为，已形成完备的黑色产业链，具有严重的社会危害性。它损害消费者和平台的合法利益，破坏网购市场的竞争秩序，侵蚀社会信用的根基。在现有框架下，平台型电商应立足于自身，找到整治"刷单"乱象的突破口，形成各具特色的整治模式，这样才能较好地维护平台声誉。

对欺诈行为的概念往往沿用我国学者梁慧星（2005）的界定：欺诈是指当事人一方故意编造虚假情况或者隐瞒真实情况，使对方陷入错误的认识境况而做出违背自己真实意思表示的行为。具体到所涉及的网络购物情境，涉及的相关概念有网络消费欺诈行为，更具体的则是电子商务欺诈行为。网络欺诈行为的出现是由于网络市场中买卖双方信息的不对称性。Li（2002）将电子商务欺诈行为定义为：电子商务的参与者在电子商务活动中的某个环节通过欺诈其他参与者来不当获利的行为。实际上，网络消费欺诈行为的概念与电子商务欺诈行为的概念十分相似，但后者在前者的基础上进一步限定了边界，即主要考虑电商平台的情形，而不涵盖其他网络情境。李莉等（2004）也指出买卖双方之间的信息不对称是电商欺诈出现的重要原因。

综上，本章依据现有研究，结合实际情况，根据平台卖家违规的表现类型，将其分为虚假营销宣传和实际销售欺诈。其中，将虚假营销宣传定义为某一平台卖家通过违规来诱导消费者购买，主要包括"刷单""好评返现"等；将实际销售欺诈定义为某一平台卖家通过违法行为欺骗消费者购买，主要包括"售卖假货""售卖残次品"等。此外，还从买家态度视角研究其对平台型电商声誉的影响。

（二）研究框架

综合以上分析，基于平台型电商声誉破坏及维护机制的研究，本章将系统地探索平台卖家违规对平台型电商声誉的影响及其作用机理，在平台卖家违规程度与表现类型不同的基础上，引入平台卖家声誉和产品类型作为调节变量，探索不同卖家声誉水平和不同产品类型下，平台卖家违规如何通过消费者制度信任或买家态度来影响平台型电商声誉。最后，在不同平台卖家声誉类型的对比下，进一步细化平台卖家违规对平台型电商声誉的影响。本章结论将为平台型电商制定平台卖家责任追索策略、精准实施激励和惩罚提供有效的依据，为促进平台卖家、平台买家与平台型电商间的良性互动，打造共同繁荣的平台型电商市场提供一定的理论支持和实践指导。

鉴于此，本章拟主要解决如下两个问题：

（1）以制度信任为中介的平台卖家不同违规程度对平台型电商声誉的影响机制。现实中的卖家违规基于违反程度不同可分为实际违约和制度边界违规，其均会使买家对平台制度的信任产生消极影响。但由于违反规定的程度不同，其对制度信任产生的破坏程度各异。又由于制度边界违规处于平台规制的"灰色地带"，因而其对制度信任与对平台声誉的破坏程度相比实际违约较轻。基于此，拟重点探讨平台卖家不同违规程度（实际违约 vs.制度边界违规）对制度信任的不同破坏程度，进而探讨其对平台型电商声誉的影响机制。

（2）以买家态度为中介的不同表现类型的平台卖家违规行为对平台型电商声誉的影响机制。人们通常认为销售假货等"实际销售欺诈"对买家态度的冲击更大，而认为"刷单"等"虚假营销宣传"因其具备隐蔽性而影响不大。但现实情况并非如此，有学者认为，实际销售欺诈可能更多的是卖家的短期化行为，对此，平台企业很难进行全面监管，而"刷单"等却可以处于平台型电商的线上管控之下，因此，对于虚假营销宣传，买家可能将之更多地归咎于平台型电商的不作为而产生更为消极的消费态度。此外，我国整体消费水平和经济发展背景决定了消费者的消费偏好，由于收入差距大、基层贫困群众依然占较大比例、"勤俭节约"等传统文化对消费观念的影响等因素的存在，在对生命财产安全构不成侵害的前提下，价格低廉的假货依然有较为庞大的消费市场。该种情形下的假货售卖非但不能让消费者对卖家及平台声誉产生抵触思想，反而会吸引一定数量的消费群体。但虚假营销宣传则不然，由于前期的宣传欺诈，消费者购入劣质产品后会感受到较大的性价比落差，尤其对经济条件较差的消费群体来说，会使其产生财产支出无效的消极感，从而对卖家及平台产生抵触态度，进而对平台型电商声誉造成不良影响。基于此，本章以不同类型的平台卖家违规行为（虚假营销宣传vs.实际销售欺诈）为切入点，通过探讨其对买家态度的影响，进而研究不同表现类型的卖家违规对平台型电商声誉的影响机制。

综上所述，本章的理论模型如图5-1所示。

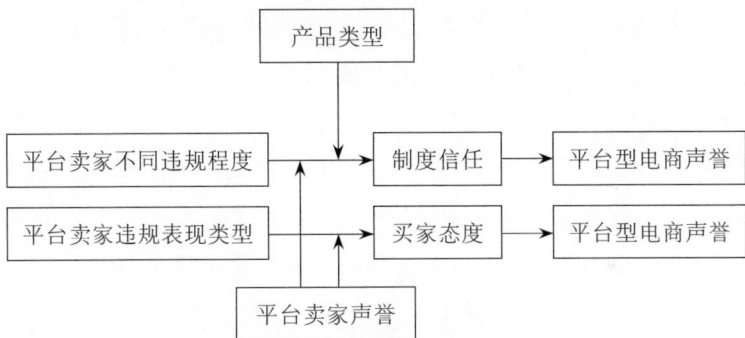

图5-1　理论模型

二、平台卖家不同违规程度对平台型电商声誉的影响

（一）研究假设

1.平台卖家不同违规程度对平台型电商声誉的影响

根据现有研究，平台买家对平台型电商进行评价时，在将平台型电商作为一个独立个体的前提下，通过认知评价以及对平台型电商喜爱程度的判定，形成了以平台买家对平台架构的合理性、平台规则的公平性、平台中介的公正性等为主要因素的"平台型电商驱动声誉"（汪旭

晖和张其林，2017）。当买家的利益因平台卖家的违规行为而受到侵犯和损害时，平台买家会对平台架构的合理性、规则的公平性和中介的公正性产生质疑，进而改变对平台型电商的认知评价以及喜爱程度。消费者会根据某些店铺的服务质量形成购物中心形象，即根据店铺服务质量高低形成对购物中心管辖范围内店铺质量的整体认知。由此可以推知，平台买家会基于某些平台卖家的行为形成对平台型电商所辖卖家形象的整体认知，这一认知既包括对平台卖家提供的产品与服务的认知，也包括对平台型电商信息安全与社会责任的感知，进而影响平台型电商的认知声誉。

根据平台卖家违规程度不同，可以将其分为平台卖家制度边界违规和平台卖家实际违约，二者均不同程度地侵害了平台买家的权益。平台卖家的实际违约是对平台型电商制定的规则和签订的合同条约的违背，平台对此类违规的界定和应对措施是明确的；平台卖家的制度边界违规实际上是一种"灰色行为"，处于难以或者无法界定的究竟是属于符合平台型电商规制还是违反平台型电商规制的中间模糊地带。由此，平台卖家的实际违约相对于制度边界违规更易被识别和治理。当发生实际违约时，买家不仅会对平台卖家产生愤怒，同时会感觉平台型电商的规范形同虚设，认为其规则设置不合理、惩戒措施过轻、治理人员能力不足，甚至可能怀疑平台卖家与平台型电商串谋欺诈消费者。相比于卖家的实际违约，买家难以识别或是感知卖家的制度边界违规，即便是发现自身权益因为这类行为受到损害，也未必会将其归咎于平台型电商的管理或是规制问题，企业声誉因此受到的牵连也较小。基于此，本章提出以下假设：

H_{1a}：平台卖家不同违规程度对平台型电商声誉有负向影响。

H_{1b}：在平台卖家违规程度中，较之平台卖家制度边界违规，平台卖家实际违约对平台型电商声誉有更强的负向影响。

2.平台卖家不同违规程度对制度信任的影响

在对信任进行研究的过程中，有学者提出了理性行为理论框架。该理论表明，在网络交易的前提下，信任行为的基本信念是交易一方对另一方可靠性和善意等的基本信念与观点，或是对其他因素（如平台型电商的规章制度等）的基本信念与观点。所涉及的基本态度都是指一方（平台买家）对另一方（平台型电商或平台卖家）是否可信的信任态度。基于 McKnight（2002）的研究成果，本章将电子商务信任划分为制度信任（平台买家对平台型电商制定合法、合理且有效的规则和制度以保护消费者权益的信任）与人际信任（平台买家对平台卖家的信任）。在平台型网络市场中，消费者在电商平台产生交易时所需要获取的技术信任则属于系统信任。

基于国内外对电子商务制度信任的研究，信任是客户对企业综合实力、企业诚信与善意的正面期望，当客户遇到服务的不诚信或服务不达标时，会对企业服务产生负面印象，这会减少或破坏客户对企业的信任。而平台卖家在交易过程中发生的违规正是服务不诚信行为的典型表现，同时也是平台型电商经营不力、治理无能、实力不佳的表现。因此，本章认为，平台买家通过某平台型电商向其所辖的平台卖家购买产品或服务时，卖家的违规行为将引起买家对平台型电商规章制度的信任态度的改变，即平台卖家不同违规程度会对制度信任产生负向影响。在影响平台买家对平台型电商制度信任的卖家违规举措中，既包括平台卖家的实际违约，也包括其制度边界违规，而制度边界违规较之实际违约更加难以被识别或感知，因此，我们推论制度边界违规对制度信任造成的负面影响较小。基于此，本章提出以下假设：

H_{2a}：平台卖家不同违规程度对制度信任有负向影响。

H_{2b}：基于平台卖家不同的违规程度，平台卖家的实际违约较之制度边界违规对制度信任有更强的负向影响。

3.平台卖家不同违规程度对平台型电商声誉的破坏机制：制度信任的中介作用

根据声誉形成理论，组织观察者对声誉主体的信任在声誉形成过程中具有重要作用，声誉与信任之间有很强的联系（李延喜等，2010）。声誉机制是以信任为基础的，平台型电商的声誉与消费者对平台型电商的初始信任之间存在十分紧密的联系，而消费者对平台型电商的制度信任是平台型电商形成良好声誉的前提。处于不同环境的消费者对制度信任所产生的反应不同，容易产生晕轮效应和传染效应，他们会在日常的认知与消费决策中对制度信任或不信任进行扩散甚至感染其他消费者（王永钦等，2014）。此外，也有相关文献将制度信任作为中介变量进行研究，如刘效广和王志浩（2018）在管理者的社会违规对员工行为的影响机理的研究中探索了制度信任的中介作用。

关于制度信任与平台型电商声誉的关联，本章在对平台型电商声誉的研究中发现，平台型电商所制定的规章制度很难确保在实际的交易过程中平台卖家不会出现违规行为，且消费者的权益一旦受到侵害，往往先产生对平台型电商制度信任的负面认知。基于对卖家违规这种非善意行为的考虑，在研究平台卖家违规行为对平台型电商的影响机制时有必要对制度信任进行探讨。基于此，本章提出以下假设：

H_{3a}：制度信任正向影响平台型电商声誉。

H_{3b}：制度信任在平台卖家不同违规程度对平台型电商声誉的影响中具有中介作用。

4.平台卖家不同违规程度对平台型电商声誉的破坏机制：平台卖家声誉的调节作用

信息的不对称性可以归结为平台卖家违规行为以及电子商务欺诈等问题的根源。根据线索利用理论可知，消费者会依据一系列指示产品品质的线索对消费决策进行判断（王林等，2015；卢艳峰，2016）。内部线索包括产品本身的属性，如产品的形状、规格与气味等；外部线索是与产品有关的属性，如产品的外包装、定价、品牌名称、商店形象等。具体到本章的研究情景中，当平台卖家出现违规行为时，平台买家的感知风险、感知质量和感知价值都会受到影响，且商店声誉作为平台型电商背景下一项重要的外部线索，也会在买家制度信任的认知当中产生影响。同时，商店声誉、口碑推荐等外部线索对信任也有显著的影响（贺曦鸣等，2015；罗汉洋等，2019）。基于此，本章推测平台卖家声誉在平台卖家违规行为对制度信任的影响中起调节作用。

在消费者行为的研究过程中，感知风险是消费者网上决策过程的重要组成部分。在本章的情境下，平台卖家违规行为的不确定性，就是平台买家通过平台型电商进行消费决策过程中感知风险的一种。

Mayer 等（1995）针对信任与风险的关系的研究表明，信任是一种风险承担的意向，而信任行为则是一种承担着一定风险的行为。假设信任方对信任对象的信任程度高于感知风险的阈值（Threshold），信任方实施信任相关行为就会承担一定的风险。信任是有利于减少因不利情况产生所导致的感知风险的重要因素。邵兵家等（2006）通过对平台型电商的消费者信任研究发现，声誉对信任有着显著的影响，而且对平台型电商风险的感知情况将会对消费者对平台型电商的态度产生负面影响，进而导致出现消费者购买意愿下降的情况。Mudambi（2010）认为，五星评价包含的积极信息比一星评价更多，评论的有用性和评分等级正相关。高声誉的品牌因为已经塑造了良好的品牌形象，消费者偏向于信任该产品的质量，评分等级的高低对消费者进行信息判断的影响小于低声誉品牌。由此可推知，平台买家对高声誉平台卖家的感知风险更低、信任程度更高。根据顾客满意度理论，鉴于平台买家对高声誉平台卖家的高期望，一旦高声誉卖家出现违规行为，相较于低声誉卖家，它对消费者制度信任的负面效应更大；相反，面对较低声誉卖家的违规行为，买家的心理落差相对较小，违规行为依旧会给买家对制度的信任带来不利影响，但这一效应较高声誉卖家要更小。基于此，本章提出以下假设：

H$_4$：平台卖家声誉对平台卖家不同违规程度与制度信任之间的关系具有调节作用。较之低声誉平台卖家，当平台卖家声誉高时，其不同违规程度会对制度信任产生更强的负向影响。

5.平台卖家不同违规程度对平台型电商声誉的破坏机制：产品类型的调节作用

关于产品类型这一理论概念，已有较多学者考虑其调节作用，且多见于针对消费者购买意愿的研究，譬如基于产品类型的网购信息环境、商品图片信息等对消费者购买意愿的研究。且在针对感知有用性、消费者响应方面的研究中，产品类型的调节效应已得到检验。在本章的研究情境下，产品类型在平台卖家违规行为对平台型电商声誉的影响中起调节作用。

本章采用 Nelson（1974）对产品类型的分类方法，将产品分为体验产品和搜索产品，这一分类的主要依据在于消费者接触产品前是否能够感知到产品的真实质量。根据该产品类型的定义可知，消费者在购买搜索产品或是体验产品之前存在信息不对称的情况，消费者在评估体验产品时往往更加主观且很难决定是否购买；而在评估搜索产品的属性时往往会有一种清晰的感知，产品的各方面属性可以很容易地通过某种方式进行比较，在购买时也会以客观的方式进行评定是否需要购买。由此可见，消费者对体验产品质量的认知差异较大，需要借助更多信息进行判断，在购买时可能产生较高的不确定性。搜索产品与之相反，消费者可以通过产品的具体指标与属性来进行对比和客观分析，有助于避免购买时产生的不确定因素。由此可推知，平台买家在购买搜索产品前，由于产品质量信息的可获取性与可比较性，往往可以在较大程度上感知到产品的真实质量，购买不确定性较低，感知风险较低，对平台卖家的信任程度更高，平台买家对制度信任的感知受平台卖家违规行为的负面影响更大。而平台买家在购买体验产品前，由于质量信息较难获取，且产品的某些属性（如气味、质地等）需要更为主观地去评估，产品的真实质量往往难以被感知，其购买不确定性较高，感知风险较高，对平台卖家的信任程度更低，平台买家对制度信任的感知受平台卖家违规行为的负面影响较小。基于此，本章提出如下假设：

H_5：产品类型对平台卖家不同违规程度与制度信任之间的关系具有调节作用。较之体验产品，在搜索产品中，平台卖家违规对制度信任产生更强的负向影响。

综上，本章内容主要包括三个部分：（1）平台卖家不同违规程度对平台型电商声誉的影响作用；（2）制度信任在平台卖家不同违规程度对平台型电商声誉影响中的中介作用；（3）平台卖家声誉和产品类型在平台卖家不同违规程度对制度信任影响中的调节作用。据此，本章的研究框架如图5-2所示。

（二）研究设计

本部分共包含三个实验，实验目的如下：

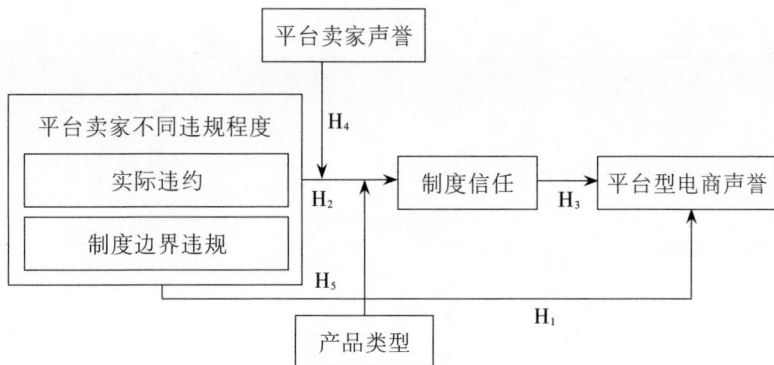

图 5-2　研究框架

实验 1：实验 1 通过采用（实际违约 vs.制度边界违规 vs.无违规行为）单因素组间实验，向买家展示两种不同程度的平台卖家违规，以无违规行为为对照组，来测试平台卖家不同违规程度对平台型电商声誉的影响。平台卖家违规在现实生活中有多种具体表现，考虑到实验的可行性，本章仅选择卖家"好评返现"这一违规行为进行实验设计，从而验证 H_{1a}、H_{1b}。

实验 2：实验 2 在实验 1 的基础上进一步验证平台卖家不同违规程度对制度信任的影响，并进一步验证制度信任的中介作用。实验同样采用（实际违约 vs.制度边界违规 vs.无违规行为）单因素组间实验，研究买家对卖家不同违规程度的反应，进而考察制度信任在不同消费情景下对平台型电商声誉的影响。最后采用逐步回归法验证制度信任的中介作用，从而验证 H_{2a}、H_{2b}；H_{3a}、H_{3b}。

实验 3：实验 3 在实验 1、实验 2 的基础上进一步验证平台卖家声誉及产品类型在平台卖家不同违规程度对制度信任影响中的调节作用。本章采用多因子实验设计的方法，在实验场景中对一个自变量（平台卖家不同违规程度）和两个调节变量（平台卖家声誉、产品类型）进行操控，共设置 12 个实验组。采用 3（平台卖家不同违规程度：平台卖家实际违约 vs.平台卖家制度边界违规；平台卖家无违规行为）×2（平台卖家声誉：高 vs.低）×2（产品类型：搜索产品 vs.体验产品）的组间实验设计，具体设计出了 12 个不同的实验场景（详见表 5-1），从而验证 H_4、H_5。

表5-1 **实验设计**

操纵变量		平台卖家声誉			
		高		低	
		产品类型			
		搜索产品	体验产品	搜索产品	体验产品
平台卖家 不同违规 程度	平台卖家实 际违约	实验组1	实验组2	实验组3	实验组4
	平台卖家制 度边界违规	实验组5	实验组6	实验组7	实验组8
平台卖家无违规行为		实验组9	实验组10	实验组11	实验组12

1.实验一

（1）情景开发

本章理论模型中的初始变量是平台卖家不同违规程度，指平台卖家对平台型电商规则不同程度的违背和偏离行为，这些行为不仅涵盖完全的违规，还包括处于灰色地带的违规，即表面上没有彻底违反规则，实质上背离平台规则。这种做法对平台买家的权益造成了直接损害，是一种消极行为。为了进一步明确平台卖家违规程度所涵盖的内容，以及平台卖家不同违规程度对平台型电商声誉是否有影响、有什么样的影响，不同的违规程度对平台型电商声誉的影响程度是否不同，本章回顾了违规行为、违约行为和制度边界理论的相关文献，依据违规程度不同将平台卖家违规界定为：平台卖家实际违约和平台卖家制度边界违规。平台卖家实际违约是指提供平台服务、产品和信息的商家不履行与平台型电商签订的初始格式合同和续约协定中义务的行为，包含不履行、不符合约定的履行和其他违反合同义务的行为（汪旭晖和张其林，2017）。卖家制度边界违规是指处于制度边界中的平台卖家侵害平台买家利益的行为，该边界以外的行为是平台型电商制度禁止的，以内的行为是平台型电商制度允许的，且这一边界具有一定的厚度，既包括规则不明确的"灰色地带"，也包括因技术进步而出现的没有制度约束的"空白地带"，该违规实际上是对平台型电商规则的背离。本章根据研究假设，分别设置了"平台卖家实际违约""平台卖家制度边界违规"和"平台卖家无违规"三组实验场景，并在每组实验问卷的开头首先给出平台卖家违规的定义、分类并作出简要说明，强调卖家的违规做法是消极的，会给平台买家的权益造成直接损害，以便参与实验的被试能够充分理解这一概念并作出区分。

　　平台卖家违规在现实生活中有多种具体表现，考虑到实验的可行性，本章仅选择卖家"好评返现"这一违规行为进行实验设计。"好评返现"行为不但对其他同类经营者正常交易的权益造成了损害，而且扰乱了网络交易市场交易的公平竞争氛围，损害了消费者的合法权益，是一种新型的不正当竞争行为。"好评返现"行为诱导消费者对其商品进行好评，夸大商品质量，捏造商品信息，致使商家信息与消费者信息产生严重不对称。这种行为有诸多危害，不仅会造成虚假宣传，损害消费者的知情权，更违背了诚实与信用的原则，给消费者的售后服务带来困难。"好评返现"现象在平台型电商市场中普遍存在，平台卖家利用实体商品的包裹或者电商平台以外的社交媒体向消费者传递"好评返现"信息，并通过支付宝、微信支付等进行返现操作，行为方式脱离平台监管，不利于消费者进行投诉和举证。《中华人民共和国电子商务法》第17条明确规定，经营者应当全面、真实、准确、及时地披露商品或者服务信息，保障交易相对方或消费者的知情权和选择权。不得以虚构交易量、编造用户评价、夸大功效等方式进行虚假或引人误解的商业宣传，欺骗、误导交易相对方或消费者。"好评返现"行为虽属于平台卖家人为干涉买家评价的范畴，但实际上消费者仍是基于真实交易和实际产品服务给出的评价，难以完全将其列为违法行为。平台型电商企业的初始合同和续约协定中是否明确规定禁止"好评返现"行为，对该类行为的认定和责任追索是至关重要的。但在现有的大多数平台型电商的规制当中，并没有对卖家"好评返现"行为的界定与约束。因此，在具体的实验场景设计中，本章选定了平台卖家的"好评返现"行为设置平台卖家的不同违规程度，具体操控方法见表5-2。

表5-2 平台卖家不同违规程度的操控方式

平台卖家不同违规程度	操控方式
平台卖家实际违约	某一家平台型电商明确规定其平台卖家不得有"好评返现"的行为，但卖家在消费者购物的过程中出现了这一行为
平台卖家制度边界违规	某一家平台型电商并未规定其平台卖家不得有"好评返现"的行为，但卖家在消费者购物的过程中出现了这一行为

本章需要考察被试对平台卖家不同违规程度的感知，因此，我们使用两个问项来测量：①该卖家的行为属于"平台卖家实际违约"；②该卖家的行为属于"平台卖家制度边界违规"。

（2）实验方法与步骤

进行正式实验前先访谈了15个消费者，了解现实中的情况。其次，根据本章的情景改编形成测量题项。之后，对形成的问卷进行预测试，邀请40个消费者进行填写并针对问卷的题项设置以及措辞等咨询相关意见，修正表达意思不清楚以及理解容易产生偏差的题项。基于预测试的数据，进行测量模型检验，根据信度和效度的分析结果对测量题项进行修改，根据被试反馈对问卷进行完善，得到正式的测量题项。最后，正式进行数据收集。

实验1采用组间因子设计，即实际违约 vs.制度边界违规 vs.无违规行为。实验被试被告知将参加一项关于平台型电商声誉的实验，每位被试会看到自己所在组平台卖家违规程度的相关信息。实际违约组被试被告知其在某平台上进行购物，平台卖家存在平台型电商明确禁止的"好评返现"等违规行为，使其判断该卖家违规程度，1分为实际违约，7分为制度边界。之后，让被试填写平台型电商声誉量表，主要设置5个题项对平台型电商声誉进行测量：该平台企业知名度是高的；该平台企业选择的商家（店铺）是优质的；该平台企业披露的信息符合期望；该平台企业的交易是诚信的；该平台企业的交易形式是规范的。同样，告知制度边界组被试其购物平台上的卖家存在"好评返现"等行为，但平台型电商企业缺乏相应禁止该行为的规定，采用同样的打分机制进行违规程度选择，并设置无违规行为组作为对照。最后是对受访者基本信息的统计，包含性别、年龄、所在平台、经营时长4个题项。

本实验的问卷主要通过微信、QQ群等社交媒体以及邮箱投递的方式对目标群体进行发放且每份实验问卷都给予5-10元的红包奖励。实验1于2019年7月17日至7月21日完成实验问卷的发放、收集与整理，最终共收回294份电子版问卷，有效问卷共252份，有效率为85.71%。其中，女性参与者（145人）多于男性参与者（107人），占比分别为57.54%和42.46%；年龄上，20~25岁的被试比例最高，20岁以下的次之，分别占比59.0%和21.9%，处于这两个年龄段的被试达到了80%以上，与高校学生这一实验对象的年龄特征相符；学历上，参与实验的主要是本科学历（50.5%）和研究生以上学历（43.7%）；使用平台型电商的时间上，超过半数的被试为4~6年（53.0%），1~3年与7~9年的被试人数相当，分别占比21.0%和19.1%；在过去半年内通过平台型电商购买商品的次数上，大多数实验参与者在这半年里都有多次通过平台型电商购物的经验，其中10次及以上的人数最多，占比53.3%，7~9次的（19.7%）和4~6次的（15.6%）分列其后；至于被试的月收入，主要集中在1 000~4 999元之间，其中1 000~2 999元的人数最多，占比57.9%，其次是3 000~4 999元，占比为22.7%。

2. 实验二

本章假设平台卖家不同违规程度与制度信任为反向变动关系。实验2于2019年8月20日至8月24日进行调查问卷的发放与收集，最终收回有效问卷共240份。其中，男性参与者110人，占被试总数的45.83%；女性参与者130人，占被试总数的54.17%，年龄范围为20~32岁。实验被试被告知将参加一项关于平台型电商声誉破坏的实验，基于实验1的情景设置，告知被试所在组平台卖家采取不同违规程度的含义。将被试分别分为实际违约组、制度边界违规组和无违规行为组，采用实验1中的题项设置进行情景实验。同样，为了考察被试对不同卖家违规程度的感知，利用7分量表对实际违约和制度边界违规进行打分。然后让被试在不同情景下对制度信任进行打分测量，共3个题项，包括：该平台型电商的保障措施使得我在网络购物时感到很安全；我相信在遭遇网络欺诈时，该平台型电商当前的相关规章制度能够保护我的利益；总体来讲，该平台型电商目前具备安全的交易环境。同样采用 Likert 7 点评分法，评分 1 为完全不同意，2 为不同意、6 为同意、7 为完全同意。实验开始前，将设计不同实验情景的问卷通过微信、QQ 群等社交媒体以及邮箱投递的方式对目标群体进行发放，且每份实验问卷都给予 5~10 元的红包奖励。各组被试在实验结束后分别报告其对制度信任的清晰性、对平台卖家不同违规程度对平台型电商声誉破坏的反应程度，并填与个人基本信息，实验结束。

3.实验三

本章从不同平台卖家声誉及不同产品类型出发，结合平台卖家不同违规程度，探讨卖家声誉高低对平台型电商声誉的影响。实验 3 于 2019 年 9 月 11 日至 9 月 15 日进行，最终收回有效问卷共 265 份。其中，男性参与者 115 人，占被试比例为 43.4%；女性参与者 150 人，占被试比例为 56.6%，年龄介于 20~32 岁。

（1）平台卖家声誉

在回顾以往卖家声誉研究的基础上，本章模拟淘宝购物平台上卖家的声誉信息以营造真实的购物环境，店铺动态评分和与同行业其他卖家比较的设置综合考虑了天猫购物平台上的真实水平，即 4.9 分或 5.0 分的评价得分通常被消费者普遍认为是高水平的得分，优于 80% 以上的其他卖家通常被消费者认为是领先行业水平的；反之，4.5 分或是更低的得分通常被消费者普遍认为是低水平的得分，劣于 80% 以上的其他卖家通常被消费者认为是落后于行业水平的。为了突出平台卖家声誉水平差异的显著性，本实验在具体场景中用图片的形式对此进行了描述，如图 5-3 和图 5-4 所示。

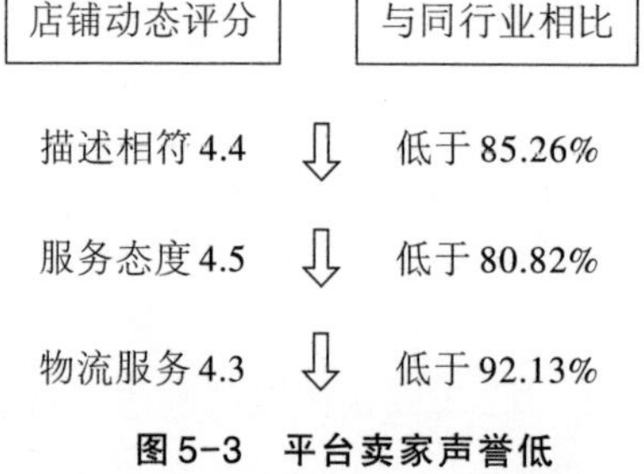

店铺动态评分	与同行业相比	店铺动态评分	与同行业相比
描述相符 4.4 ⇩	低于 85.26%	描述相符 4.9 ⇧	高于 86.64%
服务态度 4.5 ⇩	低于 80.82%	服务态度 5.0 ⇧	高于 96.53%
物流服务 4.3 ⇩	低于 92.13%	物流服务 5.0 ⇧	高于 91.27%

图 5-3 平台卖家声誉低 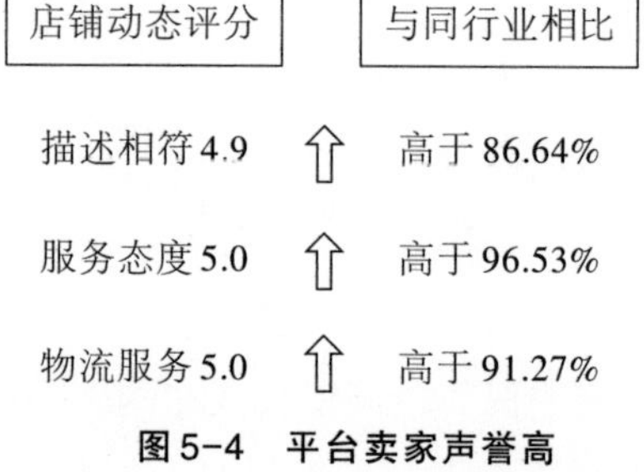　　　　　图 5-4 平台卖家声誉高

（2）产品类型

本章理论模型中的一个调节变量是产品类型，参考 Nelson（1974）对产品类型做出的两类划分法，即搜索产品与体验产品。在实验场景的设计中，本章在问卷的开头首先给出搜索产品与体验产品的定义和简要说明，确保被试能够理解这两种产品分类的概念，并可以对某种具体的产品加以辨别、进行分类。通过文献回顾，可以得知对产品类型的操作与控制主要是通过选取具体产品来表示相对应的产品类型。参考已有的研究对搜索产品和体验产品的分类依据，即消费者接触产品前能否感知到产品的真实质量，感知方式是存在客观依据还是更取决于主观因素和个人经验（Nelson，1974）。本章首先邀请了市场营销专业的学生进行头脑风暴，共列出 6 类生活中十分常见的搜索品和体验品作为实验产品，包括巧克力、爽肤水、T恤衫、手机、充电宝、耳机。之后，我们对 40 名在校大学生进行调研，采用 7 级量表（1 为完全不同意，7 为完全同意），以"购买前您能否感知到商品的质量"为标准进行评测。测试结果显示 6 类产品得分的均值分别为：巧克力 5.18（最高）；爽肤水 4.61；T恤衫 4.18；手机 3.76；充电宝 3.17（最低）；耳机 3.85。根据搜索产品和体验产品的定义，本章的搜索产品选定为充电宝，体验产品选定为巧克力。且在实验中，本章需要考察被试对产品类型的感知程度，参考 Peterson 等（2006）在相关研究中的量表，用两个问项来测量这一程度：①我认为充电宝/巧克力是一种搜索产品；②我认为充电宝/巧克力是一种体验产品。

基于测试，对平台卖家按照声誉高低分为高声誉卖家组与低声誉卖家组，将产品类型分为体验产品和搜索产品。基于实验 1 的情景设计，实验 3 设计为实际违约、制度边界违规和无违规行为与不同违规类型相对应的声誉不同卖家以及不同产品类型的 3×2×2 组间设计，即（实际违约 vs. 制度边界违规 vs. 无违规行为）×（高声誉平台卖家 vs. 低声誉平台卖家）×（体验产品 vs. 搜索产品）。实验开始前，先请被测者认真阅读实际违约和制度边界违规的相关定义，并对实验进行简单说明以确保其了解实验过程。对于不同声誉的两个组别，分别进行两种不同类型的违规行为，设置无违规行为作为参照组。在问卷中设置相关情景，告知被试假如你之前的购物平台上的卖家存在研究中的两种不同程度违规，但违规卖家的声誉是不同的，违规卖家所经营的产品类型不同。实验开始前，将设计不同实验情景的问卷通过微信、QQ群等社交媒体以及邮箱投递的方式对目标群体进行发放，且每份实验问卷都给予5~10元的红包奖励。让被试基于不同情景下的平台卖家不同程度违规根据制度信任测试量表进行打分，评估对不同声誉、不同产品类型的平台卖家而言，哪种违规对制度信任进而对平台型电商声誉造成的影响更大。同样，采用Likert7点评分法，评分1为完全不同意、2为不同意、6为同意、7为完全同意。最后填写相关人口统计信息，实验结束。

（三）数据分析与实验结论

1.实验一

（1）操控检验

为了验证本章在实验中对平台卖家不同违规程度的操控是否成功，我们采用了独立样本T检验来检测各变量，操控成功与否的评判标准是不同实验组的变量水平是否存在显著差异。根据平台卖家不同违规程度的T检验结果，$F=0.065$，$p=0.799>0.05$，说明方差齐性检验无显著差异。两方差齐性（Equal Variances）：$t=19.973$，$df=243$，$p=0.000<0.001$。可见，两样本平均数有显著的差异，本章对平台卖家不同违规程度进行了成功的操控，符合实验设计。

（2）平台卖家不同违规程度对平台型电商声誉的影响

根据实验所获取的数据，将平台型电商声誉作为因变量，进行单因素方差分析（ANOVA）。平台卖家不同违规程度对平台型电商声誉影响的描述统计和方差分析分别见表5-3和表5-4。从表中可知平台卖家实际违约组被试对平台型电商声誉感知的均值为3.944，卖家制度边界违规组被试对平台型电商声誉感知的均值为4.158，卖家无违规组被试对平台型电商声誉感知的均值为5.749。在方差分析的结果当中，$F=180.807$，$p=0.000<0.001$，即无违规组对平台型电商声誉的感知显著高于制度边界违规组，制度边界违规组对平台型电商声誉的感知又显著高于实际违约组。综上所述，相比于无违规行为，平台卖家的违规对平台

型电商声誉有负向影响，且较之制度边界违规，平台卖家的实际违约会显著降低平台买家对平台型电商声誉的感知，假设 H_{1a}、H_{1b} 得到有效验证。

表5-3 平台卖家不同违规程度对平台型电商声誉影响的描述统计

因变量：平台型电商声誉			
平台卖家不同违规程度	N	平均数	标准偏差
平台卖家实际违约	122	3.944	0.878
平台卖家制度边界违规	123	4.158	0.946
平台卖家无违规行为	121	5.749	0.536

表5-4 平台卖家不同违规程度对平台型电商声誉影响的方差分析

因变量：平台型电商声誉				
	平方和	df	均方	F	显著性
群组之间	236.139	2	118.069	180.807	0.000
在群组内	237.043	363	0.653		
总计	473.182	365			

2. 实验二

（1）平台卖家不同违规程度对制度信任的影响

在检验制度信任的中介作用时，我们先对假设 H_2 进行检验，将制度信任作为因变量，进行单因素方差分析（ANOVA）。平台卖家不同违规程度对制度信任影响的描述统计和方差分析分别是表5-5和表5-6。可知卖家实际违约组被试对制度信任的感知的均值为3.489，卖家制度边界违规组被试对制度信任的感知的均值为4.854，卖家无违规行为组被试对制度信任的感知的均值为5.669。在方差分析的结果当中，F=240.318，p=0.000<0.001，无违规行为组对制度信任的感知显著高于制度边界违规组对制度信任的感知，制度边界违规组对制度信任的感知又显著高于实际违约组对制度信任的感知。综上所述，相比无违规行为，平台卖家违规对制度信任有负向影响，且较之制度边界违规，平台卖家的实际违约会显著降低买家对制度信任的感知，假设 H_{2a}、H_{2b} 得到有效验证。

表5-5　　　平台卖家不同违规程度对制度信任影响的描述统计

因变量：制度信任			
平台卖家不同违规程度	N	平均数	标准偏差
平台卖家实际违约	122	3.489	0.826
平台卖家制度边界违规	123	4.854	0.982
平台卖家无违规行为	121	5.669	0.646
总计	366	4.332	1.262

表5-6　　　平台卖家不同违规程度对制度信任影响的方差分析

因变量：制度信任				
	平方和	df	均方	F	显著性
群组之间	331.260	2	165.630	240.318	0.000
在群组内	250.184	363	0.689		
总计	581.444	365			

（2）制度信任的中介作用

再对假设 H_{3a} 进行检验。将平台型电商声誉作为因变量，将制度信任与包括性别、年龄、学历、网购经验、半年内购物次数、月收入在内的控制变量作为因子，进行线性回归分析。制度信任对平台型电商声誉影响的系数分析见表5-7。可知制度信任对平台型电商声誉的影响是显著的，且二者之间是正相关关系（P=0.677，p=0.000<0.001）。换言之，制度信任正向影响平台型电商声誉，假设 H_{3a} 得到有效验证。

表5-7　　　制度信任对平台型电商声誉影响的系数分析

模型	非标准化系数		标准化系数	T	显著性
	B	标准误	Beta		
1（常数）	1.783	0.298		5.982	0.000
制度信任	0.677	0.032	0.751	21.001	0.000
性别	−0.010	0.078	−0.005	−0.133	0.894
年龄	0.023	0.054	0.014	0.417	0.677
学历	−0.112	0.068	−0.058	−1.660	0.098
网购经验	0.161	0.050	0.116	3.236	0.001
半年内购物次数	−0.061	0.035	−0.061	−1.726	0.085
月收入	−0.037	0.036	−0.037	−1.020	0.308

最后来验证制度信任的中介作用，这里采用的是逐步回归的方法，即在程序上依次：①考察自变量对因变量的影响；②考察自变量对中介变量的影响；③考察自变量和中介变量对因变量的影响，如图5-5所示。在具体的操作步骤上：第一步以平台型电商声誉为因变量，在模型的第一块输入控制变量（性别、年龄、学历等），在第一块的基础上在模型的第二块输入平台卖家不同违规程度；第二步还是以平台型电商声誉为因变量，在模型的第一块输入控制变量和平台卖家不同违规程度，在模型的第二块输入中介变量（制度信任）；第三步则是以制度信任为因变量，输入平台卖家不同违规程度。根据这三个步骤得出的数据结果见表5-8。

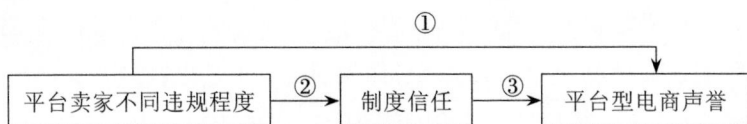

图 5-5　制度信任中介作用检验模型

表 5-8　　　　　　　　　　　　逐步回归结果

操作步骤		(1)		(2)		(3)
因变量		平台型电商声誉		平台型电商声誉		制度信任
		模块 1	模块 2	模块 1	模块 2	模块 1
自变量	平台卖家不同违规程度		0.862***	0.862***	0.290***	1.035***
控制变量	性别	0.040	0.012	0.012	−0.011	0.040
	年龄	0.185*	−0.004	−0.004	−0.011	0.013
	学历	0.392***	−0.193*	−0.193*	−0.097	−0.174*
	网购经历	0.108	0.102	0.102	0.149	0.086
	半年内购物次数	−0.143**	−0.081	−0.081	−0.055	−0.047
	月收入	0.119*	0.000	0.000	−0.048	0.087
中介变量	制度信任				0.552***	
R^2		0.103	0.436	0.436	0.619	0.513
调整后 R^2		0.088	0.425	0.425	0.610	0.504
F		6.839***	39.612***	39.612***	72.479***	53.880***

注：***表示 $p<0.001$；**表示 $p<0.01$；*表示 $p<0.05$。

考察表5-8中数据结果，发现步骤1中平台卖家不同违规程度对平台型电商声誉的影响是显著的，方向为正；步骤3中平台卖家不同违规程度对制度信任的影响是显著的，方向也为正；步骤2中平台卖家不同违规程度和制度信任对平台型电商声誉的影响都是显著的，方向均为正，且平台卖家不同违规程度非标准化系数的P值由模块1的0.862变化至模块2的0.290，显著下降。综上所述，制度信任在平台卖家不同违规程度对平台型电商声誉产生影响的机制中具有中介作用，假设H$_{3b}$得到有效验证。

3.实验三

（1）平台卖家声誉的调节作用

在验证平台卖家声誉的调节作用时，将制度信任作为因变量，平台卖家不同违规程度和平台卖家声誉作为固定因子，进行单因素方差分析（ANOVA）。分析结果见表5-9，可见平台卖家不同违规程度与平台卖家声誉对制度信任的交互作用显著（F=4.973，p=0.008<0.01），这一作用的形态如图5-6所示。

表5-9　　　　关于平台卖家声誉调节作用的主体间效应检验

因变量：制度信任				
来源	第Ⅲ类平方和	df	均方	F	显著性
修正模型	342.815^a	5	68.563	103.435	0.000
截距	6 883.505	1	6 883.505	10 384.563	0.000
违规程度	331.229	2	165.614	249.849	0.000
平台卖家声誉	4.971	1	4.971	7.499	0.006
违规程度×平台卖家声誉	6.545	2	3.273	4.973	0.008
误差	238.629	360	0.663		

注：a.R^2=0.590（调整的R^2=0.584）。

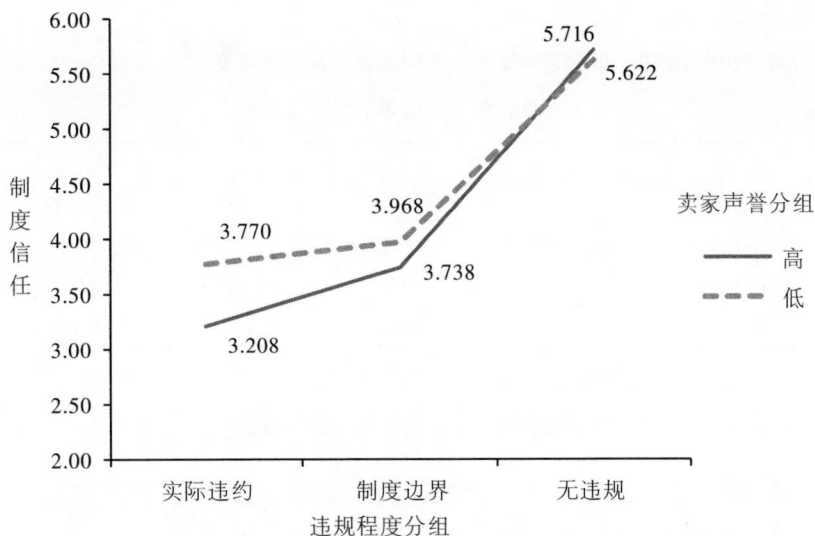

图 5-6 平台卖家不同违规程度与平台卖家声誉对制度信任的交互作用

由图 5-6 可知，当平台卖家声誉高时，卖家分别出现实际违约、制度边界违规以及无违规时实验被试对制度信任的感知分别为 3.770、3.968 和 5.622。当平台卖家声誉低时，卖家分别出现实际违约、制度边界违规以及无违规时实验被试对制度信任的感知分别为 3.208、3.738 和 5.716。因此，当平台卖家声誉较高时，卖家不同违规程度对制度信任的损害更强。综合上述，平台卖家声誉对卖家不同违规程度与制度信任之间的关系具有调节作用；较之低平台卖家声誉，当平台卖家声誉高时，平台卖家不同违规程度对制度信任的负向影响更强。假设 H_4 得到有效验证。

为了进一步细化本章的研究结论，区分卖家声誉的高和低两种情形，进行 LSD 事后检验，其结果如表 5-10 和表 5-11 所示。这表明当卖家声誉高时，两种不同违规程度与无违规这三种情形之间是两两存在显著差异的，其 p 值均小于 0.001。而当卖家声誉低时，只有实际违约组和制度边界违规组分别与无违规组存在显著差异（p=0.000<0.001），前两者之间的差异是不显著的（p=0.194）。由此可见，当平台卖家声誉低时，卖家不同违规程度对制度信任的影响虽然都为负向，但两种违规之间并不存在明显差别。而当平台卖家声誉高时，卖家不同违规程度对制度信任的影响也都为负向，但较之制度边界违规（3.738），实际违约对

制度信任的损害更强（3.208）。

表5-10　　　　　　**高卖家声誉下，不同卖家不同违规程度**

对制度信任影响的事后检验结果表

因变量：制度信任				
违规行为组（I）	违规行为组（J）	均值差（I-J）	标准误	显著性
实际违约	制度边界违规	−0.530	0.143	0.000
实际违约	无违规行为	−2.501	0.143	0.000
制度边界违规	无违规行为	−1.978	0.143	0.000

表5-11　　　　　　**低卖家声誉下，不同卖家不同违规程度**

对制度信任影响的事后检验结果表

因变量：制度信任				
违规行为组（I）	违规行为组（J）	均值差（I-J）	标准误	显著性
实际违约	制度边界违规	−0.197	0.151	0.194
实际违约	无违规行为	−1.852	0.152	0.000
制度边界违规	无违规行为	−1.654	0.152	0.000

（2）产品类型的调节作用

在验证产品类型的调节作用时，将制度信任作为因变量，将平台卖家不同违规程度和产品类型作为固定因子，进行单因素方差分析（ANOVA）。分析结果见表5-12，可见平台卖家不同违规程度与产品类型对制度信任的交互影响作用显著（F=5.802，p=0.006<0.01），这一作用的形态如图5-7所示。

表5-12　　　　　**关于产品类型调节作用的主体间效应检验**

因变量：制度信任					
来源	第Ⅲ类平方和	df	均方	F	显著性
修正模型	346.003[a]	5	69.201	105.881	0.000
截距	6894.010	1	6894.010	10541.261	0.000
不同违规程度	329.816	2	164.908	252.152	0.000
平台卖家声誉	7.848	1	7.848	11.999	0.001
违规程度×平台卖家声誉	6.812	2	3.406	5.802	0.006
误差	235.441	360	0.654		

注：a.R^2=0.590（调整的 R^2=0.584）。

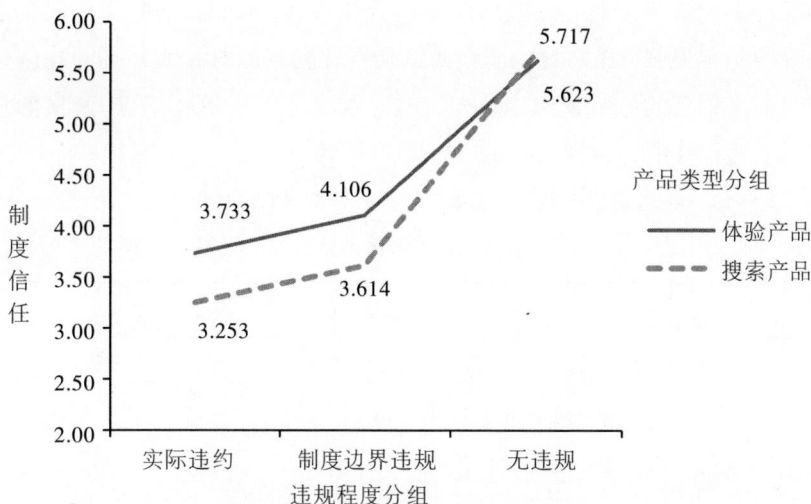

图 5-7　平台卖家不同违规程度与产品类型对制度信任的交互作用

由图 5-7 可知，对搜索产品而言，卖家分别出现实际违约、制度边界违规以及无违规行为时实验被试对制度信任的感知依次为 3.253、3.614 和 5.717。对体验产品而言，卖家分别出现实际违约、制度边界违规以及无违规行为时实验被试对制度信任的感知依次为 3.733、4.106 和 5.623。由此认为，当买家购买搜索产品时，卖家出现违规对制度信任的损害更强。综合上述，产品类型对卖家违规与制度信任之间的关系具有调节作用；较之体验产品，当买家购买搜索产品时，平台卖家违规对制度信任的负向影响更强。假设 H_5 得到有效验证。

为了进一步细化本章的研究结论，再将两种产品类型分开进行 LSD 事后检验，其结果见表 5-13 和表 5-14。这表明对搜索产品而言，实际违约、制度边界违规与无违规行为这三种情形之间是两两存在显著差异的，其中实际违约组与制度边界违规组对制度信任感知的差异在 0.05 水平下显著（$p=0.012$），其余两组均在 0.001 水平下显著（$p=0.000$）。对体验产品而言，与搜索产品的情形类似，即三组对比的结果均是显著的，其中实际违约组与制度边界违规组对制度信任感知的差异在 0.05 水平下显著（$p=0.014$），其余两组均在 0.001 水平下显著（$p=0.000$）。由此可见，当买家购买搜索产品时，卖家不同违规程度对制度信任的影响都为负向，且较之制度边界违规（3.614），实际违约对制度信任的损害更强（3.253）；而当买家购买体验产品时，卖家不同违规程度对制度信任的影响也都为负向，较之制度边界违规（4.106），实际违约对制度信任的损害更强（3.733）。

表5-13　　　**搜索产品下，卖家不同违规程度对制度信任影响的事后检验结果表**

因变量：制度信任				
违规行为组（I）	违规行为组（J）	均值差（I-J）	标准误	显著性
实际违约	制度边界违规	−0.361	0.143	0.012
实际违约	无违规行为	−2.464	0.144	0.000
制度边界违规	无违规行为	−2.103	0.144	0.000

表5-14　　　**体验产品下，卖家不同违规程度对制度信任影响的事后检验结果表**

因变量：制度信任				
违规行为组（I）	违规行为组（J）	均值差（I-J）	标准误	显著性
实际违约	制度边界违规	−0.372	0.150	0.014
实际违约	无违规行为	−1.890	0.149	0.000
制度边界违规	无违规行为	−1.517	0.149	0.000

4.实验结论

综上，本章通过情景实验法和问卷调查实验，研究了平台卖家不同违规程度对平台型电商声誉的作用机制，主要得出以下结论：平台卖家不同违规程度会对平台型电商声誉产生负向影响，且较之制度边界违规，实际违约对平台型电商具有更强的负向影响；平台卖家不同违规程度对制度信任有负向影响，制度信任对平台型电商声誉具有正向影响，故卖家不同违规程度通过影响制度信任进而影响平台型电商声誉，即制度信任在声誉破坏机制中起中介作用；平台卖家声誉和产品类型在平台卖家不同违规程度对制度信任的影响中起调节作用，较之低声誉卖家，当卖家声誉较高时，卖家不同违规程度会给制度信任带来更强的负向影响；较之体验产品，当买家购买搜索产品时，卖家不同违规程度对制度信任的负向影响更强。

三、平台卖家违规表现类型对平台型电商声誉的影响

（一）研究假设

1.不同类型的平台卖家违规对平台型电商声誉的影响

根据现有研究，买家在对平台型电商进行评价时，在将平台型电商作为一个独立个体的前提下，通过认知评价及其对平台型电商喜爱程度的判定，形成了以平台架构的合理性、平台规则的公平性、平台中介的公正性等为主要因素的"平台型电商驱动声誉"（汪旭晖和张其林，2017）。通常情况下，当买家的利益因平台卖家的违规行为而受到侵犯、损害时，买家会对平台架构的合理性、规则和中介的公平公正性产生质疑，进而改变对平台型电商的认知评价以及喜爱程度。消费者会根据某些店铺的服务质量形成购物中心形象，即根据店铺服务质量高低形成对购物中心管辖范围内店铺质量的整体认知。由此可以推知，平台买家会基于某些平台卖家的行为形成对平台型电商所辖卖家形象的整体认知，这一认知既包括对平台卖家提供的产品与服务的认知，也包括买家对平台型电商信息安全与社会责任的感知，进而影响平台型电商声誉（Newell and Goldsmith，2001）。

在本章中进一步将平台卖家违规的表现类型细化为平台卖家虚假营销宣传和实际销售欺诈，二者均不同程度地侵害了平台买家权益。传统观点认为相对于"刷单"等虚假营销宣传，卖家实际销售欺诈对消费者态度的负向影响更大，但同样作为对平台型电商制定的规则和签订的合同条约的违背，两种违规对买家态度的负向影响程度却有待研究考证。相对于"刷单"等违规行为，卖家"售假货"等违规行为更具隐蔽性和广泛性，平台企业针对卖家的背后操纵更难以在售前进行侦查和管控；而"刷单"等行为则不然，平台企业可以通过网络数据分析对在线评论

进行科学测评，从而对违规卖家进行有效管理。基于此种现实状况，当发生虚假营销宣传时，买家不仅会对平台卖家产生愤怒，同时会感觉平台型电商的规范形同虚设，认为其规则设置不合理、惩戒措施过轻、治理人员能力不足，甚至可能怀疑平台卖家与平台型电商串谋欺诈消费者。相比卖家的虚假营销宣传，平台难以识别或是感知卖家的欺诈，从该角度看，买家即便是发现自身权益因为这类行为受到损害，也未必会将其归咎于平台型电商的管理或是规制问题，平台型电商声誉因此受到的牵连也较小。此外，从现实情况来看，部分消费者尤其是低收入群体对假货售卖存在一定程度的接纳性，这说明对生命及财产安全等未构成损害的假货售卖对部分消费者来说形成了一定的需求市场，其未必会对平台声誉造成严重伤害；反之，在某种程度上，此类假货因节约开支又具备一定的实用性等特征，满足低收入消费群体的购物偏好，甚至会推动部分电商市场的发展，平台企业在某种程度上也会为此类消费留有一定的市场。而"刷单"等虚假营销宣传行为则不然，由于网络销售的信息不对称性，消费者主要依靠在线评论等进行产品购买决策，"刷单""好评返现"等给消费者营造了良好的产品品质及店铺服务形象，一旦消费者购买到的产品与评论事实不符，心理会产生极大的落差，从而对该卖家产生抵触思想，最终对整个平台型电商声誉造成重大影响。

基于此，本章提出以下假设：

H_{1a}：不同类型的卖家违规行为对平台型电商声誉均有负向影响。

H_{1b}：在不同类型的卖家违规行为中，较之平台卖家实际销售欺诈行为，平台卖家虚假营销宣传行为对平台型电商声誉有更强的负向影响。

2.不同类型的卖家违规行为对买家态度的影响

在对买家态度进行研究的过程中，企业产生的负面信息将对消费者态度产生重大影响，进而影响品牌和企业的发展。学者Parker and Alstyne（2005）基于调节定向理论的实验研究，探析了消费者面对负面在线信息产生的不同情感强度对平台型电商声誉的影响。结果表明，不同调节定向特质在情感强度对消费者的态度改变中存在差异，强情感强度使消费者对负面信息的态度改变更大。张哲宇等（2018）的研究表明，消费者的态度会由于各种因素的影响而发生转变，即消费者的态度具有动态变化性。而消费者态度的转变直接影响到消费者的购买决策与行为，进而对企业的发展决策产生影响。Finch等（2015）利用博弈论探究网购平台与消费者双方心理契约的形成机制，并结合声誉理论的激励和约束效应，从有限理性博弈的角度讨论消费者监管下网购平台声誉建立的策略选择。

基于目前对网络交易下买家态度的研究，本书认为，平台买家通过某平台型电商向其所辖的平台卖家购买产品或服务时，卖家的违规行为将引起买家对平台型电商规章制度的信任态度的改变。综合现实情况来看，平台买家通过某平台型电商向其所辖的平台卖家购买产品或服务时，卖家的违规行为将引起买家对平台型电商作为中介机制公平性的信任态度的改变。但不同类型的卖家违规行为对买家态度造成的冲击不同，对平台卖家实际销售欺诈行为来说，买家由于自身经济条件和消费观念等的影响，对不造成重大危害的假货具备一定程度的主动接纳态度，如卖家以较为低廉的价格售卖假牌洗发露等，该行为会受到经济条件较好、对品质要求较高的消费群体的抵触，但却会受到经济条件较差、对品质要求较低的消费群体的欢迎。而对于虚假营销宣传行为，消费者对消费前的欺骗行为会产生强烈的抵制态度，尤其是虚假提升产品性价比的行为会对消费者认知造成严重的消极影响。基于此，本书认为虽然两种不同类型的卖家违规行为对买家态度均产生消极影响，但由于买家对两种违规行为产生的心理活动不同，因而带来的负面影响程度各异，因此相比于实际销售欺诈行为，虚假营销宣传行为对买家造成的打击更大，现实中也构不成任何消费市场（张哲宇等，2018）。因此，平台卖家的违规会对买家态度产生负向影响。影响买家对平台型电商态度的违规行为中，既包括平台卖家的虚假营销宣传，也包括实际销售欺诈。通常情况下，二者均对买家态度产生消极影响，但影响程度不同。基于此，本章提出以下假设：

H_{2a}：不同类型的卖家违规行为对买家态度均有负向影响。

H_{2b}：在不同类型的卖家违规行为中，较之平台卖家实际销售欺诈行为，平台卖家虚假营销宣传行为对买家态度有更强的负向影响。

3.不同类型的卖家违规行为对平台型电商声誉的影响机制：买家态度的中介作用

电商服务质量的易用性、安全性、可靠性、反应性等对顾客感知的功能价值具有显著正向影响，卖家服务质量差将对买家态度产生消极影响，但影响程度不同。平台型电商声誉的影响因素主要包含：平台卖家服务质量等通过顾客感知价值和信任影响卖家声誉，进而对平台型电商声誉产生影响，买家态度在服务质量感知及平台声誉中起中介作用。对B2C电子商务平台而言，如何有效管理平台卖家，优化消费者的消费体验，保持消费者的持续使用意愿，成为平台亟需解决的问题。客观而言，B2C电子商务平台有诸多要素影响买家态度，从而影响平台声誉。因此，平台型电商应重点分析其中的几项重要因素，并采取针对性的应对措施逐渐增强消费者的购物体验，保持消费者持续使用意愿，推动电商行业的可持续发展。以往学者通过对平台卖家服务质量对于消费者态度影响的研究，构建了信息质量、系统质量、服务质量三个测量维度，并立足于TAM模型探讨平台卖家服务行为对网络消费者态度及消费网站质量的影响。

关于买家态度与平台型电商声誉的关联，本章在对平台型电商声誉的研究中发现，平台型电商所制定的规章制度很难确保在实际的交易过程中平台卖家不会出现违规行为，且消费者的权益一旦受到侵害，往往先产生对平台型电商运营信任度的负面认知，但违规行为的破坏程度又随买家归因及情感强度而异。基于对卖家违规这种非善意行为的考虑，在研究平台卖家违规对平台型电商声誉的影响机制时，有必要对买家态度进行探讨。基于国内外已有的相关研究，再结合本章的情景设置，我们推论买家态度与平台型电商声誉之间是负向相关的关系，并提出假设：

H$_{3a}$：买家态度负向影响平台型电商声誉。

H$_{3b}$：买家态度在不同类型的卖家违规行为对平台型电商声誉的影响中起中介作用。

4.不同类型的卖家违规行为对平台型电商声誉的影响机制：卖家声誉的调节作用

信息的不对称性可以归结为平台卖家违规以及电子商务欺诈等问题

的根源。在这样的情况下，根据线索利用理论可知，消费者会依据一系列指示产品品质的线索对购买决策进行判断。内部线索包括产品的自有属性，包括产品的形状、规格与气味等；外部线索是与产品有关的属性，如产品的外包装、定价、品牌名称、商店形象等。具体到本章情景中，当平台卖家出现违规时，平台买家的感知风险、感知质量和感知价值都会受到影响，且商店声誉作为平台型电商背景下一项重要的外部线索，也会在买家的认知当中产生影响（朱艳春等，2017）。基于此，本章推测平台卖家声誉在平台卖家违规的表现类型对买家态度的影响中起调节作用。

在对消费者的行为进行研究的过程中，消费者在做出购买决策与购买行为时需要用到风险感知这一概念，这也是消费者网上决策过程中的重要组成部分。在本章中，平台卖家违规行为的不确定性就是平台买家通过平台型电商进行消费决策过程中感知风险的一种。Mayer 等（1995）针对信任与风险的关系进行的研究表明，信任是一种风险承担的意向，而信任行为则是一种承担着一定风险的行为。假设信任方对信任对象的信任程度高于感知风险的阈值，信任方实施信任相关行为就会承担一定的风险。信任是有利于减少因不利情况出现所导致的感知风险的重要因素。Javenpaa（2000）通过对平台型电商的消费者信任研究，发现声誉对信任有显著的影响，而且对平台型电商风险的感知情况将会使消费者对平台型电商的态度产生负面影响，进而导致消费者购买意愿下降。Mudambi（2010）认为，五星评价包含的积极信息比一星评价更多，评论的有用性和评分等级正相关。高声誉的品牌因为已经塑造了良好的品牌形象，消费者偏向于信任该产品的质量，评分等级的高低对消费者进行信息判断的影响小于低声誉品牌。基于国内外的研究基础，可推知，平台买家对高声誉平台卖家的感知风险更低、信任程度更高。根据顾客满意度理论，在平台买家对高声誉平台卖家期望更高的情形下，一旦卖家出现违规，相较于低声誉卖家，顾客的满意度将更低，违规行为对买家态度的负面效应更大；相反，面对较低声誉卖家的违规行为，买家的心理落差相对较小，违规行为虽然会对买家态度产生负向影响，但这一效应较高声誉卖家要更弱。基于此，本章提出以下假设：

H_4：平台卖家声誉对平台卖家违规行为与买家态度之间的关系具有调节作用。较之低声誉的平台卖家，当平台卖家声誉较高时，两种不同类型的平台卖家违规行为均会对买家态度产生显著的负向影响。

综上，本章内容主要包括三部分：（1）不同类型的平台卖家违规行为对平台型电商声誉的影响作用；（2）买家态度在不同类型的平台卖家违规行为对平台型电商声誉影响中的中介作用；（3）平台卖家声誉在不同类型的平台卖家违规行为对买家态度影响中的调节作用。据此，本章的研究框架如图5-8所示。

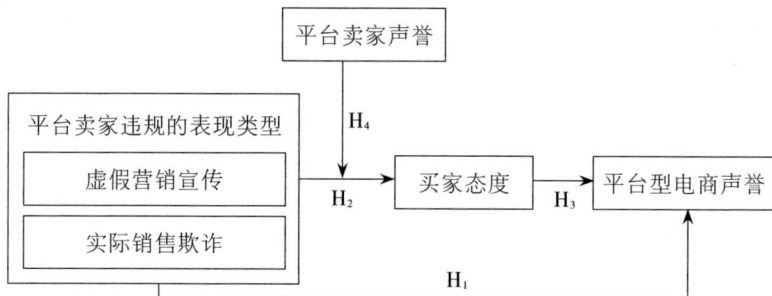

图5-8 研究框架

（二）研究设计

本部分共包含三个实验，实验目的如下：

实验1：实验1通过采用（虚假营销宣传 vs. 实际销售欺诈 vs. 无违规）的单因素组间实验，向买家展示两种不同表现类型的平台卖家违规行为，以无违规行为为对照组，来测试不同类型的卖家违规行为对平台型电商声誉的影响。其中，根据平台实际交易现状，虚假营销宣传主要选择"刷单""好评返现"两种违规行为；实际销售欺诈主要选择"售卖假货""售卖残次品"两种违规行为，从而验证 H_{1a}、H_{1b}。

实验2：实验2在实验1的基础上进一步验证不同类型的卖家违规行为对买家态度的影响，并进一步验证买家态度的中介作用。实验同样采用（虚假营销宣传 vs. 实际销售欺诈 vs. 无违规）的单因素组间实验，研究买家对卖家不同违规表现类型的反应，进而考察买家态度在不同消费情景下对平台型电商声誉的影响。最后采用逐步回归法验证买家态度的中介作用，从而验证 H_{2a}、H_{2b}；H_{3a}、H_{3b}。

实验3：实验3在实验1和实验2的基础上进一步验证平台卖家声誉在不同类型的卖家违规行为对买家态度影响中的调节作用。本实验设计为虚假营销宣传、实际销售欺诈和无违规与相对应的声誉不同的平台卖家的3×2组间设计，即（虚假营销宣传 vs.实际销售欺诈 vs.无违规）×（高声誉平台卖家 vs.低声誉平台卖家）共6组实验。

1.实验1

（1）情景开发

本章根据消费者网购经验，设置平台购物场景，对平台卖家违规表现类型——虚假营销宣传和实际销售欺诈的实验情景进行了开发。为了使被试不受其他因素的影响，本实验选定购物平台名称为C。

①虚假营销宣传——情景1

所在购物平台C上的卖家实施"刷单""好评返现"等违规行为，且对消费者权益造成侵害。

②实际销售欺诈——情景2

所在购物平台C上的卖家实施"售卖假货""售卖残次品"等违规行为，并对消费者权益造成侵害。

③无违规——情景3

在研究假设中，本章假设不同类型的卖家违规行为对平台型电商声誉产生负向影响，但较之平台卖家实际销售欺诈行为，平台卖家虚假营销宣传行为对平台型电商声誉有更强的负向影响。因此，本实验设置平台卖家无违规行为作为对照组，即所在购物平台上的卖家不曾实施"刷单"等虚假营销宣传和"售卖假货"等实际销售欺诈。

（2）实验方法与步骤

进行正式实验前先访谈了20个消费者，了解现实中的情况。其次，根据本章的情景改编形成测量题项。之后，对形成的问卷进行预测试，邀请50个消费者填写并针对问卷的题项设置以及措辞等方面咨询相关意见，修正意思表达不清楚以及理解容易产生偏差的题项。基于预测试的数据，进行测量模型检验，根据信度和效度的分析结果对测量题项进行修改，并根据被试的反馈对问卷进行完善，得到正式的测量题项。最后，正式进行数据收集。

实验1采用简单组间因子设计，即（虚假营销宣传 vs. 实际销售欺诈 vs. 无违规）。实验被试被告知将参加一项关于平台型电商声誉的实验，每位被试会看到自己所在组平台卖家违规表现类型的相关信息。虚假营销宣传组被试被告知其在某平台上进行购物，平台卖家存在"刷单""好评返现"等违规行为，使其判断该违规表现类型，1分为虚假营销宣传，7分为实际销售欺诈。之后，让被试填写平台型电商声誉量表，主要设置5个题项对平台型电商声誉进行测量：该平台企业知名度是高的；该平台企业选择的商家（店铺）是优质的；该平台企业披露的信息符合期望；该平台企业的交易是诚信的；该平台企业的交易形式是规范的。同样，告知实际销售欺诈组被试其购物平台上的卖家存在"售卖假货和残次品"等行为，采用同样的打分机制进行违规类型选择，并设置无违规行为组作为对照。最后是对受访者基本信息的统计，包含性别、年龄、所在平台、经营时长4个题项。

本实验的问卷主要通过微信、QQ群等社交媒体以及邮箱投递的方式对目标群体发放，且每份实验问卷都给予5~10元的红包奖励。实验1于2020年2月15日至2月19日完成实验问卷的发放、收集与整理，最终共收回293份电子版问卷，有效问卷共245份，有效率为83.62%。其中，女性实验参与者（142人）多于男性参与者（103人），占比分别为57.96%和42.04%；年龄上，20~25岁的被试比例最高，20岁以下的次之，分别占比59.1%和21.9%，处于这两个年龄段的被试达到了80%以上，与高校学生这一实验对象的年龄特征相符；学历上，参与实验的主要是本科学历（50.5%）和研究生及以上学历（43.7%）；使用平台型电商的时间上，超过半数的被试为4~6年（53.0%），1~3年与7~9年的被试人数相当，分别占比21.0%和19.1%；在过去半年内通过平台型电商购买商品的次数上，大多数实验参与者在这半年里都有多次通过平台型电商购物的经验，其中10次及以上的人数最多，占比53.3%，7~9次的（19.7%）和4~6次的（15.6%）分列其后；至于被试的收入，主要集中在1 000~4 999元之间，其中1 000~2 999元的人数最多，占比57.9%，其次是 3 000~4 999 元，占比为 22.7%。

2.实验 2

本章假设不同类型的卖家违规行为与买家态度为反向变动关系，且在不同类型的卖家违规行为中，较之平台卖家实际销售欺诈行为，平台卖家虚假营销宣传行为对买家态度有更强的负向影响。实验 2 于 2020 年 3 月 21 日至 3 月 25 日进行调查问卷的发放与收集，最终收回有效问卷共 263 份。其中，男性参与者 108 人，占被试总数的 41.06%；女性参与者 155 人，占被试总数的 58.94%，年龄范围为 20~28 岁。实验被试被告知将参加一项关于平台型电商声誉破坏的实验，基于实验 1 的情景设置，告知被试所在组平台卖家采取不同违规表现类型的含义。将被试分别分为虚假营销宣传组、实际销售欺诈组和无违规组，采用实验 1 中的题项设置进行情景实验。同样，为了考察被试对不同卖家违规表现类型的感知程度，利用 7 分量表对虚假营销宣传和实际销售欺诈进行打分。然后让被试在不同情景下对买家态度进行打分测量，共 3 个题项，包括：我在该平台进行购物时感到放心安全；该平台能较好地保障我的购物权益；总体来看该平台具有良好的购物环境。同样采用 Likert 7 点评分法，评分 1 为完全不同意，2 为不同意、6 为同意、7 为完全同意。实验开始前，将设计不同实验情景的问卷通过微信、QQ 群等社交媒体以及邮箱投递的方式对目标群体进行发放，且每份实验问卷都给予 5~10 元的红包奖励。各组被试在实验结束后分别报告其对买家态度的清晰性、对平台卖家不同违规表现类型对平台型电商声誉破坏的反应程度，实验结束。

3.实验 3

本章从不同平台卖家声誉出发，结合平台卖家不同违规表现类型，探讨卖家声誉高低对平台型电商声誉之间关系的影响。实验 3 于 2020 年 4 月 19 日至 4 月 23 日进行，最终收回有效问卷共 250 份。其中，男性参与者 106 人，占被试比例为 42.4%；女性参与者 144 人，占被试比例为 57.6%，年龄介于 20~28 岁。在回顾以往卖家声誉研究的基础上，本章模拟淘宝购物平台上卖家的声誉信息以营造真实的购物环境，店铺动态评分和与同行业其他卖家比较的设置综合考虑了天猫购物平台上的真实水平，即 4.9 分或 5.0 分的评价得分通常被消费者普遍接受为高水平的得分，优于 80% 以上的其他卖家通常被消费者认为是领先行业水平的；反之，4.5 分或是更低的得分通常被消费者普遍认为是低水平的得分，劣于 80% 以上的其他卖家通常被消费者认为是落后于行业水平的。基于测试，将平台卖家按照声誉高低分别分为高声誉卖家组与低声誉卖家组。基于实验 1 的情景设计，实验 3 设计为虚假营销宣传、实际销售欺诈和无违规与不同违规类型相对应的声誉不同卖家的 3×2 组间设计，即（虚假营销宣传 vs. 实际销售欺诈 vs. 无违规）×（高声誉平台卖家 vs. 低声誉平台卖家）。实验开始前，先请被试认真阅读虚假营销宣传和实际销售欺诈的相关定义，并对实验进行简单说明以确保其了解实验过程。对于不同声誉的两个组别，分别进行两种不同表现类型的违规，设置无违规参照组。在问卷中设置相关情景，告知被试假如你之前的购物平台上的卖家存在研究中的两种不同违规表现类型，但违规卖家的声誉是不同的，即高声誉卖家 vs. 虚假营销宣传、高声誉卖家 vs. 实际销售欺诈、低声誉卖家 vs. 虚假营销宣传、低声誉卖家 vs. 实际销售欺诈，对照的情况为高/低声誉卖家 vs. 无违规。实验开始前，将设计不同实验情景的问卷通过微信、QQ 群等社交媒体以及邮箱投递的方式对目标群体进行发放，且每份实验问卷都给予 5~10 元的红包奖励。让被试基于不同情景下的平台卖家违规根据买家态度测试量表进行打分，评估对不同声誉的平台卖家而言，哪种违规表现类型对买家态度进而对平台型电商声誉造成的负向影响更强。同样，采用 Likert 7 点评分法，评分 1 为完全不同意、2 为不同意、6 为同意、7 为完全同意。最后填写相关人口统计信息，实验结束。

（三）数据分析与实验结论

1.实验 1

（1）操控检验

操控检验是为了验证本章在实验中对平台卖家违规表现类型的操控是否成功，其评判标准在于不同实验组的变量水平上是否存在显著差异。对此，本章采用独立样本T检验来检测实验设计对各变量的操控是否成功。ANOVA 分析结果表明，$M_{实际销售欺诈}$ =5.44，$M_{虚假营销宣传}$ =2.36，$SD_{实际销售欺诈}$ =0.748，$SD_{虚假营销宣传}$ =0.703，M 代表平均数，SD 代表标准差，即虚假营销宣传得分显著低于实际销售欺诈得分。根据量表设计，得分越低表示被试越倾向于认为平台卖家的违规属于虚假营销宣传，得分越高表示被试越倾向于认为平台卖家的违规属于实际销售欺诈。在平台卖家违规表现类型的T检验中，F=1.645，Sig.=0.134>0.05，说明方差齐性检验无显著差异。两方差齐性（Equal Variances），根据T检验结果中的数据：t=28.510，Sig.（2-Tail）=0.000<0.001 可见，两样本平均数有显著差异，本章在平台卖家违规表现类型上对实验场景进行了成功的操控，符合实验设计。

（2）不同类型的卖家违规行为对平台型电商声誉的影响

在对不同类型的卖家违规行为对平台型电商声誉影响进行实证分析之前，首先对测量平台型电商声誉的量表的信度和效度进行检验。问卷变量测项的信度分析结果表明，平台型电商声誉的 Cronbach's α 系数为0.943 且每个题项的 Cronbach's α 系数均在 0.860 以上，表明量表具有较高的信度。因子所解释的方差百分比为88.455%，各项因子负荷值均高于 0.75，可见，该变量测项具有良好的构建效度。在实证部分中，本章将分别采用方差分析与回归分析方法对研究假设进行检验。其中，方差分析是为了检验不同样本间均值差异是否具有统计学意义，通过比较本章实验设计中不同情境下的样本均值差异来研究不同实验情境对相应结果变量的影响；回归分析则是为了确定变量间相互依赖的定量关系。根据实验所获取的数据，将平台型电商声誉作为因变量，进行单因素方差分析（ANOVA）。平台卖家违规表现类型对平台型电商声誉影响的描述统计和方差分析分别见表5-15和表5-16。据表可知，虚假营销宣传组被试对平台型电商声誉影响的均值为5.230，在方差分析的结果当中，F=123.045，p=0.000<0.001。实际销售欺诈组被试对平台型电商声誉影响的均值为5.410，在方差分析的结果当中，F=123.045，p=0.000<0.001。无违规行为组被试对平台型电商声誉影响的均值为5.912。在方差分析的结果当中，F=123.045，p=0.000<0.001。综合上述，相比无违规行为，

可知平台卖家的违规对平台型电商声誉有负向影响，在不同类型的卖家违规行为中，较之平台卖家实际销售欺诈行为，平台卖家虚假营销宣传行为对平台型电商声誉有更强的负向影响，假设 H_{1a}、H_{1b} 得到有效验证。

表5-15　　　　**不同类型的卖家违规行为对平台型**

电商声誉影响的描述统计

因变量：平台型电商声誉			
平台卖家违规表现类型	N	平均数	标准偏差
平台卖家虚假营销宣传	96	5.230	1.912
平台卖家实际销售欺诈	94	5.410	1.593
平台卖家无违规行为	55	5.912	2.618
总计	245		

表5-16　　　　**不同类型的卖家违规行为对平台型**

电商声誉影响的方差分析

因变量：平台型电商声誉				
	平方和	df	均方	F	显著性
群组之间	343.689	2	87.282	123.045	0.000
在群组内	105.478	242	0.635		
总计	449.168	244			

2.实验2

（1）不同类型的卖家违规行为对买家态度的影响

首先将买家态度作为因变量进行单因素方差分析。不同类型的卖家违规行为对买家态度影响的描述统计和方差分析分别见表5-17和表5-18。可知平台卖家虚假营销宣传组被试对买家态度感知的均值为3.012，在方差分析的结果当中，$F=239.080$，$p=0.000<0.001$，H_{2a} 得到验证。平台卖家实际销售欺诈组被试对买家态度感知的均值为4.460，在方差分析的结果当中，$F=239.080$，$p=0.000<0.001$，H_{2b} 得到验证。

无违规行为组被试对买家态度感知的均值为5.314，在方差分析的结果当中，F=239.080，p=0.000<0.001，即无违规行为组对买家态度的作用显著高于实际销售欺诈组对买家态度的作用，实际销售欺诈组对买家态度的作用又显著高于虚假营销宣传组对买家态度的作用。综合上述，相比无违规行为，平台卖家的违规对买家态度有负向影响，在不同类型的卖家违规行为中，较之平台卖家实际销售欺诈行为，平台卖家虚假营销宣传行为对买家态度有更强的负向影响，假设 H_{2a}、H_{2b} 得到有效验证。

表5-17　不同类型的卖家违规行为对买家态度影响的描述统计

因变量：买家态度			
平台卖家违规表现类型	N	平均数	标准偏差
平台卖家虚假营销宣传	108	3.012	0.876
平台卖家实际销售欺诈	104	4.460	0.913
平台卖家无违规行为	51	5.314	0.614

表5-18　不同类型的卖家违规行为对买家态度影响的方差分析

因变量：买家态度				
	平方和	df	均方	F	显著性
群组之间	378.531	2	150.706	239.080	0.000
在群组内	230.902	260	0.518		

（2）买家态度的中介作用

在检验买家态度的中介作用之前，首先对测量买家态度的量表的信度与效度进行检验，问卷变量测项的信度分析结果表明，买家态度的Cronbach's α系数为0.927，且每个题项的Cronbach's α系数均在0.860以上，表明量表具有较高的信度。因子所解释的方差百分比为86.465%，各项因子负荷值均高于0.75，可见，该变量测项具有良好的构建效度。采用线性回归分析验证 H_{3a}、H_{3b}。买家态度对平台型电商声誉影响的系数分析见表5-19，可见买家态度对平台型电商声誉的影响是显著的，且二者之间是负相关关系（β=-0.668，p=0.000<0.001）。换言之，在面对平台卖家不同违规表现类型时，买家态度负向影响平台型电商声誉，即买家态度在平台型电商声誉破坏机制中起中介作用，H_{3a}、H_{3b}得到验证。

表5-19　　　买家态度对平台型电商声誉影响的系数分析

模型	非标准化系数		标准化系数	T	显著性
	β	标准误	Beta		
1（常数）	9.568	0.318		6.145	0.000
买家态度	-0.668	0.063	-0.450	-19.414	0.000
性别	-0.156	0.186	-0.052	-0.835	0.405
年龄	-0.073	0.172	-0.028	-0.428	0.669
学历	-1.058	0.113	-0.607	-9.396	0.000
网购经验	-0.256	0.171	-0.104	-1.504	0.135
半年内购物次数	0.350	0.117	0.190	3.002	0.003
月收入	-0.386	0.103	-0.259	-3.746	0.000

最后来验证买家态度的中介作用，这里采用的是逐步回归的方法，实施过程是：①建立自变量平台卖家违规行为与因变量平台型电商声誉的一元回归模型；②建立自变量平台卖家违规行为与中介变量买家态度的回归模型；③建立自变量和中介变量与因变量平台型电商声誉的二元回归模型，如图5-9所示。同时输入模型的控制变量（性别、年龄段、所在平台、经营时长等），根据这三个步骤得出的数据结果见表5-20。

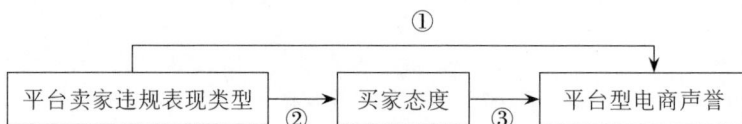

图5-9　买家态度的中介作用示意图

表 5-20　　　　　　　　　　逐步回归结果

操作步骤		(1)		(2)	(3)	
因变量		平台型电商声誉		买家态度	平台型电商声誉	
		模块1	模块2	模块1	模块1	模块2
自变量	平台卖家违规表现类型		-0.876***	-1.069***	-0.876***	-0.265***
控制变量	性别	-0.052	-0.050	0.006	-0.050	-0.049
	年龄	-0.028*	-0.017	0.065	-0.017	-0.009
	学历	-0.607***	-0.572*	-0.687*	-0.572*	-0.063
	网购经验	-0.104	-0.116	0.068	-0.116	0.107**
	半年内购物次数	0.190**	0.193	0.120	0.193	0.208
	月收入	-0.259*	-0.250	-0.146	-0.250	-0.270
中介变量	买家态度					-0.631***
R^2		0.447	0.450	0.429	0.450	0.460
调整后 R^2		0.427	0.427	0.405	0.427	0.434
F		22.399***	29.201***	37.605***	29.201***	47.376***

注：***表示 $p<0.001$；**表示 $p<0.01$；*表示 $p<0.05$。

考察表5-20中的数据结果，发现步骤（1）中平台卖家违规行为对平台型电商声誉的影响是显著的，方向为负；步骤（2）中平台卖家违规行为对买家态度的影响是显著的，方向也为负；步骤（3）中平台卖家违规行为和买家态度对平台型电商声誉的影响都是显著的，方向均为负，且平台卖家违规表现类型非标准化系数的β值由模块1的-0.876变化至模块2的-0.265，变动显著。综上所述，买家态度在不同类型的平台卖家违规行为对平台型电商声誉产生影响等方面具有中介作用，假设 H_{3b} 得到有效验证。

3.实验3

首先对收集到的平台卖家声誉连续性数据进行分组离散化。将平台卖家声誉高低作为分类变量，根据平台卖家声誉的检验结果得知，方差齐性检验 Sig.=0.234>0.05，无显著差异，独立样本 T 检验 Sig.=0.000<0.001，表面两样本平均数差异显著，说明分组离散化成功。其次验证

平台卖家声誉在不同类型的平台卖家违规行为对买家态度影响中的调节作用。根据 ANOVA 分析结果，得出规模得分 $M_{低声誉}=2.470$，$SD_{高声誉}=0.806$，$M_{高声誉}=5.490$，$SD_{高声誉}=0.706$；在 Levene's Test for Equality of Variances 中，$F=1.344$，$Sig.=0.233>0.05$，说明方差齐性检验无显著差异。两方差齐性：$t=26.081$，$Sig.（2-Tail）=0.000<0.001$。在验证平台卖家声誉的调节作用时，将买家态度作为因变量，将不同类型的平台卖家违规行为和平台卖家声誉作为固定因子，进行单因素方差分析（ANOVA），不同类型的平台卖家违规行为与平台卖家声誉对买家态度的交互作用显著（$F=4.983$，$p=0.008<0.01$），这一作用的形态如图 5-10 所示。

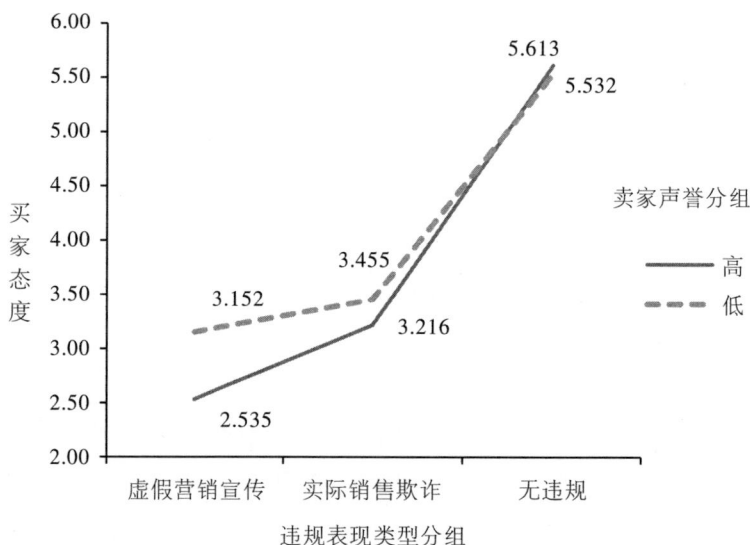

图 5-10 不同类型的平台卖家违规行为与平台卖家声誉对买家态度的交互作用

由图 5-10 可知，当平台卖家声誉高时，卖家分别出现虚假营销宣传、实际销售欺诈以及无违规行为时实验被试对买家态度的感知分别为 2.535、3.216 和 5.613。当平台卖家声誉低时，卖家分别出现虚假营销宣传、实际销售欺诈以及无违规行为时实验被试对买家态度的感知分别为 3.152、3.455 和 5.532。因此，当平台卖家声誉较高时，卖家的违规对买家态度的损害更强。综合上述，平台卖家声誉对卖家违规与买家态度之间的关系具有调节作用；较之低平台卖家声誉，当平台卖家声誉高时，平台卖家违规对买家态度的负向影响更加显著，假设 H₄ 得到有效验证。

为了进一步细化本章的研究结论，再分卖家声誉的高、低两种情形进行 LSD 事后检验，其结果分别见表 5-21 和表 5-22。其表明当卖家声誉高时，两种违规表现类型与无违规行为这三种情形之间是两两存在显著差异的，其 p 值均小于 0.001。而当卖家声誉低时，只有虚假营销宣传组和实际销售欺诈组分别与无违规行为组存在显著差异（p=0.000<0.001），前两者之间的差异是不显著的（p=0.185）。由此可见，当平台卖家声誉低时，卖家不同的违规表现类型对买家态度的影响虽然都为负向，但两种类型之间并不存在明显分别。而当平台卖家声誉高时，卖家不同的违规表现类型对买家态度的影响也都为负向，但较之实际销售欺诈行为（3.216），虚假营销宣传行为对买家态度的损害更强（2.535）。

表 5-21　　　**高卖家声誉下，不同类型的平台卖家违规行为对**

买家态度影响的事后检验结果表

因变量：买家态度				
违规表现类型分组（I）	违规表现类型分组（J）	均值差（I-J）	标准误	显著性
虚假营销宣传	实际销售欺诈	−0.417	0.136	0.000
虚假营销宣传	无违规行为	−3.221	0.136	0.000
实际销售欺诈	无违规行为	−2.096	0.136	0.000

表 5-22　　　**低卖家声誉下，不同类型的平台卖家违规行为对**

买家态度影响的事后检验结果表

因变量：买家态度				
违规表现类型分组（I）	违规表现类型分组（J）	均值差（I-J）	标准误	显著性
虚假营销宣传	实际销售欺诈	−0.165	0.161	0.185
虚假营销宣传	无违规行为	−1.643	0.161	0.000
实际销售欺诈	无违规行为	−1.751	0.161	0.000

4.实验结论

综上，本章采用情景实验法，通过问卷调查实验研究了不同类型的平台卖家违规行为对平台型电商声誉的作用机制，主要得出以下结论：

不同类型的平台卖家违规行为对平台型电商声誉会产生负向影响，较之实际销售欺诈，虚假营销宣传对平台型电商具有更强的负向影响；不同类型的平台卖家违规行为对买家态度有负向影响，相比卖家的实际销售欺诈行为，虚假营销宣传行为对买家态度产生的负向影响更大，买家态度对平台型电商声誉具有负向影响，故不同类型的平台卖家违规行为通过影响买家态度进而影响平台型电商声誉，即买家态度在声誉破坏机制中起中介作用；平台卖家声誉在不同类型的平台卖家违规行为对买家态度的影响中起调节作用，较之低声誉卖家，当卖家声誉较高时，不同类型的平台卖家违规行为会给买家态度带来更强的负向影响。

四、结论与讨论

（一）研究结论

首先，本章基于对管理学、经济学和法学相关领域对违规行为及其影响相关文献的归纳，结合《淘宝规则》等规章的内容，从平台卖家违规程度及表现类型两个角度，将平台卖家违规程度划分为实际违约和制度边界违规，并进一步将平台卖家违规的表现类型划分为虚假营销宣传和实际销售欺诈，从而探讨卖家违规对平台型电商声誉的影响。实际违约被定义为提供平台服务、产品和信息的商家不履行与平台企业签订的初始格式合同和续约协定中义务的行为，典型的如"刷单""好评返现"等；制度边界违规被定义为处于规制不明确的制度边界中的平台卖家侵害平台买家利益的行为，虽然处于模糊地带，但这仍属于一种平台卖家违规行为。虚假营销宣传主要指某一平台卖家通过违规行为来诱导消费者购买，典型的如"刷单""好评返现"等；实际销售欺诈主要指某一平台卖家通过违法行为欺骗消费者购买，典型的如"售卖假货""售卖残次品"等。

其次，本章基于制度理论和声誉理论，采用实证研究的方法，从不同违规程度和表现类型的平台卖家违规出发，针对平台卖家违规对平台型电商声誉的影响机制和作用边界进行了深入探究。研究平台卖家违规行为对平台型电商声誉影响的目的在于，通过剖析违规行为的破坏机制，使平台型电商健全、完善相关规章制度，更好地对卖家违规行为进行分门别类的规制，最终实现平台型网络市场的有效治理，维护良好的平台声誉。因此，本章以平台型电商声誉为研究对象，探讨了平台卖家违规对平台型电商声誉的影响作用，并分析了平台卖家声誉及产品类型在其中的调节作用。研究表明：①相比卖家的制度边界违规行为，卖家的实际违约行为对平台型电商声誉的负向影响更强；相比卖家的实际销售欺诈行为，卖家的虚假营销宣传行为对平台型电商声誉的负向影响更强。②平台卖家违规通过对制度信任或买家态度的影响进而对平台型电商声誉有显著的影响。③对于不同声誉水平的平台卖家，其违规程度及表现类型对平台型电商声誉的影响是不同的；对于经营不同产品类型的平台卖家，其违规行为对平台型电商声誉的影响也各异。其中，较之低平台卖家声誉，当平台卖家声誉高时，平台卖家违规会对制度信任产生更强的负向影响；对于经营不同产品类型的平台卖家，其违规行为对平台型电商声誉的影响是不同的，较之体验产品，在搜索产品中，平台卖家违规对制度信任的负向影响更强。

最后，本章基于信任理论和消费者行为理论，从不同的平台卖家违规程度及表现类型出发，对平台卖家违规对平台型电商声誉的影响机制和作用边界进行了深入探究。鉴于研究平台型电商声誉破坏机制的主要目的在于指导电商企业健全完善相关规章制度，改善消费者的态度，培养消费者的制度信任，从而维护良好的平台声誉，吸引更多的消费者，因此，本章以制度信任和买家态度为研究中介变量，探讨了平台卖家违规程度对制度信任、平台卖家违规表现类型对买家态度的影响作用，并分析了产品类型和平台卖家声誉在制度信任中的调节作用以及卖家声誉在买家态度影响中的调节作用。研究表明：①与无违规相比，不同程度的卖家违规行为会对平台型电商声誉产生显著的负向影响，较之平台卖家制度边界违规，平台卖家实际违约对平台型电商声誉有更强的负向影响；与无违规相比，不同类型的卖家违规行为对平台型电商声誉有更强的负向影响，较之实际销售欺诈，虚假营销宣传对平台型电商声誉有更强的负向影响。②不同程度和不同类型的平台卖家违规行为对制度信任和买家态度具有负向影响。在违规程度中，较之平台卖家制度边界违规，平台卖家实际违约对制度信任有更强的负向影响；在违规表现类型中，较之实际销售欺诈，虚假营销宣传对买家态度有更强的负向影响。③平台卖家声誉和产品类型分别在不同程度和类型的卖家违规行为对制度信任和买家态度影响中起到调节作用，较之低平台卖家声誉，当平台卖家声誉高时，平台卖家违规会对制度信任及买家态度产生更强的负向影响；较之体验产品，在搜索产品中，平台卖家违规对制度信任的负向影响更强。

（二）管理启示

本章的结论对平台企业、平台卖家乃至平台买家都具有一定的实践指导意义。其中，平台企业的管理者能从本章结论中获得管理实践的新启示，平台卖家能更好地识别行业中各类营销活动的性质并意识到平台企业规制的意义所在，消费者也能够在实际购物中对商家和平台企业有一个更清晰的认知。其具体表现在以下方面：

（1）了解平台型电商声誉破坏机制，贯彻落实规章制度管理。根据本章的研究结果，不同程度和类型的平台卖家违规行为都会对平台型电商声誉产生显著的负向影响，且这一影响机制各存在两条不同的路径。一方面，卖家违规行为直接损害了平台型电商声誉；另一方面，卖家违规通过引发消费者对平台企业制度的不信任，导致消费者对平台型电商的消极态度，从而对平台型电商声誉产生消极影响。其中，卖家实际违约的负面影响要显著强于卖家制度边界违规的负面影响，卖家虚假营销宣传的负面影响要显著强于卖家实际销售欺诈的负面影响。这一结果表明，平台企业若想避免自身声誉受到损害，必须重点关注和监管卖家的实际违约及虚假营销宣传。卖家的制度边界违规和实际销售欺诈也同样不可忽视，尽管制度边界违规由于其"擦边球"性质处在规制约束的盲区，消费者时常无法感知或辨别；实际销售欺诈由于难以及时识别监管，消费者通常将其归于个别卖家的投机行为而减轻对平台型电商声誉的消极影响，但这些卖家违规对买家权益的伤害是实实在在的，企业对其监管不力同样会对自身声誉产生消极影响。

因此，平台企业应当注重规章制度的制定与实施。首先是扩大现有规制所涵盖的范围，对卖家违规进行清晰的界定，缩小制度边界，减少卖家在"灰色地带"的可操作空间；其次是加大监管力度，主动对违规卖家进行排查，也要及时响应消费者的相关举报与投诉；最后是建立有效的责任追索制度，夯实企业管理违规卖家的法理基础，减少卖家的违规行为，维护平台企业声誉。此外，本章进一步的研究结果也表明，产品类型和平台卖家声誉在平台型电商的声誉破坏机制中起调节作用，因此，平台企业应当对平台网络市场中的搜索产品实施更为严格的管控，针对假冒伪劣、描述不当、卖家提供虚假凭证等问题进行预防。平台企业针对不同声誉水平卖家的监管在双管齐下的同时也应有所侧重。最终加强对卖家违规行为的全面化治理，维护平台企业声誉。

（2）精细化管理制度，切实维护消费者的合法权益。考虑到平台卖家声誉是关于描述相符、服务态度、物流服务的店铺动态评分，因此低声誉的平台卖家往往会被认为更容易出现违规行为或有更多的违规历史，平台企业在往常的管理中或许会更加聚焦于对低声誉卖家的监督和管理。然而根据本章的研究结果，较之低声誉卖家，高声誉卖家的违规行为对制度信任和买家态度的负面影响更强，进而对平台型电商声誉的破坏也就更严重。因此，平台企业在管理平台卖家时，应当加强对高声誉卖家的关注度，同时也要保持对低声誉卖家的管控。

（3）强化违规行为治理，提倡行业道德培育。平台企业不仅要以硬性手段为保障，健全规制，监督、约束乃至严惩违规卖家，也要运用柔性手段，大力倡导培育诚信美德。平台卖家则应当具有行业道德和自觉，并认识到自身违规行为的危害性。平台型电商的发展需要有良好的文化环境支撑，平台企业可以树立诚信卖家的榜样，在互联网舆论中大力宣扬社会正能量。此外，平台企业也可以与政府合作，合力在全社会范围内推行诚信教育宣传，培养商家的声誉维护意识，以及消费者主动监督卖家、大胆维护自身权益的意识，营造一个诚信者受爱戴、失信者受谴责的环境，培养平台型网络市场的良好风气。

对平台卖家来说，应意识到自身的违规行为不仅是对消费者权益的侵犯，也会对平台型电商声誉造成损害，不利于双方的合作与互利共赢。此外，卖家违规行为对平台型电商声誉的破坏会通过声誉的分享机制最终危及自身，也会伤及平台卖家的集体信誉，引发消费者对平台市场的整体不信任，行业中的诚信卖家也会受到波及。因此，平台卖家应当尽自己的一切努力，建立良好声誉，恪守行业道德规范，自觉维护平台声誉。

第六章　平台型电商的责任追索

一、理论框架

（一）平台型电商责任追索策略的特征识别与类型划分

网购情境下，巨大的电商平台"管理"着庞大的"人口数"，事实上，平台型电商企业已经成为平台市场默认的监管人和治理人。由于平台型电商交易的虚拟性、体验环节的缺失、信息与实物相分离、付款与交接相分离、法律追索难度大等问题，平台型网络市场中交易纠纷、假冒伪劣、操纵评论、商家失信等卖家违规问题盛行，倘若平台企业不采取措施规制违规行为，将会对买家黏性、卖家诚信经营环境和平台型电商声誉造成致命的影响，而用户一旦脱离平台便很难再建立关系，声誉一旦遭到破坏便很难修复。因此，"如何管理平台卖家"成为学界与业界共同关注的话题（Schwaiger et al., 2010；李小玲等，2014）。

平台企业惩治违规卖家，既是履行正常的市场管理职责，对平台型电商的企业声誉具有一定的积极影响；也有利于提高市场交易质量，对平台型电商的市场声誉具有一定的积极影响。平台企业可以通过设立进入筛选机制甄别申请卖家，吸收高质卖家的同时阻止低质卖家混入市场；也可以通过制定平台规则惩戒违规卖家的"搭便车"行为。´但是，平台企业兼具市场经营者与市场管理者双重角色（王勇和冯骅，2017），不仅可以通过市场服务功能引导违规卖家，典型的如平台卖家的声誉形成机制，也可以通过市场管理功能制裁违规卖家，典型的如平台型电商的卖家规则（汪旭晖和张其林，2015；Purva，2019）。但是，平台型电商的责任追索策略，必须建立在平台卖家违规行为对平台型电商声誉造成破坏的基础上，才能具有合法性。因此，平台型电商责任追索策略与现有的平台规则不能完全混同，需要依据平台卖家违规行为对平台型电商声誉影响研究的结论进行具体的识别与归纳。

1.平台型电商责任追索策略的特征识别

平台企业责任追索常与平台治理、平台监管等概念联系在一起，为了进一步明确平台企业责任追索的内涵，本书对这三个概念进行了相关文献梳理。梳理结果表明，三者主要有以下三点不同（汪旭晖和张其林，2016；李广乾和陶涛，2018）：

（1）范畴不同。有关平台治理问题的研究主要集中在三点：一是怎样权衡对平台的适度监管以促进平台发展；二是如何促进有效竞争的问题，在有效的竞争和适度的规模之间如何取得平衡；三是如何保护消费者的利益。由此可见，平台治理是一个系统工程，需要从市场的顶层结构设计、供需匹配机制、交易规则、竞争模式等多个角度，对平台进行更精细化的规则设计与治理。此外，平台间的数据争议、平台企业责任边界界定不清晰、平台经济运行中的"赢家通吃""一家独大"等现象都属于需要平台治理的范畴。平台监管针对的是平台卖家的经营行为。平台企业责任追索针对的则是基于买家维权行为产生的平台卖家的违规行为。

（2）主体不同。平台治理是以平台企业为中心，辅以政府监管和用户参与的多元治理。其中，政府、公众、社会、平台、企业都是治理的主体，只是对治理的贡献维度有所不同。平台监管和平台企业责任追索更强调平台企业单方面实施的管理。

（3）工具不同。平台治理的工具包括价格手段、定价方式、生态建设、社交资源整合、监管机制、声誉机制等诸多方面。平台的监管可分为政府公共监管和平台私人监管，平台企业较多采用事前审查和事后处罚的策略对平台交易进行监管。其中，事前审查是平台履行的主动巡查义务，如电商平台的准入机制，对卖家的抽检、巡查机制；事后处罚则是平台企业对平台卖家违规行为的直接惩处，即平台企业对涉事卖家的"责任追索"，典型追索策略如封店、降权、下架商品等。

平台型电商既是竞争主体又是市场规制者（苏治，2018），这种双重身份推动着平台企业从追索到监管再到治理，这种变化也意味着平台规则的优化升级，体现了平台管理已从关注微流程上升到战略高度，这三者是层层递进的关系。同时，这三种管理方式都以平台型电商企业为主体，强调平台企业的自治能力。经由文献回顾和调研总结发现，平台型电商企业主要采取以下几种策略对违规卖家进行追索（张正堂和李倩，2014；汪旭晖和张其林，2015）：（1）侵权行为制约。如果卖家侵权事实成立，平台可以强制修改卖家商品展示信息，或者要求其赔偿。（2）平台服务制约。当平台卖家违规时，平台企业拒绝违规卖家使用平台服务，从而使其交易中断或流量受限。（3）信用评级制约。当平台卖家违规时，平台企业通过下调其信用级别达到惩处目的。（4）精神制约。平台企业通过责令改正、口头警告、约谈、通报等方式对违规卖家进行处罚。学者们进一步检验了上述策略实施的影响，发现平台型电商企业对违规卖家实施较大的惩罚力度，有助于降低卖家投机动机和提高买家购买意愿，较小的惩罚力度则不能催生演化稳定的策略（李杰等，2018）。

学者们关于责任追索的研究多集中于法律、政治等领域，研究结果显示，责任追索有利于解决纠纷、控制风险（张正堂和李倩，2014）。随着电子商务市场的繁荣，平台卖家欺诈、操纵、弄虚作假等违规行为也逐渐增多，学者们渐渐将注意力集中在平台型电商的责任追索行为上。多数学者认为平台型电商责任追索指的是平台企业对平台违规卖家的惩罚行为（Grewal et al.，2010；汪旭晖和张其林，2015）。汪旭晖和王东明（2018）又进一步拓展了平台型电商责任追索的内涵，将其认定为平台型电商企业出于维护自身声誉、保持竞争优势的目的，对卖家欺诈、弄虚作假、服务质量低下等违规行为进行责任追索，并对在交易纠纷中受到侵害的买家进行维权、补偿，以确保平台交易的合法性、公平性。

综上所述，以往关于平台型电商责任追索策略的研究主要围绕具体的策略展开，仍缺乏对平台型电商责任追索策略的深入界定和分类。此外，虽然研究已经检验了不同惩罚力度的追索策略会对买家产生影响，但其对管理者提供的指导仍很少，且尚未系统地探索不同惩罚力度的追索策略的影响与作用机制。轻力度的惩罚对用户的影响有多大？用户在多大程度上可以接受这两种策略？回答这些问题的关键前提是对平台企业责任追索策略进行合理划分。目前，有关追索的研究多集中在法律和经济等相关领域上，且所用手段多为行政处罚，这为本书创新平台型电商的责任追索策略也提供了新的思路。

2. 平台型电商责任追索策略的归类划分

平台型电商企业普遍采用介于科层制和市场制的中间型组织模式，扮演了"类政府机构"的角色，使得网络治理更贴近于市场治理，而当平台出现冲突需要处理时，更倾向于使用"准行政权力"（康丽群，2013）。由此看来，平台对违规卖家的制裁行为也可归为行政处罚范畴。行政处罚是一种以惩戒违法行为为目的，具有制裁性的行政行为。行政处罚的前提是行政相对方实施了违背法律规范和原则的行为。根据行政处罚法的规定，惩戒类型可归纳为四类：人身罚或自由罚、行为罚或能力罚、财产罚、申诫罚或精神罚。一些比较发达的国家和地区对滥用市场支配地位行为也实行了具有鲜明经济法律特征的法律制裁：一种形式是经济赔偿，如没收违法所得和损害赔偿；另一种形式主要是剥夺或限制自由。

基于对法律领域相关制裁与规制等责任追溯文献的归纳，本章采用类比法，将平台型电商责任追索定义为平台型电商企业针对平台内卖家的违规行为实施的惩罚性措施，且将平台型电商企业实施的责任追索策略划分为申诫惩处策略和财产惩处策略。借鉴法律条文中申诫罚或精神罚的概念，本章将申诫惩处策略定义为平台企业向违规卖家发出警告，使其产生精神上的警惕，典型的如对违规店铺进行公示警告、责令整改、以谈话或者书面方式进行诫勉等。借鉴法律条文中对财产罚的概念，将财产惩处策略定义为平台企业对违规卖家进行惩罚，使其财产受到直接或间接损失。其中，一方面，平台企业可以直接对违规卖家实施财产处罚，即经济性制裁策略，典型的如保证金制裁、违约金赔付等方式；另一方面，平台企业可以通过限制或剥夺违规卖家特定权益的方式，间接地导致违规卖家财产受到损失，即权益性制裁策略，典型的如限制商品发布、商品下架、关闭店铺等方式。

（二）研究框架

鉴于平台型电商存在较高的市场不确定性以及银货分离的交易方式等，与传统的企业治理策略相比，平台型电商的治理难度增大。诸多学者对平台型电商企业的治理开展了相关研究，但已有研究主要集中于平台型电商治理策略的内涵界定和类型划分，研究对象主要针对平台企业本身和平台的违规卖家（汪旭晖和张其林，2015；陈莹，2019），鲜有研究将落脚点放在其他关键平台主体上，如平台买家，从而导致平台企业难以把握责任追索的效果。由于平台型电商具有较强的开放性，平台型电商的责任追索策略也具有较强的外部性。具体而言，平台型电商的责任追索策略不仅影响违规平台卖家，还会影响其他平台卖家；不仅影响平台内卖家，还会影响平台外卖家。而且，平台型电商的责任追索策略不仅影响平台卖家，还会影响平台买家。因此，对追求双边用户规模最大化以及生态系统整体利益最大化的平台型电商而言，究竟采取何种责任追索策略才是最优选择，还存在较多问题，责任追索策略对平台卖家和平台买家的影响机理仍需深入探究。

鉴于此，本章拟主要解决如下两个问题：

（1）平台型电商的责任追索策略对平台卖家机会主义行为的影响机制。平台型电商企业对违规卖家进行责任追索，提高了平台卖家机会主义行为的成本，使其在意识中形成了对违反代价的评估，从而在一定程度上阻止了违规行为的发生。基于此，研究一拟重点探讨平台型电商的责任追索策略对违反代价的不同影响程度，进而探讨其对平台卖家机会主义行为的影响机制。

（2）平台型电商的责任追索策略对平台买家用户黏性的影响机制。已有研究发现服务补救措施会降低消费者的相对剥夺感体验，从而激发消费者的积极行为。平台型电商企业对违规卖家的责任追索行为作为一种补救措施，也会降低平台买家的剥夺感体验，增强其对平台的归属感、认同感。基于此，研究二拟重点探讨平台型电商的责任追索策略对消费者剥夺感的不同影响程度，进而探讨其对平台买家用户黏性的影响机制。

综上所述，本章的研究模型如图6-1所示。

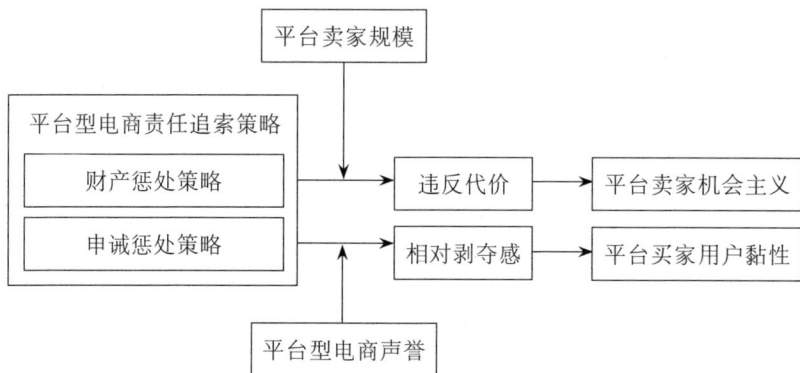

图6-1 研究模型

二、平台型电商责任追索策略对平台卖家机会主义行为的影响研究

（一）研究假设

平台型电商交易存在信息与实物相分离、付款与交接相分离、法律追索难度大等问题，导致平台型网络市场上交易纠纷、假冒伪劣、"刷单"等问题盛行，大量平台型电商企业未能很好地控制平台卖家的投机主义行为，导致卖家机会主义行为泛滥。平台卖家机会主义行为将会对

平台型电商声誉造成致命的影响，使得平台不能实现良性发展。作为平台型电商的管理者，平台型电商企业有动机也有能力对平台型电商的声誉破坏行为进行追溯，这不仅是平台型电商企业维护自身利益的需求，也是维护网络交易环境的责任。

机会主义作为交易成本理论的行为假设之一，是影响交易关系质量和交易绩效的关键因素。Huo 等（2015）将机会主义定义为有策略地追求自我私利，不惜损害交易伙伴的利益。其表现形式有讨价还价、逃避责任、拒绝履行合约义务、隐瞒重要信息，还包括虚假承诺、夸大自己的困难、故意回避或逃避合约义务等。在特定的研究情境下，机会主义行为又有其特定的表现形式。例如，在物流外包服务中，表现为第三方物流服务商撒谎、欺骗或者其他以欺诈为导向的破坏合作关系的行为，可能会妨碍供需双方的业务，并导致双方的收入减少；在制造商与其销售人员的合作关系中，表现为销售人员故意夸大销售费用；在制造商与经销商的交易关系中，表现为经销商违背销售协议；在采购商和供应商的交易关系中，表现为供应商不如实地向采购商陈述自己拥有的技能和资源；在特许经营关系中，表现为特许经营人不遵守系统的质量控制程序等。在网络零售市场中，平台卖家的机会主义也有其特定的表现形式，既包括交易前的虚假促销、失实陈述、价格欺诈等，也包括交易过程中的发货迟缓、发送假货、货不对板、拒绝退换货等。且网络购物相对于传统购物有更高的虚拟性，买家无法依靠感官直接了解详细信息和比较商品，也不能和卖家当面交谈（Huo et al.，2015），这都加剧了交易双方的信息不对称，而卖家作为信息优势方更容易采取机会主义行为。

平台型电商企业对违规卖家进行责任追索，既能对平台卖家的违规行为进行惩处，也能对其他卖家的机会主义行为进行有效抑制。鉴于人们总是试图以最小的成本获得最大的利益，平台型电商的责任追索行为提高了平台卖家机会主义行为的成本，使其在意识中形成了对违反代价的评估，从而在一定程度上阻止了违规行为的发生。已有研究尚停留在企业间机会主义行为的治理层面，而平台型电商企业对卖家机会主义行为的治理研究鲜有涉及，平台型电商的责任追索对卖家机会主义的影响机制和作用机理更是缺乏深入和系统认知。因此，本部分研究将综合网络零售平台治理实践，聚焦平台卖家观察者视角，深入探索平台型电商责任追索策略对卖家机会主义治理中的溢出效应，进一步丰富并拓展平台与卖家冲突治理的相关理论，也为责任追索策略在卖家机会主义治理中的有效应用提供更加完善的理论解释。

由于平台企业和平台卖家的强关联，平台企业对违规卖家进行申诫惩处，仅是对违规卖家进行批评警告、责令整改等，就像是一种软性约束。对违规卖家来说，其外在的卖家声誉和财产并没有受到损失，由此，申诫惩处策略对卖家的惩罚成本或小于卖家的违规成本，所以，其对卖家构成的威胁并不大。此外，即使卖家违规，如果平台企业倾向于包庇纵容，加上约谈内容不公开、过程不透明等问题，使得申诫惩处策略对违规卖家并不能起到震慑作用。相比之下，财产惩处策略或直接或间接地造成违规卖家利益受损，对违规卖家的冲击更大，治理更有效，从而降低其违规动机。所以，本节拟重点探讨不同财产惩处策略（经济性制裁策略 vs.权益性制裁策略）对平台卖家的影响机制。

平台型电商的责任追索策略是对违规卖家进行的制裁，平台卖家观察者被动接受惩罚措施的溢出效应，即惩罚措施起到威慑作用进而抑制平台卖家观察者的违规行为。威慑理论是传统刑法理论中一个非常重要的概念，威慑被认为是刑法的主要目的。威慑理论认为，惩罚之所以能够影响观察者的行为，是因为惩罚能够提高观察者感知到的风险（林润辉等，2015）。当人们感受到了风险，并且评估风险所带来的损失高于风险行为所带来的收益，就会放弃或减少风险行为。如果机会主义行为的预期是一定会受到惩罚，而且处罚足够严重，以至于超过了行为的潜在收益，那么卖家会避免机会主义行为。所以，平台型电商责任追索策略对平台卖家的违反代价会产生很大的影响，从而有效抑制其他卖家观察者的机会主义行为。由于平台卖家的规模不同，对平台型电商企业实施不同类型财产惩处策略（经济性制裁策略和权益性制裁策略）的惩罚水平的预期不同，因此，对平台卖家机会主义行为的影响也会不同。由此，本节在上述理论模型的基础上做出理论推演，提出研究假设，并探究其中的影响机制与作用边界。

研究内容主要包括三个部分（如图6-2所示）：（1）不同类型平台型电商责任追索策略对平台卖家机会主义行为的影响作用；（2）违反代价在平台型电商责任追索策略对平台卖家机会主义行为的影响中的中介作用；（3）平台卖家规模在平台型电商责任追索策略和卖家机会主义行为之间的调节作用。

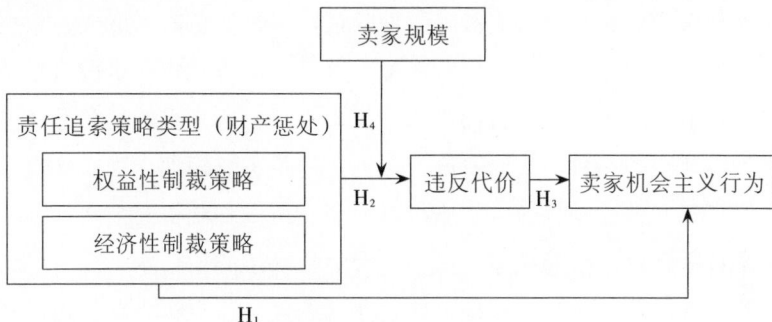

图6-2　理论模型

1.平台型电商的责任追索策略对平台卖家机会主义行为的影响

平台型电商企业对违规卖家的责任追索策略能够有效抑制平台内卖家观察者的机会主义。根据社会学习理论，个体或组织主要通过观察和模仿其他同级成员的方式来进行社会行为的学习（冯娇和姚忠，2016）。观察到网络内同级成员受罚后，组织采取该受罚行为的可能性会降低。在平台型电商市场中，若平台卖家未对买家履行承诺和义务，或因实施违背平台型电商企业的制度规范等卖家机会主义行为而遭受责任追索后，平台内其他卖家会从该责任追索事件中观察学习并吸取教训，在未来经营中自觉约束自己的行为，更加服从平台管理；违规卖家的行为损害了平台买家的正当权益，平台型电商企业对其实施责任追索后，违规卖家实际感受到平台企业的治理力度和治理能力，会产生恐慌感，在未来的经营中会抑制自身的机会主义行为（张钰等，2015；刘汉民和张晓庆，2017）。威慑理论认为，惩罚之所以能够影响观察者的行为，是因为惩罚能够提高观察者感知到的风险。而责任追索策略通过卖家潜在的感知机制，在意识中形成了投机行为的成本和风险，卖家对成本和收益进行比较，若认为成本过高，便会放弃机会主义行为，这样责任追索策略就有效预防了违规行为。

权益性制裁策略是约束和限制卖家在平台所享受到的权益。例如，店铺屏蔽、下架店铺内所有商品、限制发布商品、限制创建店铺、限制发送站内信、限制社区功能等。平台型电商市场相对于传统交易市场，吸引了更多的市场参与者，拥有巨大流量，权益性制裁策略在很大程度上削弱了巨大流量带来的红利，且在高度竞争的市场中，这种权益性限制往往是致命的，平台卖家被限制期间很容易被竞争对手取代，惩罚终止后，也将面临较高的引流经营成本。这种追索方式也会给被追索卖家的声誉和形象带来很大的负面影响。卖家在平台所享受的权益是通过诚信行为而获得的一种过去的资产，一旦遭受损害，短期内难以恢复，导致卖家长远利益受损。通过实施权益性制裁可以抑制机会主义行为，有利于维护平台网络市场秩序，提高平台经营环境的信任水平。

经济性制裁策略是平台型电商企业惩罚卖家违规行为以及防止其本人和其他人再出现类似行为所判定其承担的赔偿金。例如，淘宝平台对售假卖家实行扣除保证金的处罚；延迟发货等妨害买家高效购物权益的行为，需向买家赔偿该商品实际成交金额的5%，最高不超过30元。经济性制裁策略直接降低了卖家机会主义行为的收益进而抑制其机会主义行为，会使卖家感知到的利益结构发生变化，使得诚信经营的收益大于机会主义行为的收益，对个体而言投机的诱惑力降低，诚信的吸引力上升，从而促使卖家减少机会主义行为。基于此，本书提出假设：

H_1：平台型电商企业采取的责任追索策略对卖家机会主义行为具有负向影响。

H_{1a}：平台型电商企业采取的权益性制裁策略对平台卖家机会主义行为具有负向影响。

H_{1b}：平台型电商企业采取的经济性制裁策略对平台卖家机会主义行为具有负向影响。

2.责任追索策略与抑制卖家机会主义行为：违反代价的中介作用

违反代价是指实施了违规行为的组织或个人为其违规行为所要付出的成本。不论是组织还是个人，要追求利益就要为之付出相应的成本，如果需要付出的成本过高，就会使得收益减少。人们都具有"趋利避害"的本性，这是违反代价对违规行为遏制和制约作用的基础。人们在进行自己的行为判断和选择时，违反代价起到关键性作用，特别是当人们站在合规与违规的边界线上时。当违反代价会过高，超出了当事者的承受能力或是得不偿失时，人们往往会选择合规行为以确保自身利益最大化。威慑理论在处罚与遵守之间建立了联系，但事实证明这个体系在减少犯罪方面是低效甚至失效的，原因在于威慑理论并没有解释人为什么违规/遵守。为了弥补这个缺陷，部分学者引入了理性选择理论。理性选择理论是对犯罪动机的一种解释，主要探求"潜在的犯罪人在特定的环境中如何衡量成本和收益"。理性选择理论的研究普遍认为处于企业环境中的员工对得失比其他人群更敏感或计较。

对平台卖家个体而言，在权衡遵守责任追索策略的利弊时，利益的地位不是很突出，重点是不遵守的代价。本书根据威慑理论的模型，选用其中的违反代价变量对平台型电商责任追索策略的抑制效果进行研究。作为理性经济体，平台卖家是否采取机会主义行为取决于机会主义行为的可能收益与被责任追索的代价的权衡。若平台卖家认为其机会主义行为很容易被发觉，很可能就会放弃违规做法；若平台卖家感知到进行机会主义行为的收益小于违反代价，平台卖家未来就不太可能实施机会主义行为。因此，本书将探索平台型电商企业采取不同类型的责任追索策略时，平台卖家对违反代价的感知程度是否有所不同，进而探讨其对卖家机会主义行为的抑制作用。

违反代价关注的是违规者基于主观认知对违反代价进行的精心算计。相关研究结果表明引入责任追索策略能够显著提高合作水平。惩罚水平对合作可以产生显著的正效应，即惩罚水平越高，个体的合作水平就越高。本书认为平台型电商的责任追索策略所带来的威胁和实际的制裁策略二者共同促进了这种正效应。平台型电商责任追索策略对平台卖家起到了威慑的作用，平台卖家担心受到惩罚而策略性地选择了抑制自己的机会主义行为。平台型电商责任追索策略（权益性制裁策略和经济性制裁策略）对平台卖家的违反代价产生了很大的影响，平台内卖家观察者从责任追索事件的观察学习中吸取教训，该学习过程的有效性充分取决于观察者感知到的平台型电商责任追索策略对卖家违反代价的大小。相比之下，较高的违反代价会引起卖家观察者重视，使其感知到实施机会主义行为的成本高于获得的潜在收益，取得抑制平台内卖家观察者机会主义行为的效果。同时，平台型电商责任追索策略的有效实施会在很大程度上防止平台卖家再次采取违规行为。基于此，本书提出假设：

H_2：平台型电商企业采取的责任追索策略对卖家违反代价具有正向影响。

H_{2a}：平台型电商企业采取的权益性制裁策略对卖家违反代价有正向影响。

H_{2b}：平台型电商企业采取的经济性制裁策略对卖家违反代价有正向影响。

H_3：违反代价在平台型电商责任追索策略对平台卖家机会主义行为的影响中发挥中介作用。

3.责任追索策略与抑制卖家机会主义行为：卖家规模的调节作用

信息不对称性可归结为卖家机会主义行为问题的根源。在这样的情况下，根据线索利用理论可知，消费者会依据一系列指示产品品质的线索对购买决策进行判断。具体到本书的研究情景中，卖家规模大是平台卖家实力的体现，平台买家对大规模平台卖家的信任程度更高。卖家规模是指消费者感知到的企业的大小，包括提供的商品种类和服务范围，平台卖家规模可通过交易量来判断。当平台卖家规模不同时，对平台企业实施的两种责任追索策略（经济性制裁策略和权益性制裁策略）惩罚水平的预期不同。国内学者在不同惩罚制度对搭便车行为的控制研究中得出如下结论：惩罚水平对合作可以产生显著的正效应，惩罚水平越高，个体的合作水平就越高。不同规模的平台卖家在同类卖家中的地位不同、经营方式不同、经营目标也不同。比如，小规模卖家更关注单笔交易的利润，而大规模卖家则将注意力放在扩大产品、服务交易量上。由此可见，不同规模的平台卖家对不同责任追索策略的风险感知程度也不同，不同策略对其机会主义行为的抑制效果也就有所不同，且平台型电商责任追索策略有效的基础是平台卖家具有回避惩罚的动机或欲望。对小规模卖家而言，日成交量少，若平台型电商采取权益性制裁策略，几天的店铺屏蔽处罚并不能让小规模卖家抑制其机会主义行为的，这时权益性制裁策略对小规模卖家机会主义行为不产生实践差异。因此，针对以往交易量较少的小规模平台卖家，权益性制裁使其付出的代价较低，并不能引起卖家充分重视，较难有效抑制卖家机会主义行为；相反，对小规模卖家违行为实施经济性制裁，对其经营状况打击较大，更能约束其行为。针对大规模平台卖家，因其较雄厚的经济实力，实施经济性制裁付出的代价较小，并不能引起卖家重视，很难有效抑制其机会主义行为；相反，大规模卖家以往的交易量多，非常重视自己的口碑，因此，对大规模卖家违规行为实施权益性制裁时，卖家感知的惩罚成本较高，能有效抑制卖家机会主义行为。基于此，本书提出假设：

H_4：平台卖家规模对平台型电商责任追索策略的类型与卖家机会主义行为之间的关系具有调节作用。

H_{4a}：规模大的平台卖家较之于规模小的平台卖家，权益性制裁对卖家机会主义行为具有显著的正向影响。

H_{4b}：规模小的平台卖家较之于规模大的平台卖家，经济性制裁对卖家机会主义行为具有显著的正向影响。

（二）研究设计

本部分共包含三个实验，实验目的如下：

实验 1：采用 3×1 的组内因子实验探索权益性制裁策略与经济性制裁策略对平台卖家机会主义行为的影响，从而验证 H_1。

实验 2：采用 3×1 的组内因子实验探索平台型电商的责任追索策略对违反代价的影响，以及在面对平台型电商责任追索类型时，违反代价的提升是否会负向影响平台卖家机会主义行为，从而验证 H_2 和 H_3。

实验 3：采用 3×2 的组间实验探究平台卖家规模对平台型电商责任追索策略类型与卖家机会主义行为之间的关系的调节作用，从而验证 H_4。

1.实验 1

（1）情景开发

本书参考现有平台型电商企业规制，根据天猫、淘宝、eBay 等多家平台型电商的责任追索策略，在结合多篇企业报道，以及相关平台卖家的深度访谈的基础上，对平台型电商企业权益性制裁策略与经济性制裁策略的实验情景进行了开发。根据艾媒咨询发布的《2018年中国零售行业深度市场调查及投资决策报告》的数据，天猫商城和京东商城共占据83.800%的电商平台市场份额，淘宝、京东、拼多多、唯品会、天猫位列国内主要电商平台App活跃用户的前五名。本书致力于研析零售网站对第三方卖家机会主义行为的治理，问卷仅调研卖家对平台型电商责任追索策略的感知，不涉及网站自营业务。综合考虑后，本书选取了隶属同一集团公司的淘宝和天猫平台中的经营卖家作为研究对象。为了使被试不受先前平台经历的影响，以下研究中用平台A来代替具体平台的名称。

①权益性制裁策略——情景 I

若卖家店铺售卖假货，平台将对卖家实行店铺屏蔽21天；若卖家店铺延迟发货，平台将对卖家单个商品搜索降权；若卖家店铺虚假发货，平台将对卖家单个商品搜索屏蔽；若卖家店铺描述不符，平台将下架该商品。

②经济性制裁策略——情景 II

若卖家店铺售卖假货，对卖家处以5倍的罚款；若卖家店铺延迟发货，平台将按照5元/单的标准，要求卖家给予消费者赔付金；若卖家店铺虚假发货，处以每单赔付金5元~50元；若卖家店铺描述不符，平台将对卖家处以3倍的罚款。

③无责任追索策略——情景 III

在研究假设中，本书假设平台型电商责任追索的两种策略对卖家机会主义行为均存在负向影响，因此，本书在实验中设置了"平台型电商企业无责任追索策略"的对照组。平台A中平台卖家存在违规行为，如售卖假货、延迟发货、虚假发货、店铺描述不符等，平台企业对违规行为卖家没有进行责任追索。

（2）实验方法与步骤

情景开发初步完成后，首先，选择10个不同规模的平台卖家对其日常经营情况进行深度访谈。其次，根据本书的情景改编形成测量题项。再次，对问卷初稿进行预测试，邀请40个平台卖家进行填写，并针对问卷的题项设置以及措词等方面咨询其意见，修正表达欠佳以及容易理解偏差的题项。基于预测试的数据，进行测量模型检验，根据信度和效度的分析结果对测量题项进行修改，得到正式的测量题项。最后，进行正式数据收集。

由于本书的实验对象是平台卖家，因此，问卷主要通过微信、QQ群等社交媒体以及邮箱投递的方式对目标群体进行发放，每份实验问卷都给予5~10元的红包奖励。实验1于2019年6月21日至6月23日完成实验问卷的发放、收集与整理，最终共收回386份电子版问卷，有效问卷共240份，有效率为62.18%。其中，女性实验参与者（138人）多于男性实验参与者（102人），占比分别为57.50%和42.50%；年龄上，31~35岁的被试比例最高，26~30岁的次之，分别占比43.60%和30.00%，与淘宝、天猫平台实验对象的特征是相符的；在平台经营时间上，不足1年与1~3年的被试人数相当，分别占比43.90%和40.00%；其次是4~5年，占比为11.40%。

实验1采用3×1（权益性制裁 vs.经济性制裁 vs.无责任追索）的组间因子设计。实验被试被告知将参加一项关于平台型电商责任追索行为的实验，每位被试会看到自己所在实验组的平台型电商采取的责任追索策略相关信息。比如，权益性制裁组被试被告知现有一家平台型电商企业，其采用情景Ⅰ的管理策略对电商平台进行责任追索。之后，让被试填写卖家机会主义行为量表，主要设置3个题项对卖家机会主义行为进行测量：有时，为了保护我们自己的利益而不遵守与顾客达成的协议；有时，我们不得不隐瞒一些事实，以便从顾客那里得到我们想要的；我们并不总是按照规定行动。同样，分别告知经济性制裁组和无责任追索组被试情景Ⅱ、情景Ⅲ。接着，向权益性制裁组和经济性制裁组被试介绍平台型电商企业权益性制裁策略与经济性制裁策略的相关概念，让他们对上述情景中自己接触到的平台企业所使用的责任追索策略打分。在实验中，本书需要考察实验对象对平台型电商责任追索类型的感知程度，因此我们使用两个问项来测量这一程度：①该平台型电商责任追索策略属于权益性制裁策略；②该平台型电商责任追索策略属于经济性制裁策略。采用Likert 7分量表，1分表示该平台型电商的责任追索策略属于经济性制裁策略，7分表示该平台型电商的责任追索策略属于权益性制裁策略。然后让其填写卖家机会主义行为量表。最后是对受访者基本信息的统计，包含性别、年龄、所在平台、经营时长4个题项。

2. 实验2

违反代价是本书模型的中介变量，是指违规者基于主观认知对违反的代价进行的精心算计。实验2中，不同的责任追索类型为自变量，因变量分别为违反代价，以及因违反代价的高低而发生变动的机会主义行为。实验2于2019年8月15日至8月17日以淘宝、天猫平台卖家为实验对象进行调查问卷的发放与收集，最终收回有效问卷共280份。其中，男性参与者122人，占被试总数的43.60%；女性参与者158人，占被试总数的56.40%，年龄范围为25~39岁。

实验2采用单因素方差分析，探究不同责任追索策略（权益性制裁 vs. 经济性制裁 vs. 无责任追索）对违反代价的影响，进而研究违反代价在责任追索策略与卖家机会主义中的中介作用，本书假设二者为反向变动关系。实验被试被告知将参加一项关于平台型电商责任追索行为的实验，基于实验1的情景设置，告知被试所在组平台型电商采取的不同责任追索策略类型的含义。将被试分别分为权益性制裁组、经济性制裁组和无责任追索组，采用实验1中的题项设置进行情景实验。同样，为了考察被试对不同责任追索策略的感知程度，利用Likert 7分量表对权益性制裁策略和经济性制裁策略进行打分。借鉴Paternoster和Simpson（1996）等对违反代价的划分进行违反代价量表设置，共4个题项，包括违反规定会对我有负面影响、违反规定会让我产生损失、违反规定会给我带来不利、违反规定对我是有害处的，对违反代价进行测量。同样采用Likert 7分量表，评分1为完全不同意，2为不同意、6为同意、7为完全同意。实验开始前，将设计不同实验情景的问卷通过微信、QQ群等社交媒体以及邮箱投递的方式对目标群体进行发放，且每份实验问卷都给予5~10元的红包奖励。各组被试在实验结束后分别报告其对违反代价的清晰性、降低机会主义行为的意愿、对平台型电商企业采取不同责任追索策略的反应程度。最后统计被试个人基本信息，实验结束。

3.实验3

本书从卖家不同的规模类型出发，结合平台型电商责任追索策略类型，探讨卖家规模大小对平台型电商企业与卖家机会主义之间关系的影响。实验3于2019年9月26日至9月28日以淘宝、天猫平台上的卖家为对象进行，最终收回有效问卷共250份。其中，男性参与者108人，占被试的比例为43.20%；女性参与者142人，占被试的比例为56.80%，年龄介于28~36岁。

平台卖家规模由网店中产品种类和产品数量决定，在回顾以往卖家规模研究的基础上，根据本书对平台卖家规模的界定以及天猫、淘宝平台型电商的特性，借鉴Koufaris等的研究，筛选出3个用于测量平台卖家规模的项目，包括：平台经营的网店日交易量的大小、平台经营的网店种类多样性、平台的经营规模大小。基于测试，对平台卖家按照规模分别分为大规模卖家组与小规模卖家组。基于实验1的情景设计，实验3设计为3（权益性制裁策略 vs.经济性制裁策略 vs.无责任追索策略）×2（大规模平台卖家 vs.小规模平台卖家）组间实验。实验开始前，先请被试认真阅读经济性制裁策略和权益性制裁策略的相关定义，并对实验进行简单说明以确保其了解实验过程。对于不同规模的两个组别，分别实施两种不同性质的责任追索策略，设置无责任追索策略作为参照组。在问卷中设置相关情景，告知被试假如你违背平台规则需接受相关惩罚策略，有两种惩罚类型可供选择，即大规模卖家 vs.经济性制裁策略、大规模卖家 vs.权益性制裁策略、小规模卖家 vs.经济性制裁策略、小规模卖家 vs.权益性制裁策略，若遵守相关规则，则大/小规模卖家 vs.无责任追索策略。实验开始前，将设计不同实验情景的问卷通过微信、QQ群等社交媒体以及邮箱投递的方式对目标群体进行发放，且每份实验问卷都给予5~10元的红包奖励。让被试基于不同情景下的责任追索策略根据卖家机会主义测试量表进行打分，评估对不同规模卖家而言，哪种惩罚策略对抑制卖家机会主义行为的作用更强。同样，采用Likert 7分量表，评分1为完全不同意，2为不同意、6为同意、7为完全同意。最后填写相关人口统计信息，实验结束。

（三）数据分析与实验结论

1.实验1

（1）操控检验

操控检验是为了验证本书在实验中对平台型电商责任追索策略类型的操控是否成功，其评判标准在于不同实验组的变量水平上是否存在显著差异。本书采用独立样本T检验来检测实验设计对各变量的操控是否成功。在平台型电商责任追索策略类型的操控上，由前一部分实验方法与步骤的内容可知，这一变量的操控问项是从正负两个方向设置的，共两个题项。因此，在对平台型电商责任追索策略类型进行操控检验时，以前两组的数据为样本，不包括空白对照组"平台型电商无责任追索策略"的两组数据，对第二个问项的得分进行反向处理后再进行数据分析。ANOVA分析结果表明：$M_{权益性}=5.390$，$M_{经济性}=2.890$，$SD_{权益性}=0.748$，$SD_{经济性}=0.733$，M代表平均数，SD代表标准差，即经济性制裁得分显著低于权益性制裁得分。根据量表设计，得分越低，表示被试越倾向于认为平台型电商企业采用的责任追索策略为经济性制裁策略，得分越高，表示被试越倾向于认为平台型电商企业采用的责任追索策略为权益性制裁策略。在平台型电商责任追索类型的T检验中，$F=1.789$，$p=0.183>0.050$，说明方差齐性检验无显著差异。两方差齐性：$t=19.973$，$p=0.000<0.001$，可见，两样本平均数有显著的差异，本书对平台型电商责任追索策略类型进行了成功的操控，符合实验设计。

（2）平台型电商责任追索策略类型对平台卖家机会主义的影响

在对责任追索策略对机会主义的影响进行实证分析之前，首先对测量平台卖家机会主义的Wuyts和Geyskens量表的信度和效度进行检验。问卷变量测项的信度分析结果表明，卖家机会主义的Cronbach's α系数为0.941且每个题项的Cronbach's α系数均在0.860以上，表明量表具有较高的信度。因子所解释的方差百分比为89.465%，各项因子负荷值均高于0.750，可见，该变量测项具有良好的构建效度。在实证部分，本书将分别采用方差分析与回归分析方法对研究假设进行检验。其中，方差分析是为了检验不同样本间均值差异是否具有统计学意义，本书通过比较实验设计中不同情境下的样本均值差异，来研究不同实验情境所对相应结果变量的影响。回归分析则是为了确定变量间相互依赖的定量关系。

根据实验所获取的数据，将平台卖家机会主义行为作为因变量，进行单因素方差分析（ANOVA）。由表6-1可知，权益性制裁策略组被试对平台卖家机会主义行为影响的均值为5.214，在方差分析的结果当中，如表6-2所示，F=120.059，p=0.000<0.001，H_{1a}得到验证。经济性制裁策略被试对平台卖家机会主义行为影响的均值为5.125，在方差分析的结果当中，F=120.059，p=0.000<0.001，H_{1b}得到验证。平台型电商企业无责任追索组被试对平台卖家机会主义行为影响的均值为6.535，在方差分析的结果当中，F=120.059，p=0.000<0.001，即无责任追索组对卖家机会主义行为的影响显著高于责任追索策略组对卖家机会主义行为的影响。综合上述，相比于无责任追索策略，可知平台型电商责任追索策略对平台卖家机会主义行为有负向影响。据此，H_1得到验证。

表6-1　　**平台型电商责任追索类型对卖家机会主义的影响的描述统计**

因变量：平台卖家机会主义			
责任追索策略类型	N	平均数	标准偏差
权益性制裁策略	95	5.214	0.807
经济性制裁策略	96	5.125	1.011
无责任追索	49	6.535	0.839
总计	240		

表6-2　　**平台型电商责任追索类型对卖家机会主义的影响的方差分析**

因变量：平台卖家机会主义				
	平方和	df	均方	F	显著性
群组之间	190.362	2	85.181	120.059	0.000
在群组内	330.590	237	0.793		
总计	520.951	239			

2.实验2

（1）平台型电商责任追索策略对违反代价的影响

首先将违反代价作为因变量进行单因素方差分析。由表6-3可知，平台型电商企业权益性制裁策略组被试对违反代价感知的均值为5.382，在方差分析的结果当中，如表6-4所示，F=200.902，p=0.000<0.001，H_{2a}得到验证。平台型电商企业经济性制裁策略组被试对违反代价感知的均值为5.271，在方差分析的结果当中，F=200.902，p=0.000<0.001，H_{2b}得到验证。平台无责任追索组被试对违反代价感知的均值为2.867，在方差分析的结果当中，F=200.902，p=0.000<0.001，即对于平台型电商责任追索策略，权益性制裁策略组和经济性制裁策略组对违反代价的感知相比无责任追索组显著较高。综上所述，相比无责任追索，平台型电商责任追索策略对违反代价有正向影响。据此，H_2得到验证。

表6-3　　平台型电商责任追索类型对违反代价影响的描述统计

因变量：违反代价			
责任追索策略类型	N	平均数	标准偏差
权益性制裁策略	105	5.382	0.896
经济性制裁策略	106	5.271	0.884
无责任追索	69	2.867	0.955
总计	280		

表6-4　　平台型电商责任追索类型对违反代价影响的方差分析

因变量：违反代价				
	平方和	df	均方	F	显著性
群组之间	334.632	2	167.316	200.902	0.000
在群组内	347.288	277	0.833		
总计	681.920	279			

（2）违反代价的中介作用

在检验违反代价的中介作用之前，首先对测量违反代价的量表的信度与效度进行检验，问卷变量测项的信度分析结果表明，违反代价的 Cronbach's α 系数为 0.929，且每个题项的 Cronbach's α 系数均在 0.860 以上，表明量表具有较高的信度。因子所解释的方差百分比为 89.465%，各项因子负荷值均高于 0.750，可见，该变量测项具有良好的构建效度。采用线性回归分析验证 H₃，由表 6-5 可见，违反代价对卖家机会主义行为的影响是显著的，且二者之间是负相关关系（β=-0.613，p=0.000<0.001）。换言之，在面对平台型电商责任追索时，违反代价负向影响平台卖家机会主义行为，即违反代价在平台型电商责任追索策略对卖家机会主义影响机制中起中介作用，H₃得到验证。

表6-5　　　违反代价对平台卖家机会主义行为影响的系数分析

模型	非标准化系数		标准化系数	T	显著性
	β	标准错误	Beta		
1（常数）	10.100	0.303		6.660	0.000
违反代价	-0.613	0.040	-0.742	-15.231	0.000
性别	-0.122	0.107	-0.058	-1.139	0.256
年龄段	-0.093	0.047	-0.099	-1.974	0.050
所在平台	-0.025	0.055	-0.022	-0.452	0.652
经营时长	0.031	0.066	0.024	0.474	0.636

本书采用逐步回归方法进一步验证违反代价的中介作用，实施过程是：①建立自变量平台型电商责任追索策略与因变量平台卖家机会主义行为的一元回归模型；②建立自变量平台型电商责任追索策略与中介变量的回归模型；③建立自变量和中介变量与因变量的二元回归模型，如图 6-3 所示。同时输入模型的控制变量（性别、年龄段、所在平台、经营时长等），根据这三个步骤得出的数据结果如表 6-6 所示。

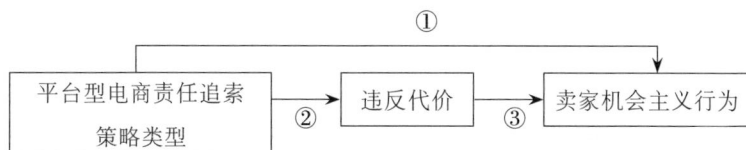

图6-3　违反代价的中介作用示意图

表6-6 逐步回归结果

	操作步骤	（1）		（2）		（3）
	因变量	卖家机会主义行为		卖家机会主义行为		违反代价
		模块1	模块2	模块1	模块2	模块1
自变量	责任追索类型		−0.805	−0.805	−0.143	0.842
控制变量	性别	0.169	0.019	0.019	0.132	−0.143
	年龄段	0.198	−0.125	−0.125	0.083	−0.164
	所在平台	−0.188	−0.067	−0.067	−0.008	−0.075
	经营时长	0.316	0.068	0.068	0.051	0.021
中介变量	违反代价				−0.787	
R^2		0.269	0.761	0.761	0.857	0.844
调整后 R^2		0.224	0.742	0.742	0.844	0.832
F		5.974	40.753	40.753	63.129	69.341

考察表6-6中的数据，发现步骤（1）中平台型电商责任追索策略类型对卖家机会主义行为的影响是显著的，方向为负；步骤（3）中平台型电商责任追索策略类型对违反代价的影响是显著的，方向也为正；步骤（2）中平台型电商责任追索策略类型和违反代价对平台卖家机会主义行为的影响都是显著的，方向均为负，且平台型电商责任追索策略非标准化系数的β值由模块1的−0.805变化至模块2的−0.143，显著下降。综上，违反代价在平台型电商责任追索策略对平台卖家机会主义行为影响中起中介作用，假设H_3得到进一步验证。

3.实验3

平台卖家规模大小作为分类变量，首先，对收集到的平台卖家规模连续性数据进行分组离散化。根据平台卖家规模的检验结果得知，方差齐性检验 p=0.231>0.050，无显著差异，独立样本 T 检验 p=0.000<0.001，表明两样本平均数差异显著，说明分组离散化成功。其次，验证平台卖家规模在责任追索策略对机会主义影响中的调节作用。在检验卖家规模的调节作用之前，首先对测量卖家规模的量表的信度和效度进行检验。

根据问卷变量测项的信度分析结果，卖家规模的信度系数为0.912，且每个题项的Cronbach's α系数均在0.860以上，表明量表具有较高的信度。该因子所解释的方差百分比为72.416%，各项因子负荷值均高于0.750，可见，该变量具有良好的构建效度。ANOVA分析结果表明，$M_{小规模}=2.370$，$SD_{小规模}=0.807$，$M_{大规模}=5.590$，$SD_{大规模}=0.705$，F=1.448，p=0.231>0.050，说明方差齐性检验无显著差异。两方差齐性：t=25.081，p=0.000<0.001。在验证平台卖家规模的调节作用时，将卖家机会主义行为作为因变量，将平台型电商责任追索策略类型和平台卖家规模作为固定因子，进行单因素方差分析（ANOVA）。平台型电商责任追索策略类型与平台卖家规模对卖家机会主义行为的交互作用显著（F=4.973，p=0.008>0.001），这一作用的形态如图6-4所示。

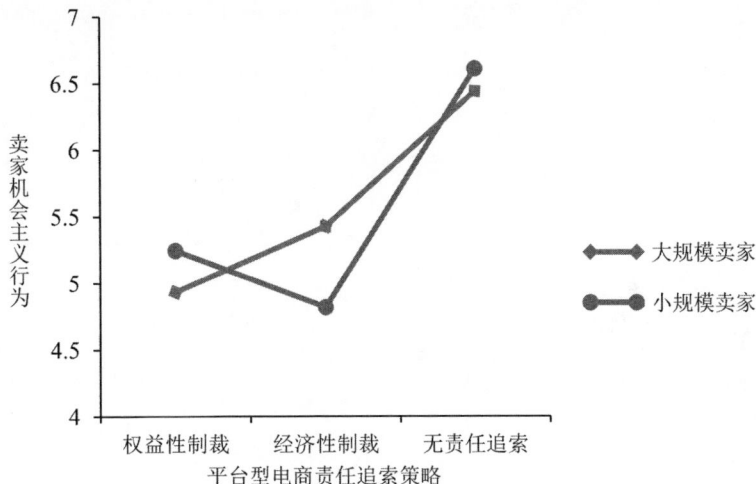

图6-4 责任追索策略与平台卖家规模对卖家机会主义行为的交互作用

由图6-4可知，面对大规模平台卖家，对其分别采取权益性制裁策略、经济性制裁策略以及无责任追索策略时，实验被试对卖家机会主义行为的感知分别是4.936、5.429和6.443。面对小规模平台卖家，对其分别采取权益性制裁策略、经济性制裁策略以及无责任追索策略时，实验被试对卖家机会主义行为的感知分别是5.247、4.821和6.613。因此，当平台卖家规模较大时，平台型电商企业采取权益性制裁策略对卖家机会主义行为的抑制作用更显著；当平台卖家规模较小时，平台型电商企业采取经济性制裁策略对卖家机会主义行为的抑制作用更显著。

综上所述，平台卖家规模对平台型电商责任追索策略与卖家机会主义行为之间的关系具有调节作用，较之规模小的平台卖家，当平台卖家规模大时，权益性制裁策略对卖家机会主义行为具有显著的负向影响，H_{4a} 得到验证。较之规模大的平台卖家，当平台卖家规模小时，经济性制裁策略对卖家机会主义行为显著的负向影响，H_{4b} 得到验证。据此，H_4 得到验证。

为了进一步验证研究假设，需要将分类结果按照卖家规模的大、小进行事后检验，其结果（见表6-7和表6-8）表明：当卖家规模大时，两种平台型电商责任追索策略与无责任追索这三种情形之间是两两存在显著差异的，其 p 值均小于 0.001。当卖家规模小时，两种平台型电商责任追索策略与无责任追索这三种情形之间也是两两存在显著差异的，其 p 值均小于 0.001。

表6-7　　不同平台企业责任追索类型对违反代价影响的事后检验结果表（大规模卖家）

因变量：违反代价				
责任追索类型（I）	责任追索类型（J）	均值差（I-J）	标准误	显著性
权益性制裁	经济性制裁	0.907	0.156	0.000
权益性制裁	无责任追索	3.000	0.156	0.000
经济性制裁	无责任追索	2.092	0.156	0.000

表6-8　　不同平台企业责任追索类型对违反代价影响的事后检验结果表（小规模卖家）

因变量：违反代价				
责任追索类型（I）	责任追索类型（J）	均值差（I-J）	标准误	显著性
权益性制裁	经济性制裁	-0.685	0.182	0.000
权益性制裁	无责任追索	2.029	0.182	0.000
经济性制裁	无责任追索	2.714	0.182	0.000

由此可见，当平台卖家规模大时，平台型电商企业不同责任追索策略对违反代价的影响都为正向，但较之经济性制裁策略，权益性制裁策略对违反代价的影响更大。当平台卖家规模小时，平台型电商企业不同责任追索策略对违反代价的影响也都为正向，但较之权益性制裁策略，经济性制裁策略对违反代价的影响更大。

4.实验结论

根据研究假设的验证情况，本部分研究得出以下结论：平台卖家机会主义行为受到平台型电商责任追索策略的显著影响。平台型电商责任追索策略通过增大平台卖家的违反代价进而对平台卖家机会主义行为有显著的抑制作用。对于不同规模的平台卖家，平台型电商责任追索策略对平台卖家机会主义行为的影响是不同的。其中，相比于小规模的卖家，对大规模卖家实施权益性制裁策略时所产生的负面效应更强。而较之于规模大的平台卖家，当平台卖家规模小时，经济性制裁对卖家机会主义行为产生的影响更显著。

三、平台型电商责任追索策略对平台买家用户黏性的影响研究

（一）研究假设

随着互联网及各类新技术的迅速发展，各类平台层出不穷，平台在争抢用户资源上的厮杀更加激烈，线上获客成本居高不下，如何提高用户黏性愈发受到关注（鄢慧丽等，2020）。"黏性"被引入电子商务营销领域后，国内外学者对黏性的定义主要从网站自身和用户行为两个角度出发。从网站自身的角度来看，黏性被认为是网站能够吸引用户并使用户重复使用的一种能力；从用户行为角度来看，黏性是指对用户而言，用户愿意访问本网站，并对其有积极的态度，进而产生用户忠诚（邓爱民等，2014）。结合以上学者对黏性的定义，本章基于平台型电商的实际情境，从平台用户视角出发，将买家用户黏性定义为消费者感知到的平台吸引力，以及深度参与并对平台产生的依赖感，进而形成用户忠诚的一种心理和行为意愿。用户黏性无论对社交平台还是购物平台都至关

重要，保留忠诚和重复的顾客会比吸引新顾客更节省企业成本，即增强现有平台内用户黏性会比挖掘平台外用户更节省企业成本。因此，本章以平台买家黏性为研究切入点，探究平台型电商责任追索策略对平台买家的影响机制和作用边界。

信号理论认为信号具有传递功能，即通过可观察的行为传递商品价值或质量的确切信息，从而影响人们的行动。信号理论应用的前提是买卖双方之间的信息是不对等的。在平台交易市场中，平台型电商企业对平台违规卖家的责任追索行为，对处于相对信息劣势的平台买家来说属于一种外部信号，会对平台买家产生溢出效应，增强买家对平台的好感，从而避免因卖家服务失败而牵连平台受损的情况。平台企业声誉作为另一个重要的外部信号，也可以向买家传递平台具有良好服务质量的信息（张新香和胡立君，2010）。这两个正向外部信号组合在一起会对买家心理和消费行为产生不同的影响。社会比较理论认为，只有"在社会的脉络中进行比较"，才能认识到自己的价值和能力，对自己作出正确的评价。社会比较能够使人清楚地了解自己和他人，找出自己和他人之间存在的差距。由此可见，社会比较可以帮助人们认识自身，会影响个体的公平感知和自信能力，并且成为个体行为合理化的基础。社会比较理论通常被应用于心理学领域研究个体的相对剥夺感，且研究群体特定，如农民工、农村教师、失独群体等。已有研究中，学者们主要从社会环境、个体特征和人口统计学角度探讨相对剥夺感的影响因素。其中，个体特征变量主要是通过个体的"大五"人格、对事情的归因方式、不公平感知、社会认同对相对剥夺感产生影响。此外，现有研究也表明相对剥夺感会对个体和群体产生重要影响，部分研究发现相对剥夺感会导致个体产生消极体验，改变社会适应方式，产生脱离组织、滥用药物、参与赌博和暴力活动等偏差行为。也有研究发现相对剥夺感也会对个体产生积极影响，对自我提升参与度具有一定正向影响。同时，社会支持越高，个体的不公平感知越弱，其相对剥夺感体验越弱。在平台市场中，卖家违规现象时有发生，买家群体会自发地与卖家群体进行比较，观摩平台企业对两者的态度，若平台企业对违规卖家不作为，较之卖家，买家会感受到不公平，从而产生剥夺感；反之，会让其感受到公正。由于买家对不同声誉的平台企业容忍度不同（刘明霞和吴光菊，2016），平台型电商企业实施的两种责任追索策略（财产惩处策略和申诫惩处策略）与不同的企业声誉水平相对应后形成的组合将对买家产生不同的影响。基于此，本章将相对剥夺感引入电商领域，系统地探讨平台型电商责任追索策略对买家的影响。

在平台型网络市场中，当卖家的违规行为侵害消费者的权益时，平台型电商企业的态度将在很大程度上影响消费者的心理状态和后续行为（李海芹和张子刚，2010）。已有研究发现，在服务失败以后，较高的相对剥夺感体验会导致个体产生强烈的愤怒、沮丧和不满等负面情绪。采取补救措施会减轻消费者的相对剥夺感，而较低的相对剥夺感更容易激发个体的积极行为。平台型电商企业作为平台搭建者和管理者，在平台卖家违规以后，其采取的责任追索策略作为卖家服务失败后平台采取的补救措施，是否也会使平台买家的相对剥夺感发生变化呢？是否会对买家用户行为造成影响？不同的责任追索策略所产生的影响是否具有差异呢？这些问题在平台与卖家冲突治理和责任追索的相关研究中均未找到系统和科学解答。鉴于此，本章将从平台买家视角出发，利用信号理论和社会比较理论，搭建理论模型，以厘清平台型电商责任追索策略对平台买家的影响机制和边界条件。

由此，本章基于上述理论模型作出理论推演，提出研究假设，并探究其中的影响机制与作用边界，研究内容主要包括三个部分：平台型电商责任追索策略对买家用户黏性的影响作用，相对剥夺感在平台型电商责任追索策略和买家用户黏性之间的中介作用，平台型电商声誉在平台型电商责任追索策略和买家用户黏性之间的调节作用。理论模型如图6-5所示。

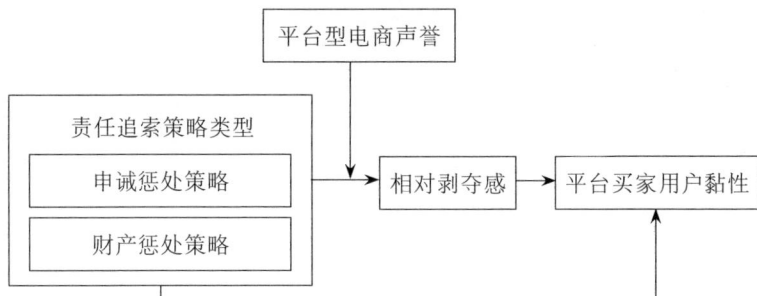

图6-5 理论模型

1.平台型电商责任追索策略对买家用户黏性的影响

信号理论主要用来在解释信息不对称的背景下，信息弱势方如何利用信号来评估信息优势方的产品、服务质量，从而影响自己的行为。平台企业对违规卖家的责任追索行为是影响买家行为的外部信号，在电商平台交易中，当买家观察到平台企业对卖家违规行为采取行动时，更容易感知到交易的安全性、公平性以及平台企业维护买家利益的态度，从而更愿意使用该平台，即使买家服务失败，也不会殃及平台企业；反之，平台企业不作为，即对违规行为置之不理，不仅会引发平台内部失衡，如激发买家的愤怒、不满、厌烦等负面情绪，降低平台依赖感，甚至脱离平台，导致买家用户黏性降低，还会造成极大的负外部传染效应，如买家负面口碑传播影响平台可持续发展。

"限制商品发布""强制商品下架""关闭店铺""保证金制裁""违约金赔付"等财产惩处策略作为平台企业惩罚违规行为、整顿平台乱象和维护平台交易秩序的治理手段，能够通过对卖家的财产进行干预，使卖家利益受损，有较强的威慑作用和示范效应，从而减少其他平台卖家违规行为的发生并防止违规卖家再次犯错。这种情况下，平台买家能够实质性地感受到平台型电商企业维护顾客利益的态度和责任追索的力度，从而对平台型电商企业产生信任，买家用户黏性得以保持甚至增强。相比之下，"对违规店铺进行公示警告""约谈"等平台型电商企业的申诚惩处策略，买家很难切实感受到此类追索策略对平台卖家的实际影响，甚至会怀疑此类惩戒措施是否真实履行。此类型责任追索策略只能让买家感受到平台企业维护顾客利益的态度，并不能感受到平台型电商企业责任追索的力度，只能起到"隔靴搔痒"的作用，且容易造成平台买家用户的流失。此外，申诚惩处策略也很难使平台卖家感受到具体的威胁，尤其是对规模较小的平台卖家来说，"限制商品发布""强制商品下架""约谈"等追索策略对其经营状况并没有明显的影响，从这一角度来说，当平台型电商企业的责任追索策略起不到威慑卖家和保护消费者合法权益的作用时，消费者会认为平台型电商企业制度无效和能力不足，从而很有可能会选择减少交易甚至退出该交易平台。基于此，本书提出如下假设：

H$_5$：平台型电商企业采取的责任追索策略对买家用户黏性具有显著的影响。

H$_{5a}$：与无责任追索策略相比，平台型电商企业采取申诫惩处策略和财产惩处策略对平台买家用户黏性的影响更大。

H$_{5b}$：与采用申诫惩处策略相比，平台型电商企业采用财产惩处策略对平台买家用户黏性的影响更大。

2.责任追索策略与增强买家用户黏性：相对剥夺感的中介作用

在对相对剥夺感的研究中，Festinger（1954）提出了社会比较理论。社会比较理论认为，当自身很难做出评价时，会倾向与他人进行比较，从而进行自身评价。在进行比较时，选择不同的参照群体会导致不同的结果。当个体与他人进行比较时，个体会基于自身的认知对自己所处地位进行判断，当感知到自身处于不利地位时，个体会产生相对剥夺感。熊猛和叶一舵（2016）的研究结果证明了参照群体对弱势群体相对剥夺感的影响，参照群体处于优势地位会增强弱势群体的相对剥夺感体验。同时，根据马皑（2012）的研究结果，社会支持越高，其相对剥夺感体验越弱。当平台卖家发生违规行为损害消费者权益时，平台买家会将平台卖家作为参照群体，此时，平台卖家处于优势地位，平台买家成为弱势群体，而平台企业对违规卖家的责任追索策略会让买家感受到支持和保护，改变消费者内心对其与平台卖家相对地位的认识，进而平台买家感知到的相对剥夺感变弱。

此外，平台型电商的责任追索策略不仅能起到惩罚违规卖家和威慑其他平台卖家的作用，更是平台企业对整个市场的监督手段。在平台型网络市场中，买家较之卖家处于信息劣势地位，需要利用十分有限的信息对卖家的产品和服务进行甄别，交易过程中不确定性较大，平台型电商企业详细规定什么可为什么不可为，增强了消费者对违规行为和交易风险的认知，降低了其利益受损的风险。因此，建立完善的责任追索策略体系，在一定程度上可以降低平台买家甄别产品或服务的难度，使得平台买家在购物过程中有安全感，相对剥夺感减弱。同时，财产惩处策略较之申诫惩处策略，对违规卖家的惩罚力度更大，规制平台交易的决心更强，使消费者更容易做出平台企业利己行为的判断，消费者感知到的相对剥夺感变弱。

不同程度的相对剥夺感体验会导致个体产生情感和认知差异，从而影响个体行为。当个体相对剥夺感体验较弱时，会对事情保持一种中立甚至积极的态度，从而产生靠近意愿；反之，当个体相对剥夺感体验较强时，会诱发不满意、愤怒、郁闷等负面情绪，从而引起信任缺失、黏性降低、目标转移等一系列的消极连锁行为。对平台型网络市场中的平台买家来说更是如此，当平台型电商企业对平台卖家的违规行为进行规制时，无论是进行财产惩处，还是申诫惩处，都会使顾客感知到程序公平和结果公平，从而使其相对剥夺感降低、满意度恢复，进而提升其重购意愿，最终增强买家用户黏性；反之，平台的无谓态度会让消费者感知到交易不安全、维权无望、平台不规范、组织承诺低等风险，导致其相对剥夺感上升，进而使消费者产生诸如弃之而去、负面口碑等消极情绪。由此可见，平台型电商企业责任追索策略可以通过相对剥夺感的中介作用来影响平台买家用户的黏性。基于此，本书提出如下假设：

H_6：平台型电商企业责任追索策略对相对剥夺感有负向影响。与采用申诫惩处策略相比，平台型电商企业采用财产惩处策略对相对剥夺感的负向影响更大。

H_7：相对剥夺感对平台买家黏性有显著负向影响。连同 H_6，本书认为相对剥夺感在平台型电商企业责任追索策略对买家用户黏性的影响中起中介作用。

3.责任追索策略增强买家用户黏性：平台型电商声誉的调节作用

平台型电商声誉对平台买家的意义在于提供了商品/服务的可置信承诺，只有平台型电商声誉被平台卖家所分享，才能转化为对平台买家的真正价值（吴锦峰等，2014）。平台卖家分享平台型电商声誉存在两条截然不同的路径：平台型电商声誉可以转移给平台卖家（Reputation Transfer），对平台卖家的品牌权益具有一定的促进作用；平台型电商声誉也可以溢出到平台卖家（Reputation Spillover）（Huang and Li，2009），有助于平台卖家获得更多成交量及价格溢价（Price Premium）等。由此可见，平台型电商声誉在促成交易和提升平台买家对平台卖家的信任度中发挥着重要的作用，是买家判断平台卖家信誉及其经营商品及服务质量时所考虑的重要因素之一。人们普遍认为声誉较高的平台型电商所吸引的平台卖家信誉也较好，市场环境更好，交易风险更低。平台型电商声誉会影响平台买家对平台卖家机会主义行为的感知。比如，人们购买手机这类电子产品时，更倾向于使用京东而不是淘宝，因为京东相较于淘宝打假力度更大；购买服装这类日用品时，人们会更倾向于使用淘宝而不是折800，因为淘宝较之折800等平台流量更多，声誉更好，规范能力更强。

　　研究发现，平台型电商声誉会显著影响用户信任。鉴于平台中平台卖家的数量巨大以及卖家行为的不透明性，平台买家无法感知到对其有利的有效信息，在某种程度上平台买家会依赖平台型电商来进行判断，因此，平台型电商声誉成为买家选择交易平台的重要依据。而平台型电商声誉越低，平台买家感知不确定性越大、感知风险越大，对平台的感知信任度越低，且平台风险会诱发平台买家对平台企业的负面情绪。当平台买家的利益因平台卖家的违规行为遭受损害时，平台买家不仅会对卖家产生愤怒、失望等情绪，也更容易迁怒于平台。根据社会信号效应，对声誉较低的平台型电商企业来说，即使其治理规则中存在责任追索条款，平台买家也很可能会质疑平台企业执行追索条款的敏捷性和实际能力，而难以对其产生信任，更加剧了平台买家利益受损后的相对剥夺感。即使在实施责任追索后，平台买家为了避免再次的利益受损，仍会选择退出该平台市场不再交易。然而，较高的平台型电商声誉会向平台买家传递一种优质的信号，当平台型电商企业采取责任追索策略时，会增强平台买家的信任，相对剥夺感变弱，从而更易促成问题圆满解决。

　　由此，本书认为，在平台型网络市场中，平台型电商的责任追索策略与平台型电商声誉在降低平台买家的相对剥夺感时，是相互作用的。平台型电商企业对平台卖家违规行为采取强硬的态度和有力的措施有利于增强消费者的制度信任，进而使平台买家产生积极情绪和良好评价，并显著正向影响平台型电商声誉。相比之下，高平台型电商声誉，又会使平台买家认可其制度规范和责任追索策略，有利于引导平台买家积极参与对违规卖家的投诉和举证，为平台型电商责任追索策略的高效实施提供有力保障。可见，平台型电商的责任追索策略与平台型电商声誉二者相互促进，并彼此依赖，合力降低平台买家在交易全程的相对剥夺感。基于此，本书提出如下假设：

H_8：平台型电商声誉调节平台型电商责任追索策略对买家相对剥夺感体验的影响。

H_{8a}：当平台型电商声誉低时，两种策略对相对剥夺感的影响无差异。

H_{8b}：当平台型电商声誉高时，财产惩处策略会对相对剥夺感产生较大影响。

（二）研究设计

本部分共包含两个实验，实验目的如下：

实验1：采用3×1的组内因子实验探索平台型电商责任追索策略对买家用户黏性的影响，从而验证H_1和H_2。

实验2：采用2×2的组间实验探索相对剥夺感的中介效应以及平台型电商声誉的调节效应，从而验证H_3和H_4。

实验设计如下：

1.实验1

（1）预实验

本次实验参考现有平台型电商企业规制，根据天猫、淘宝、京东等多家平台型电商的责任追索策略，结合多篇企业报道及对平台买家的深度访谈，对平台型电商企业实施财产惩处策略和申诚惩处策略的实验情景进行编写。为了使研究对象不受之前网购经验的影响，此次情景中的平台均使用平台A来替代。为确保验证情景设计的有效性，通过预实验测试了被试对这三种情况的识别（即财产惩处 vs. 申诚惩处 vs.无责任追索）。本次实验从大连一所财经大学招募了20名有网上购物经验的研究生。首先，向他们介绍关于平台卖家违规和相关责任追索策略的概念，接下来，让他们浏览这三种场景，并将其与特定类型的责任追索策略相匹配。结果表明，所有3个方案均已正确识别和匹配（20个方案中有20个正确，正确率达100％），从而表明了情景设计的有效性。

（2）正式实验

实验1采用组内因子设计，自变量为平台型电商责任追索策略

（财产惩处策略 vs.申诫惩处策略 vs.无责任追索策略），因变量为买家
用户黏性。2019年10月8日，从大连某财经院校招募到网购经验至少
为1年的63名学生进行实验，最终60名被试完成了本轮实验，女性被
试31人，占比51.7%，男性被试29人，占比48.3%，年龄均处于18~
25岁之间。本实验将被试随机分配到3个组中。实验开始前，实验引
导员首先向所有实验被试表示感谢，告知被试将参加一项平台企业责
任追索策略对买家用户黏性影响的实验，并告知本次实验全部采用匿
名制，可以放心填写，同时，为了保证实验数据的可靠性，禁止被试
相互交流，只能独立作答。实验开始后，按照分组为被试发送实验材
料，并告知被试题项没有好坏之分，只需按照自己的真实想法填写
即可。

实验组1展示情景如下：假如你在某平台上购买产品或服务，发
现卖家有违规行为，你的权益受损，平台企业采用以下策略对其进行
惩处：对平台卖家发布的违规信息（如图片、视频等）进行降权、下
架、屏蔽或删除；限制解冻保证金；向买家支付一定金额的违约金。
实验组2展示情景如下：假如你在某平台上购买产品或服务，发现卖
家有违规行为，你的权益受损，平台企业采用以下策略对其进行惩
处：在平台卖家的店铺页面、商品页面等，对其被执行的处理进行公
示；或通过口头或书面形式对平台卖家的不当行为进行提醒或告诫。
实验组3展示情景如下：假如你在某平台上购买产品或服务，发现卖
家有违规行为，你的权益受损，平台企业对违规卖家不采取任何措
施。阅读实验材料后，被试填写买家用户黏性的量表。根据 Li
（2006）和 Lu（2010）的研究提出买家用户黏性的量表，最终确定为7
个题项，具体题项为：我希望能长期使用该电商平台；我会因该电商
平台的消失而感到不安；我会关注该电商平台的未来发展趋势；该电
商平台是值得信任的；该电商平台是值得依赖的；在浏览该电商平台
网页或 App时，我会停留较长时间；我打算延长使用该电商平台网页
和 App 的时间，并用 Likert 7分量表进行测量。量表的 Cronbach's α 值
系数为0.764，大于0.7，说明量表具有良好的信度。对平台买家用户
黏性进行因子分析，结果表明该变量所有题项的因子负荷值均高于

0.7，且 AVE 值为 0.811，建构效度良好。最后让被试填写个人基本信息。

2.实验2

实验2的目的在于验证平台型电商责任追索策略对买家用户黏性产生影响的机制以及平台型电商声誉的调节作用，采用情景实验法来进行验证。在实验正式开始之前，通过小规模访谈来考量问卷各题项和设计编排的合理性，被访谈对象共15人，且均有丰富的网购经历。根据访谈对象对测量题项的理解和反馈对题项进行修正，形成预调查问卷。随后，利用修正后的问卷进行小范围的预调研。又根据预调研的结果，对实验情景、理解不清晰的题项和描述进行修改，最终形成正式的问卷，开始实施正式实验。

首先，对平台买家进行了深入访谈，了解他们对平台型电商责任追索策略的感知程度和平台型电商声誉的外在表现；其次，对淘宝、京东等多家电商平台的责任追索策略进行研究；最后，在此基础上结合文献分析，对具体的实验情景进行编写。

（1）情景1——低平台型电商声誉+财产惩处策略

某家平台型电子商务企业是近几年创立的电商平台，目前还处在亏损阶段，在电商企业500强排名中未上榜。因自身能力和规模所限，并没有投身于公益事业的建设。您在其平台上购买产品，发现此平台中平台卖家存在违规行为，并导致您的权益受损，平台企业对其采取以下惩处策略：对平台卖家发布的违规信息（如图片、视频等）进行降权、下架、屏蔽或删除；限制解冻保证金，并由平台违规卖家向买家支付一定金额的违约金。

（2）情景2——低平台型电商声誉+申诫惩处策略

某家平台型电子商务企业是近几年创立的电商平台，目前还处在亏损阶段，在电商企业500强排名中未上榜。因自身能力和规模所限，并没有投身于公益事业的建设。您在其平台上购买产品，发现此平台中平台卖家存在违规行为，并导致您的权益受损，平台企业对其采取以下惩处策略：在平台卖家的店铺页面、商品页面等，对其被执行的处理进行公示，或通过口头或书面形式对平台卖家的不当行为进行提醒或告诫。

（3）情景3——高平台型电商声誉+财产惩处策略

某家平台型电子商务企业是国内首创互联网电子商务平台公司，在2018年电商企业500强中位列前茅，并以电商企业为基础，现以扩展到金融、大数据、云计算等方面。除此之外，该企业还致力于公益事业的发展，现已成为全球参与公益活动规模最大的公司。您在其平台上购买产品，发现此平台中平台卖家存在违规行为，并导致您的权益受损，平台企业对其采取以下惩处策略：对平台卖家发布的违规信息（如图片、视频等）进行降权、下架、屏蔽或删除；限制解冻保证金，并由平台违规卖家向买家支付一定金额的违约金。

（4）情景4——高平台型电商声誉+申诫惩处策略

某家平台型电子商务企业是国内首创互联网电子商务平台公司，在2018年电商企业500强中位列前茅，并以电商企业为基础，现已扩展到金融、大数据、云计算等方面。除此之外，该企业还致力于公益事业的发展，现已成为全球参与公益活动规模最大的公司。您在其平台上购买产品，发现此平台中平台卖家存在违规行为，并导致您的权益受损，平台企业对其采取以下惩处策略：在平台卖家的店铺页面、商品页面等，对其被执行的处理进行公示，或通过口头或书面形式对平台卖家的不当行为进行提醒或告诫。

3.实验方法与步骤

实验2采用2（平台型电商责任追索策略：财产惩处策略 vs. 申诫惩处策略）×2（平台型电商声誉：高 vs. 低）组间因子设计。341名某高校大学生参加了本次实验，其中300名大学生按规定完成实验。本实验将被试随机分为4个实验组。实验开始前，实验引导员首先向所有实验被试表示感谢，告知被试将参加一项平台型电商责任追索策略对买家用户黏性影响的实验，并告知本次实验全部采用匿名制，可以放心填写；同时，为了保证实验数据的可靠性，禁止被试相互交流，只能独立作答。实验开始后，按照分组为被试发送实验材料，并告知被试题项没有好坏之分，只需按照自己的真实想法填写即可。

实验组 1 展示情景 1，实验组 2 展示情景 2，实验组 3 展示情景 3，实验组 4 展示情景 4，阅读实验材料后，被试填写相对剥夺感和买家用户黏性的量表。实验材料文字数均在 300 字左右，且经过多名老师和同学的认真阅读，测算阅读材料时间约为 1 分钟；同时，向参与实验的被试介绍平台型电商的财产惩处策略和申诫惩处策略以及平台型电商声誉的定义。本书需要考察被试对平台型电商责任追索策略类型和平台型电商声誉的感知程度，鉴于此，选取"我认为该策略属于平台型电商申诫惩处策略""我认为该策略属于平台型电商财产惩处策略"两个题项对平台型电商责任追索策略类型进行测量；选取"我认为该平台企业拥有很强的市场竞争力""我认为该平台企业拥有很好的市场发展前景""我认同和支持该企业""我欣赏和尊敬该平台企业"4 个题项对平台型电商声誉进行测量。上述量表均采用 Likert 7 分量表。最后让被试填写个人基本信息。

（三）数据分析与实验结论

1. 实验 1

实验 1 将买家用户黏性作为因变量，利用单因素方差分析方法进行检验，结果见表 6-9。当面对 3 种不同类型的责任追索策略时，买家用户黏性得分的均值和标准差依次为：财产惩处策略下 $M_{财产惩处}$ = 5.030，$SD_{财产惩处}$ = 1.2749；申诫惩处策略下 $M_{申诫惩处}$ = 4.880，$SD_{申诫惩处}$ = 1.3126；无责任追索策略下 $M_{无责任追索}$ = 4.520，$SD_{无责任追索}$ = 1.5601。本书进一步借助最小显著差数法得出如下结论：两种平台型电商责任追索策略与无责任追索这三种情形之间是两两存在显著差异的，申诫惩处策略与财产惩处策略存在显著差异，p=0.0003；与无责任追索策略存在显著差异，p=0.0009。财产惩处策略与无责任追索策略存在显著差异，p=0.0001。研究结果说明平台型电商责任追索的类型确实会对买家用户黏性产生影响，且在买家用户黏性得分方面，财产惩处策略大于申诫惩处策略，也大于无责任追索策略，所以，假设 H_5 成立。

表6-9　　平台型电商责任追索策略对买家用户黏性影响的检验结果

责任追索策略（I）	责任追索策略（J）	均值	标准差	显著性
申诫惩处策略	财产惩处策略	4.880	1.3126	0.0003
	无责任追索策略			0.0009
财产惩处策略	申诫惩处策略	5.030	1.2749	0.0003
	无责任追索策略			0.0001
无责任追索策略	财产惩处策略	4.520	1.5601	0.0001
	申诫惩处策略			0.0009

2.实验2

（1）样本分析

实验2阶段共收到有效样本341份，删除明显无效问卷后，保留300份有效问卷（有效率87.9%），且各实验组被试者人数均为70人以上。关于本书实验对象基本特征的分析见表6-10。本实验的参与者具有以下特征：在性别分布上，女性实验参与者（169人）多于男性实验参与者（131人），占比分别为56.3%和43.7%，男女比例较为均衡；在年龄上，多数被试者年龄都集中在20~25岁，20~25岁的被试所占比例接近50%，25~30岁的占比20.3%，20岁以下的占比21.3%；在学历上，被试主要是本科学历，占比为75.0%；在使用平台型电商的时间上，所有被试都具有1年以上的网购经验，经验在1~3年的与4~6年的被试最多，分别占比36.0%和39.7%，极少数被试使用平台型电商的时间10年以上。

表6-10　　　　　实验对象的人口特征统计

指标		频次	频率
性别	男	131	43.7%
	女	169	56.3%
年龄（岁）	20以下	61	21.3%
	20~25	148	49.3%
	25~30	64	20.3%
	31及以上	27	9.0%
学历	大专及以下	37	12.3%
	本科	225	75.0%
	研究生及以上	38	12.7%
使用电商平台的时间	1年以下	40	13.3%
	1~3年	108	36.0%
	4~6年	119	39.7%
	7年及以上	33	11%

（2）量表信效度检验

利用SPSS等软件对相对剥夺感、买家用户黏性的信度和效度进行测量，使用Cronbach's α值来确定信度水平，表6-11显示，相对剥夺感和平台买家黏性的信度系数Cronbach's α值及组合信度值，均已超过0.70，表明这两个变量信度较高。对相对剥夺感和买家用户粘性这两个变量进行因子分析，结果表明两个变量所有题项的因子负荷值均高于0.70，且AVE值都大于0.60，建构效度良好。

表6-11 **测量量表及其信度系数**

变量	测量题项	参考文献	效度		信度	
			因子载荷	AVE	Cronbach's α值	组合信度
相对剥夺感	1.在平台型电商企业对平台违规卖家进行惩处后，作为平台买家，我觉得自己的权益被削弱，违规卖家的权益得到增强	Hamilton（2017）	0.825	0.702	0.786	0.704
	2.在平台型电商企业对平台违规卖家进行惩处后，作为平台买家，我会感到不满		0.852			
	3.在平台型电商企业对平台违规卖家进行惩处后，作为平台买家，我认为自己没有得到应有的补偿		0.836			
平台买家用户黏性	1.我希望能长期使用该电商平台	Li（2006）；Lu（2010）	0.791	0.681	0.845	0.862
	2.我会对该电商平台的消失而感到不安		0.777			
	3.我会关注该电商平台的未来发展趋势		0.786			
	4.该电商平台是值得信任的		0.828			
	5.该电商平台是值得依赖的		0.893			
	6.在浏览该电商平台网页或App时，我会停留较长时间		0.811			
	7.我打算延长使用该电商平台网页和App的时间		0.859			

（3）操控检验

操控检验是为了验证本书在实验中对平台型电商责任追索策略类型的操控是否成功，评判标准为不同实验组的变量水平是否存在显著差异。对此，本书采用独立样本T检验来检测实验设计对各变量的操控是否成功。在对平台型电商责任追索策略类型的操控上，本书从正负两个方向设置操控问项来验证情景的有效性。ANOVA分析结果表明，财产惩处策略得分显著高于申诫惩处策略得分（$M_{申诫惩处}$=2.830，$SD_{申诫惩处}$=1.0353，$M_{财产惩处}$=5.320，$SD_{财产惩处}$=1.3400，t=14.705，p=0.000<0.001）。根据量表设计，得分越低，表示被试越倾向于认为平台型电商企业采用的责任追索策略为申诫惩处策略；得分越高，表示被试越倾向于认为平台型电商企业采用的责任追索策略为财产惩处策略。因此，本书在平台型责任追索策略上的操控有效。此外，ANOVA分析结果表明，高平台企业声誉得分显著高于低平台企业声誉得分（$M_{低}$=2.370，$SD_{低}$=0.807，$M_{高}$=5.590，$SD_{高}$=0.7050，t=25.081，p=0.000<0.001）。根据量表设计，得分越高，表示被试越倾向于认为该平台企业声誉高，因此，本书在平台型电商声誉上的操控有效。

表6-12　　　　　　　　　　　　操控检验结果

操控变量	分类变量	平均数	标准差	T值	显著性
平台型电商企业责任追索策略	财产惩处策略	5.320	1.3400	14.705	0.000
	申诫惩处策略	2.830	1.0353		
平台企业声誉	高平台企业声誉	5.590	0.7050	25.081	0.000
	低平台企业声誉	2.370	2.3700		

（4）假设检验

①调节作用检验

平台型电商企业责任追索策略对相对剥夺感的影响分析。以平台型电商企业责任追索策略为自变量，以相对剥夺感为因变量，进行单因素方差分析，研究结果表明，责任追索策略对相对剥夺感具有显著影响，且财产惩处策略对相对剥夺感的影响高于申诫惩处策略对相对剥夺感的影响（$M_{财产惩处}$=3.20，$M_{申诫惩处}$=3.30，t=2.59，p=0.000<0.001），H_6得到验证。

平台企业声誉在平台型电商企业责任追索与买家相对剥夺感关系中的调节作用分析。以相对剥夺感为因变量，以平台型电商企业责任追索策略（财产惩处策略、申诫惩处策略）和平台企业声誉（高、低）为自变量进行双因素方差分析，各实验组描述性统计结果见表6-13。

表6-13　　　　　　　　　　各实验组描述性统计结果

	责任追索策略	平台企业声誉	均值	标准差	N
相对剥夺感	申诫惩处策略	高	3.44	1.53	73
		低	4.05	1.60	75
	财产惩处策略	高	3.14	1.53	75
		低	4.05	1.69	77

结果表明，平台型电商企业责任追索策略与平台企业声誉对相对剥夺感的交互作用显著（$F(1, 296)=3.132$，$p=0.004<0.01$）。为了进一步分析变量间的相关性，本书做了相对剥夺感在平台企业责任追索策略与平台企业声誉的各个水平上的简单效应检验，结果显示，当平台企业声誉高时，两种策略会对相对剥夺感产生显著影响，较之于财产惩处策略，申诫惩处策略下买家相对剥夺感较高（$M_{财产惩处}=3.14$，$M_{申诫惩处}=3.44$，$F(1, 297)=3.763$，$p=0.002<0.01$），支持了H_{8b}；当平台企业声誉低时，两种策略对相对剥夺感的影响无差异（$M_{财产惩处}=4.05$，$M_{申诫惩处}=4.05$，$F(1, 297)=2.142$，$p>0.05$），支持了H_{8a}。这一作用的形态如图6-6所示。

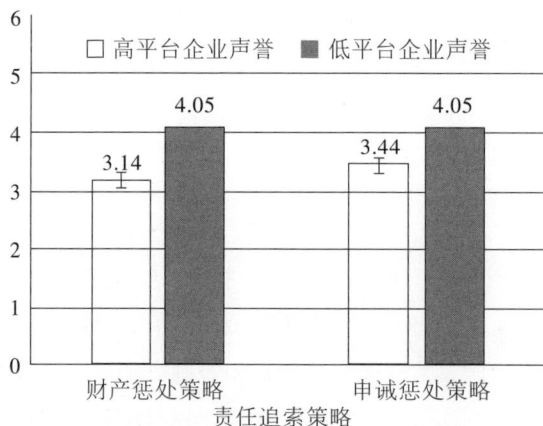

图6-6　平台企业声誉对相对剥夺感的调节作用

进一步检验平台型电商企业责任追索策略与平台企业声誉对买家用户黏性的影响。以买家用户黏性为因变量、平台型电商企业责任追索策略（财产惩处策略、申诫惩处策略）和平台企业声誉（高、低）为自变量进行双因素方差分析，结果表明，平台型电商企业责任追索策略与平台企业声誉对买家用户黏性的交互作用显著（F（1，296）=8.823，p=0.003<0.01）。综上，假设 H_8 成立。

②中介作用检验

相对剥夺感对平台型电商企业责任追索策略影响买家用户黏性的中介作用分析，结果见表6-14。对相对剥夺感对买家用户黏性的回归分析结果表明，相对剥夺感对买家用户黏性有显著负向影响（F（1，298）=123.65，p<0.001），标准化回归系数为 β=−0.29（t=−10.91，p=0.000<0.001）。H_7 前半部分得到验证。

表6-14　相对剥夺感对平台型电商企业责任追索策略影响买家用户黏性的中介效应

	平台企业声誉	效应大小	Boot SE	95%CI	
				LLCI	ULCI
相对剥夺感的中介效应	低	0.01	0.07	−0.1431	0.1463
	高	0.27	0.06	0.1547	0.4116

注：责任追索策略（申诫惩处和财产惩处分别编码为1和2）、平台企业声誉（低声誉和高声誉分别编码为1和2）、相对剥夺感、买家用户黏性等各变量数据为标准化数据。

对变量进行标准化处理后，参照 Zhao 等（2010）提出的有调节的中介检验方法步骤，以及 Hayes（2013）提出的 bootstrapping 方法检验相对剥夺感的中介效应，选择 bootstrapping 样本量5 000次，选择模型7。在95%的置信区间下，在平台企业声誉高的情形下，相对剥夺感的中介作用显著（LLCI=0.1547，ULCI=0.4116，不包含0），且中介效应大小为0.27；在平台企业声誉低的情形下，相对剥夺感的中介作用不显著（LLCI=−0.1431，ULCI=0.1463，包含0）。对相对剥夺感进行控制后，平台型电商企业责任追索对买家用户黏性的影响依旧显著（LLCI=1.0988，ULCI=1.5695，不包含0），且效应大小为1.33，说明相对剥夺感在平台型电商企业责任追索对买家用户黏性的影响中起部分中介作用。至此，H_7后半部分结论得到有效验证，前面已经证实了H_7前半部分，所以整个假设H_7成立。

3.实验结论

本章通过情景实验法对平台型电商责任追索策略与平台买家用户粘性的影响关系进行验证。实验结果表明，与无责任追索策略相比，平台型电商责任追索策略对平台买家用户黏性有显著的正向影响，且平台企业采取不同的责任追索策略，会对平台买家用户黏性产生不同程度的影响。相较于申诚惩处策略，财产惩处策略能够显著影响平台买家用户黏性，使平台买家产生更积极的认知。平台型电商责任追索行为对买家产生的这种影响通过相对剥夺感传递，当平台型电商企业采取不同的责任追索策略时，买家的相对剥夺感体验程度也不尽相同，相较于申诚惩处策略，财产惩处策略对相对剥夺感的负向影响更强，且平台型电商的责任追索策略和平台型电商声誉同时对平台买家的相对剥夺感体验和黏性产生影响。当平台型电商声誉高时，不同类型的责任追索策略对相对剥夺感有显著的影响差异。其中，财产惩处策略对相对剥夺感的负向影响最强，申诚惩处策略的负向影响则稍弱。但是，当平台型电商声誉低时，两种类型的责任追索策略对买家的相对剥夺感体验并没有显著的差别。

四、结论与讨论

（一）研究结论

首先，本章基于对法律领域相关制裁与规制等责任追溯文献的归纳，采用类比法将平台型电商的责任追索定义为平台型电商企业针对平台内卖家违规行为实施的惩罚性措施，将平台型电商的责任追索策略划分为申诚惩处策略和财产惩处策略。申诚惩处策略被定义为平台企业向违规卖家发出警告，使其产生精神上的警惕，典型的如对违规店铺进行公示警告、责令其整改、以谈话或者书面方式进行诫勉等；财产惩处策略被定义为平台企业对违规卖家进行惩罚，使其财产受到直接或间接损失，且具体可分为经济型制裁策略和权益性制裁策略。其中，经济性制裁策略是指平台企业可以直接对违规卖家实施财产处罚，典型的如保证金制裁、违约金赔付等方式；权益性制裁策略是指平台企业可以通过限制或剥夺违规卖家特定权益的方式，间接地导致违规卖家财产受到损失，典型的如限制商品发布、商品下架、关闭店铺等方式。

其次，本章基于威慑理论，从不同的财产惩处策略出发，采用实证研究的方法深入探究了平台型电商责任追索对平台卖家的影响机制和作用边界。鉴于平台型电商企业对违规卖家进行责任追索的主要目的在于对平台卖家的违规行为进行惩处，对平台卖家的机会主义行为起到抑制作用，实现平台型网络市场的有效治理，因此，本书以平台卖家机会主义行为为研究对象，探讨了平台型电商不同的责任追索策略对平台卖家机会主义行为的影响作用，并分析了平台卖家规模在其中的调节作用。研究表明：①平台卖家机会主义行为受到平台型电商责任追索策略的显著影响。②平台型电商责任追索策略通过增大平台卖家的违规代价进而对平台卖家机会主义行为产生显著的抑制作用。③对于不同规模的平台卖家，平台型电商责任追索策略对平台卖家机会主义行为的影响是不同的。其中，相比小规模的卖家，对大规模卖家采取权益性制裁策略时所产生的负面效应更强；较之于规模大的平台卖家，当平台卖家规模小时，经济性制裁对卖家机会主义行为产生的影响更显著。

最后，本章基于社会比较理论，从不同的责任追索策略类型出发，对平台型电商的责任追索对平台买家的影响机制和作用边界进行了深入探究。鉴于平台型电商声誉管理的主要目的是吸引更多的消费者，并培养客户忠诚；因此，本书以平台买家用户黏性为研究切入点，探讨了平台型电商不同的责任追索策略对平台买家黏性的影响作用，并分析了平台型电商声誉在其中的调节作用。研究表明：①与无责任追索策略相比，平台型电商的责任追索策略对平台买家用户黏性有显著的正向影响，且平台企业采取不同的责任追索策略，会对平台买家用户黏性产生不同程度的影响。其中，相较于申诫惩处策略，财产惩处策略能够显著影响平台买家黏性，使平台买家产生更积极的认知。②平台型电商的责任追索行为对买家产生的这种影响通过相对剥夺感传递。当平台型电商企业采取不同的责任追索策略时，买家的相对剥夺感体验程度也不尽相同。其中，相较于申诫惩处策略，财产惩处策略对相对剥夺感的负向影响更强。③平台型电商的责任追索策略和平台型电商声誉同时对平台买家的相对剥夺感体验和黏性产生影响。当平台型电商声誉高时，不同类型的责任追索策略对相对剥夺感存在显著的影响差异。其中，财产惩处策略对相对剥夺感的负向影响最强，申诫惩处策略的负向影响则稍弱。但是，当平台型电商声誉低时，两种类型的责任追索策略对买家的相对剥夺感体验并没有显著的差别。

（二）管理启示

本章的结论对平台型电商企业、平台卖家都具有一定的实践指导意义。其中，有助于平台型电商企业在平台治理中获得新的管理实践启示，平台卖家也能更好地意识到平台企业责任追索的意义所在。其具体表现在以下方面：

（1）建立有效的责任追索制度，夯实平台管理基础。本书最大的实践意义在于能够使平台企业认识到责任追索对卖家机会主义行为产生的显著负向影响，以及对平台买家用户黏性的正向影响。因此，平台企业若想抑制卖家的机会主义行为和保持买家的黏性，应持续监控违规行为，主动出击，对违规行为进行责任追索，以维持网络市场健康有序发展，且需重点关注和实施平台型电商财产惩处策略，但平台型电商申诫惩处策略同样不可忽视。平台企业应当注重规章制度的制定与实施，建立有效的责任追索制度，夯实企业管理违规卖家的法理基础，减少卖家的违规行为，维护平台型电商声誉。

（2）建立精细化责任追索管控，提高平台管理效率。平台型电商企业进行责任追索时，卖家规模的大小会调节责任追索策略对卖家机会主义行为所产生的影响，因此平台企业需要进行更为精细化的管理。不同规模卖家对平台型电商企业实施的两种责任追索策略（权益性制裁策略和经济性制裁策略）惩罚水平的预期不同。平台企业在往常的制度制定中，只依据违规程度设置相应的追索策略，并未考虑针对不同卖家制定多元化责任追索策略，所以治理效果差强人意。为了引起不同规模卖家的充分重视，抑制其机会主义行为，可以制定同一违规行为的多种制裁策略，从而规避不同卖家的投机取巧行为，均衡其同一违规行为的违反代价。因此，平台企业在管理平台卖家时，要保持对不同规模卖家相对责任追索效力的管控。除此之外，平台型电商企业还要建立精准有效的平台卖家识别机制，全方位、多角度设置平台卖家评价标准，全面掌握其经营品类、经营规模、成交率、引流方式等经营特征，对平台卖家进行精细化分类，针对不同规模、不同服务类型的卖家采取不同的规制策略，提高平台运行的效率，促进平台市场健康发展。

（3）建立动态化责任追索机制，提升平台管理能力。所谓动态化，就是要求平台企业能够动态评价平台卖家的规模、信誉及未来发展趋势。平台企业在制定和实施责任追索策略时，需要针对不同类型平台卖家的突出特点，设置有针对性的规制策略；同时，平台企业需要结合经济发展状况、平台卖家特征的演变及时调整违规代价，调节平台卖家的风险感知程度。这就要求平台企业全面动态掌握卖家的经营状况和店铺在整个卖家群体中的地位，并有能力根据历史数据对未来进行预测，从而使平台的制度规则在保证市场良性运转中发挥最大的作用。平台企业不仅要对平台卖家实行动态化管理，利用多种手段提升自己的市场认知度和社会影响力，更要将对平台卖家的治理策略内化为企业内部的管理内涵，全方位提升市场的公平性和运作能力。

（4）建立透明化责任追索机制，强化平台管理效果。平台型电商责任追索行为对平台买家黏性的影响是通过相对剥夺感来传递的，因此，平台型电商要通过提高买家对责任追索的感知度来降低买家的相对剥夺感。比如，无论平台型电商企业采取哪种责任追索策略，一定要让平台买家感受到责任追索策略的切实执行，感受到平台对违规卖家的惩处，感受到自己的合法权益得到了保护。另外，在平台企业追责后，要及时跟进反馈和处理结果。比如，可以通过定期举行有奖调查活动的方式，了解买家对平台企业追责的态度，进而掌握平台型电商责任追索策略的效果。最后，建立监督机制，鼓励买家对卖家违规行为进行监督和举报，增强平台买家的参与意识。与此同时，平台企业要想方设法降低平台买家投诉和举报的难度，保护平台买家的隐私，保证交易的安全性，让消费者愿意参与、主动参与到平台卖家违规行为的责任追索中。

第七章　平台型电商的声誉管理

一、理论框架

随着平台型电商数量的增加，平台型网络市场的竞争也日益激烈。如何建立竞争优势并保持动态竞争能力，成为平台型电商亟待解决的关键问题。拥有较多数量的平台买家是平台型电商企业获得并保持竞争优势的关键，且平台买家也更加倾向选择与声誉良好的平台卖家开展交易，因此，集合了大量高声誉卖家的平台型电商更能保持长期竞争优势。可见，良好的声誉对于平台型电商竞争优势的构建以及动态竞争能力的保持均具有重要意义。构建并保持良好的声誉，以及对声誉进行有效的管理对于平台型电商未来发展而言至关重要。

基于平台企业和平台卖家的价值共创视角，平台企业与平台卖家均具有管理平台型电商声誉的合法性。平台企业管理平台型电商声誉具有无可比拟的优势：（1）平台企业个体声誉和平台卖家群体声誉的耦合促成了产权的私有化。尽管平台型电商声誉的形成属于平台企业和平台卖家的共创，但是现实中平台企业独占平台型电商声誉产权。平台企业不仅积极对平台型电商声誉进行投资，还会对破坏声誉的主体进行索偿，这是平台型电商声誉管理优于传统集体声誉的关键所在。（2）历史记录的实时反馈提高了信息的对称性。由于电商平台可以实时记录和及时反馈平台交易行为，平台企业规制平台卖家具有一定的信息优势。（3）平台规制取代社会治理有利于节约交易费用。平台用户作为参与主体的社会治理容易出现"集体行动的困境"，存在较高的协调成本；平台企业作为唯一主体的平台规制既能够降低协调成本，还能够获得权力保障，可以更有效地维护平台型电商声誉。

鉴于此，本章首先探究了平台型电商声誉危机来源、成因，以及平台型电商声誉破坏对平台内其他卖家的影响机理，为平台企业惩处违规卖家、规范平台交易秩序，系统构建针对平台卖家的责任追索策略等提供依据。在此基础上，本章从平台企业的角度研究平台型电商声誉的管理，不仅通过两个案例探究平台企业采取强制性措施规制卖家行为的管理行为，而且通过实证研究进一步分析平台企业采取经济性激励措施激励卖家自发约束自身行为的管理行为，进而全面构建平台型电商声誉的管理策略。

（一）平台型电商声誉危机的来源

平台企业与平台卖家实行分离式自组织管理以及平台卖家之间拥有激烈的竞争关系，会导致平台型网络市场上交易纠纷、假冒伪劣、"刷单"问题层出不穷，这不仅严重影响消费者对平台卖家产品质量和服务质量的认知，降低消费者对卖家群体的喜爱程度，损害平台卖家的群体声誉，还会影响消费者对平台企业架构、规则的公平性评价，降低消费者对平台企业的喜爱程度，损害平台企业的个体声誉，造成平台卖家群体声誉和平台企业个体声誉的危机。声誉是组织的一项无形资产，组织要获得持续的竞争优势，一个好的声誉是必不可少的。组织声誉的破坏不仅引发消费者对平台企业和平台卖家的口碑、产品服务等一系列事项产生较为负面的印象和评价，导致消费者对平台企业和平台卖家的认可度、信任感和忠诚度剧烈下滑，使平台企业和平台卖家的社会美誉度和市场形象遭受严重打击，而且会增加平台企业和平台卖家的交易成本，使其被迫承担由于声誉恶化而蒙受的无形的利益损失。因此，探究平台型电商声誉危机的来源、成因和影响机理，可以厘清声誉危机产生的内在逻辑，为平台型电商声誉管理提供理论依据，为减少声誉危机产生的负面影响提供相应决策依据。

凭借在价值共创过程中的主导地位，平台企业可以通过平台型电商声誉获得较大的收益，因此，具有维护平台型电商声誉的动机和能力。平台卖家则成为平台型电商声誉危机的主要来源，除了平台卖家的声誉建设活动和平台型电商声誉的发展走向不一致外，还存在如下原因：

1.平台型电商声誉的公共特征

由于平台型电商声誉具备"类俱乐部物品"的特质，平台卖家倾向过度利用平台型电商声誉索取收益，从而导致平台型电商声誉的危机或退化。究其本质，平台卖家的个体理性与卖家群体的集体理性存在冲突，平台卖家追求个体利益最大化的行为可能对平台型电商声誉造成破坏。

2.平台型电商声誉的层级结构

平台卖家个体声誉、平台卖家群体声誉、平台型电商声誉纵向递进形成了"宝塔"式层级结构：下级主体的声誉投资可以形成上级主体的声誉基础进而被其他竞争主体所分享，下级主体的声誉危机可以通过上级主体的声誉支付来弥补进而被其他竞争主体所分担，并且，平台企业个体声誉在平台型电商声誉形成过程中发挥了促进作用，也在平台型电商声誉支付过程中起到了担保作用。因此，平台型电商声誉的层级结构导致平台卖家的声誉投资和声誉收益具有非对称性，单纯依靠平台卖家自律难以实现对平台型电商声誉的有效维护。

3.平台型电商声誉的产权结构

目前，在价值共创过程中处于从属地位的平台卖家并不享有平台企业独占的平台型电商声誉产权，无法从中获得长期利益，缺乏维护平台型电商声誉的动机，甚至可能采取机会主义行为谋求更大的利益，从而对平台型电商声誉造成破坏。特别是，尽管平台卖家拥有店铺信誉产权，而且店铺信誉可以作为资产参与交易，但是，当下平台店铺转让较为困难，导致平台卖家的信誉投资动机不足，"信誉套现行为"较为严重，即平台卖家通过良性经营积累了良好的店铺信誉，但在店铺经营临近结束时，通过信誉损毁行为（如销售假货）攫取了较大的超额利润。

4.平台型电商的组织关系

平台企业和平台卖家建立了组织内委托代理关系：平台企业向平台卖家收取一定的声誉租金、规定一定的平台义务，导致平台卖家的经营自主权遭到侵蚀，从而具备了平台企业"准内部子企业"性质，两者就此建立了组织内委托-代理关系，平台型电商声誉的利益分享与责任追索成为关键连带。正因为如此，平台企业既要对平台卖家的违规行为施以严厉惩罚，又要对受到外部指责的平台卖家给予积极保护，如阿里巴巴既要成立平台治理部监管平台卖家，又要在"阿里巴巴-工商总局"事件中极力保护平台卖家，看似复杂的行为背后是维护共同的平台型电商声誉，因为组织内部的治理是对平台型电商声誉的维护，组织外部的治理则是对平台型电商声誉的破坏。但是，这种组织关系导致平台卖家将平台规则与平台监管视为"不可置信承诺"，从而进一步加剧了声誉危机。不仅如此，平台企业和平台卖家采取了分离式自组织管理（汪旭晖和张其林，2016），导致平台企业监管受到成本、信息等多重约束，也并不具备较高的效率。

5.平台型电商的卖家分布

不同于地理标志产品因自然属性而天然获得集体声誉，平台卖家因社会属性而参与创造集体声誉，这种差异使得平台卖家的分布相较地理标志产品生产者更为分散，从而进一步导致平台卖家之间的信息不完全。在这种情况下，平台卖家群体的发展往往呈现"集体奖励—同行惩罚—集体惩罚"三个阶段：第一阶段，平台卖家大都维护良好的个体声誉，吸引更多的平台买家光顾，平台卖家享受集体奖励，平台型电商声誉得以建立；第二阶段，在平台卖家之间信息不完全条件下，个别卖家尤其是后期加入的"搭便车"卖家可能采取机会主义行为，致使平台买家选择高声誉卖家进行交易，平台卖家遭到同行惩罚，平台型电商声誉开始下降；第三阶段，违规信息的大量传播导致平台买家对平台市场失去信心，平台买家逐渐退出市场，平台卖家遭受集体惩罚，平台型电商声誉严重损毁。

（二）平台型电商声誉危机的成因

个别参与主体的行为会对平台型电商声誉造成破坏，从而导致平台企业和平台卖家受到平台买家的"制裁"，原因包括以下四个方面：

1.共享用户

由于平台企业和平台卖家共享客户资源，无论是平台企业还是平台卖家的声誉破坏行为，均具有较强的外部性（王长军和蔡昱瑶，2018）。根据双边市场理论，平台企业与客户建立长期稳定的关系能够为企业提供流量以实现规模经济，而平台卖家的收入绩效则是保障平台企业运营和发展的基础。由于平台企业和消费者之间存在信息的不对称性，为降低这种信息不对称带来的潜在问题，消费者通常倾向于在具有更高声誉的平台企业进行购物（Lin et al.，2018），因此平台企业对声誉的破坏行为将降低消费者对卖家产品和服务的信心，降低消费者的信任水平，最终动摇消费者购买意向和购买决策。平台企业不仅是市场上独立经营、自负盈亏的企业个体，也是市场上制定规则、执行规则的管理主体，如果平台卖家出现假货和诈骗等行为，那么消费者不仅会怀疑平台卖家的诚信行为，而且会怀疑平台企业的管理能力，质疑平台企业的监管力度，让更多消费者望而却步，难以使平台企业实现规模经济。

2.共同属性

平台型电商的本质在于平台企业和平台卖家共创价值，向平台买家提供完整的购物体验。平台型电商连接了平台卖家和平台买家以及其他支持种群，向这些参与者提供平台架构、交互标准、交互规则、互动机制，促使参与者通过共享自己的资源提升其他参与者的价值，也通过分享其他参与者的资源提升自己的价值。但是，不同于现有的服务生态系统研究大多关注双元互动关系范式下的价值共创，平台型电商的价值共创逻辑大多是多方合作向另一方传递价值，如平台企业和平台卖家合作向平台买家传递"供给侧"价值（肖红军和李平，2019）。平台型电商参与者具有共同的属性，平台买家正是基于这种共有属性形成了"刻板印象"——平台型电商声誉。因此，任何参与个体的声誉破坏行为都会影响平台买家对平台型电商的总体评价。

3.信息匮乏

平台企业兼具市场经营者和市场管理者双重角色，既具有市场搭建功能，也具有市场规制功能。其中，市场搭建主要是指平台市场的规则设计与系统设计，既离不开平台卖家的自发演化，也离不开平台企业的理性设计；市场规制主要是指平台市场的规则实施与规制措施，既离不开平台卖家的自觉实施，也离不开平台企业的强制执行。平台买家难以对平台交易结果进行有效的归因，特别是难以对平台企业和平台卖家以及动机原因与能力原因进行有效的识别，因此，任何参与个体的声誉破坏行为都难免损害整个群体的利益。

4.解释倾向

人们倾向使用属性归因来解释外群体的不合意行为，而趋向以情势归因来解释他们的合意行为（Nicola et al.，2019）。因此，若平台买家对某个参与主体的行为感到不满，其倾向将此结果归因为该主体的能力不足等属性因素，采取这种归因不仅对该主体的声誉造成极大的破坏，而且给整个平台型电商的声誉带来不利的影响；若平台买家对某个参与主体的行为感到满意，其倾向将此结果归因为该主体的辛勤努力等情势因素，采取这种归因可以提升该主体的声誉，却难以提升整个平台型电商的声誉。

（三）平台型电商声誉危机的影响机理

平台卖家的声誉损毁行为对平台市场上其他卖家的影响可以分为传染效应与竞争效应（Roehm and Tybout，2006）：传染效应意味着平台卖家行为对其他卖家产生了相似的影响，竞争效应意味着平台卖家行为对其他卖家产生了相反的影响。

平台卖家行为导致自身声誉受损，平台买家选择同业卖家，同业卖家获益，即产生了卖家竞争效应；平台卖家行为导致行业声誉受损，平台买家选择异业卖家，异业卖家获益，即产生了品类竞争效应；平台卖家行为导致平台型电商声誉受损，平台买家逃离平台市场，同业卖家遭受损失（直接传染效应），异业卖家也遭受损失（交叉传染效应），即产生了传染效应；卖家竞争效应与品类竞争效应存在负向关联，直接传染效应与交叉传染效应存在正向关联（如图7-1所示）。

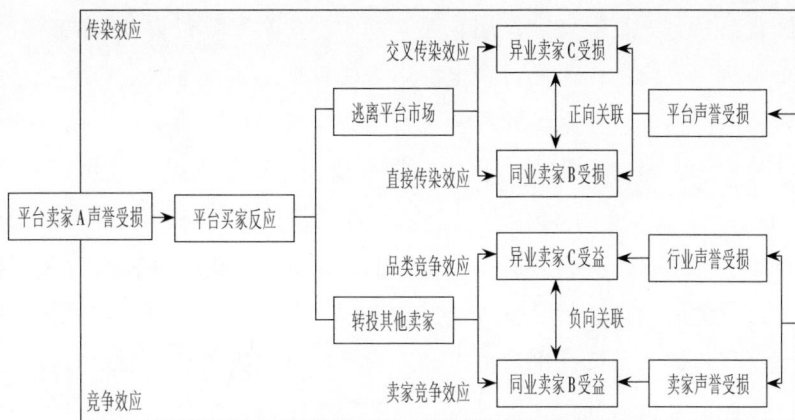

图7-1 平台卖家个体声誉损毁行为的影响

平台卖家个体声誉损毁行为引发的竞争效应主要涉及平台卖家之间的利益转移，仅仅改变了平台型电商的利益分布；其引发的传染效应主要涉及电商平台之间的利益迁移，大大损害了平台型电商的整体利益。

平台卖家个体声誉损毁行为对同业卖家的影响在很大程度上受到卖家相似度以及卖家回应的调节：同业卖家的相似度越低、回应越积极，越容易触发卖家竞争效应；反之，越容易触发直接传染效应（Roehm and Tybout，2006）。

平台卖家个体声誉损毁行为对异业卖家的影响在很大程度上取决于平台买家掌握的信息：若平台买家对平台卖家的声誉损毁行为所知甚少，那么其将依赖主体属性归类判断事件，平台市场上的其他卖家都会遭受牵连，容易触发交叉传染效应；若平台买家对平台卖家的声誉损毁行为所知甚详，那么其将依赖行为属性归类判断事件，具体来说，具有行业特性的声誉损毁行为容易触发品类竞争效应，具有平台特性的声誉损毁行为容易触发交叉传染效应。

（四）平台型电商声誉管理的研究框架

本章在平台型电商声誉危机的来源、成因、影响机理分析的基础上，深入探究平台企业引导、规范平台卖家行为的各种策略。一方面，基于平台型电商的声誉分享机制，平台型电商声誉会通过声誉转移路径和声誉溢出路径将平台型电商声誉分享给平台卖家，不仅对平台卖家的品牌权益具有一定的促进作用，还有助于平台卖家获得更多的成交量及价格溢价。因此，作为平台型电商声誉的管理主体，平台企业既会自发约束自己行为，也会主动管理卖家行为，使得依托外部监管规制不同个体在建立和分享集体声誉过程中采取"搭便车"行为成为现实（张琥，2008）。另一方面，平台企业也可以通过责任追索策略对平台卖家的违规行为进行惩罚，提高违规平台卖家的违规成本，以此降低平台卖家机会主义行为的动机，规制违规卖家的违规行为，从而达到构建较高的平台型电商声誉的目标。平台型电商的声誉分享取决于平台企业的服务策略，责任追索策略则隶属于平台企业的管理策略。平台服务策略与平台管理策略协同合作才能达到预期效果（Grewal et al.，2010），所以平台型电商的声誉分享机制与责任追索策略必须实现协同匹配，才能达到预期管理效果。

本章在厘清卖家引致危机和平台企业管理的基础上，以平台企业为研究对象，系统构建了平台型电商声誉的管理模式。基于平台企业和平台卖家的价值共创视角，平台企业与平台卖家均具有管理平台型电商声誉的合法性。但是，平台卖家是平台型电商声誉危机的主要来源，平台企业是平台型电商声誉管理的重要主体，因此，平台企业规制平台卖家成为平台型电商声誉管理的重点。除了继续完善监管措施规制卖家行为，平台企业还可以通过制定合规行为的激励策略，激励卖家自发约束个体行为，实现从"规制违规行为"向"激励合规行为"的范式转换。平台企业既要采取事前监管策略，控制平台卖家的数量与质量，提高平台型电商声誉的平均分享份额，以防止"公地悲剧"；也要采取事后救济策略，优化平台买家的服务与体验，提高平台型电商声誉的整体分享效应，以确保"公地繁荣"，最终强化平台卖家坚持合规经营的动机。

鉴于此，本章拟解决如下三个关键问题：

（1）平台型电商声誉分享机制与责任追索策略的协同匹配研究。平台型电商声誉管理的重点在于平台企业如何引导、规范平台卖家行为，其中，平台型电商的声誉分享取决于平台企业的服务策略，责任追索策略则隶属于平台企业的管理策略。据此，本章采用案例对比研究方法分析了平台型电商的声誉分享机制与责任追索策略的具体路径，并基于声誉分享机制与责任追索策略的协同匹配视角，提出并构建了系统的平台型电商声誉管理体系。

（2）平台型电商声誉管理模式的系统建构。基于平台型电商声誉管理体系，本章关于平台型电商声誉管理的重点在于厘清卖家引致危机和平台企业管理的关系。据此，本章在厘定平台型电商声誉危机的成因、主要来源以及产生的影响基础上，采用单案例研究方法探索平台型电商企业对平台卖家的管理模式，从而构建了平台型电商声誉管理模式的框架体系。

（3）平台型电商声誉管理机制的优化。根据平台型电商声誉管理模式的框架体系，本书认为平台企业可以采取事前控制策略与事后救济策略来对平台卖家进行有效监督，进而弱化平台卖家从事机会主义行为的动机，从而优化现行的平台型电商声誉管理策略。据此，本章采用实验研究方法探讨了事前控制策略与事后救济策略对平台型电商声誉的影响以及消费者信任的中介作用，并在此基础上考察了产品类型的调节作用，最终得出平台型电商声誉管理的经济激励策略，为完善平台型电商声誉管理体系提供参考。

基于以上分析，本章构建了平台型电商声誉管理的理论研究框架，系统探究平台型电商的声誉管理（如图7-2所示）。

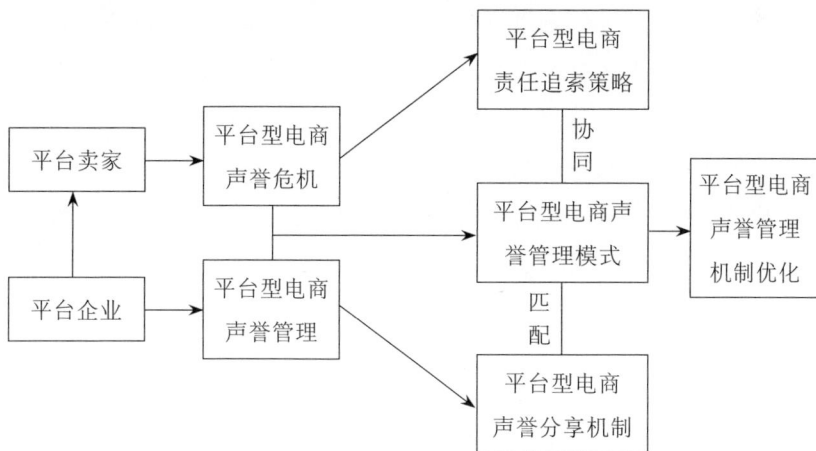

图7-2　理论模型

二、声誉分享机制与责任追索策略的协同匹配

（一）研究框架

平台型电商声誉的形成与发展伴随着平台企业与平台卖家的良性互动：平台企业与平台卖家必须协同合作，满足平台买家的购物需求，从而共同创造良好的平台型电商声誉（汪旭晖和张其林，2017）。根据平台型电商声誉的形成机制，平台企业和平台卖家理应共同拥有平台型电商声誉的管理权，但是，处于从属地位的平台卖家并不享有平台企业独占的平台型电商声誉产权，无法从中获得长期利益，从而缺乏维护平台型电商声誉的动机，甚至可能采取机会主义行为谋求更大的利益，从而对平台型电商声誉造成破坏。因此，本章平台型电商声誉管理的重点在于探究平台企业如何引导、规范平台卖家行为。平台型电商的声誉分享取决于平台企业的服务策略，责任追索策略则隶属于平台企业的管理策略。平台服务策略与平台管理策略协同合作才能达到预期效果，所以平台型电商的声誉分享机制与责任追索策略必须实现协同匹配，才能形成系统完整的声誉管理模式，因此，本书基于声誉分享机制与责任追索策略协同匹配视角，构建系统的平台型电商声誉管理体系，对平台型电商的声誉管理这一研究问题进行补充，不仅有助于丰富传统的声誉管理理论，对于平台企业采取适度的责任追索策略、建立良好的平台型电商声誉、建立并保持竞争优势，最终实现平台型电商生态系统整体利益最大化，均具有重要的现实意义。

现有研究均强调了平台型电商声誉管理对于平台型电商发展过程中的重要性和必要性，并从不同角度对平台型电商声誉的管理策略及其内在逻辑进行了探索。汪旭晖和张其林（2017）认为，平台型电商声誉管理不同于传统的企业声誉管理，平台企业通过设定平台规则和违规惩罚措施规制平台卖家违规行为，平台企业管理平台型电商声誉具有合理、有效、节约成本等优势。同时汪旭晖和张其林（2015）认为，平台卖家违规行为不仅受到平台企业的监管，还受到政府机构的监管，因此提出

了平台型电商市场奉行"平台—政府"双元管理范式。Fan 等（2016）从声誉的动态效应视角出发，发现相同的平台型电商声誉管理策略对于新平台卖家和老平台卖家的管理效果存在差异，平台型电商声誉管理策略在短期内会导致新平台卖家负的声誉溢价，据此提出平台企业应该帮助新卖家度过声誉积累的初期阶段，且应该根据平台卖家加入平台型电商时间的长短构建差异化的管理策略。Fouliras（2013）证明了声誉评价体系在平台型电商声誉管理过程中处于重要地位，认为只有构建了严谨的平台卖家声誉评价体系，减少平台卖家和平台买家在声誉评论过程中的投机行为，保证评价的真实、可靠，才能发挥声誉对平台买家决策的引导作用，进而才能达到对平台型电商声誉的有效管理。汪旭晖和张其林（2017）基于平台型电商交易中的具体问题进行探究，立足于平台型电商市场中常见的"柠檬问题"，分析了平台治理和行政治理无法发挥作用的原因，并在"平台—政府"双元管理模式中引入市场治理机制，最终提出"市场治理—平台治理—行政治理"三元治理机制，以此来治理网络交易中出现的"柠檬问题"，减少平台卖家的机会主义行为，提高平台型电商声誉，解决平台型电商市场中的"柠檬问题"，最终达到对平台型电商声誉的有效管理。

尽管对平台型电商声誉管理体系的构建进行了上述充分的研究，但尚未关注市场定位差异对平台型电商声誉管理措施的影响。市场定位也是影响声誉管理的重要因素，过于宽松的声誉管理策略会使平台卖家出现投机行为破坏平台型电商声誉，过于严苛的声誉管理策略会对卖家观察者（其他平台卖家以及平台外部卖家）产生较强的警示作用，对于追求用户规模最大化的平台企业并不必然适用。出于市场定位差异的考虑，平台企业很难采取"一刀切"的声誉管理措施。因此，构建系统的平台型电商声誉管理模式，还必须考虑市场定位的影响。

平台型电商的声誉分享机制隶属于平台服务策略，平台型电商声誉对平台买家的意义在于提供了商品和服务的可置信承诺，可以为平台买家决策提供决策依据和参考。而不同的市场定位给平台买家释放的信号存在差异。平台买家选择不同市场定位的平台型电商进行交易时，对其商品和服务的预期要求也会存在不同，由于预期与现实的匹配程度是平台买家对平台卖家声誉做出判断的基础，因此，即使是提供相同商品和服务的平台卖家，在不同的平台型电商中也可能得到不同的声誉评价。平台买家对平台卖家的声誉评价和交易评价是平台企业判断平台卖家是否存在违规行为的重要依据。平台企业设定的平台规则、责任追索策略以及由此为基础形成的声誉管理体系将对平台卖家的违规行为进行纠正，同时也会对卖家观察者（其他平台卖家以及平台外部卖家）具有较强的警示作用，然而，过分严苛的平台规则与责任追索策略并不适用于所有的平台企业，过分严苛与平台企业追求平台卖家规模最大化的目标相悖；过分宽松又会与平台企业追求平台买家规模的目标相悖。因此，在管理策略实施的过程中，把握好管理策略的严苛程度十分重要。平台管理策略要与平台服务策略达到协同匹配才能发挥应有的管理效果。因此，本章整合了平台型电商的声誉分享机制与责任追索策略的具体路径，并基于声誉分享机制与责任追索策略的协同匹配视角，提出了平台型电商声誉管理的理论框架（如图7-3所示）。

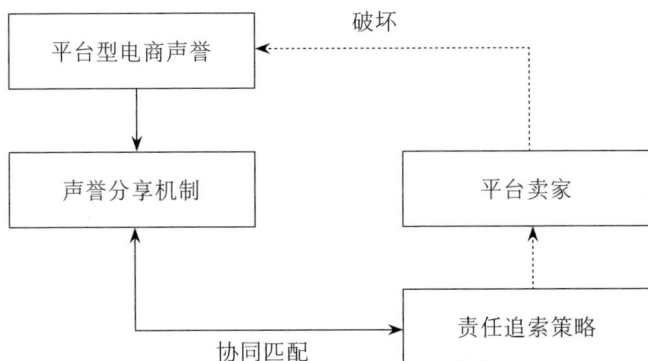

图7-3 理论框架

（二）研究设计

本章旨在回答平台企业如何基于声誉分享机制与责任追索策略的协同匹配视角，构建平台型电商声誉的管理模式并探究其内在机理，属于"如何"和"为什么"问题的范畴，适合采用案例研究方法。并且，基于市场定位的不同，不同平台型电商的声誉分享机制与责任追索策略存在差异，声誉管理体系也存在差异，适合采用案例对比研究方法对研究问题予以探索。此外，平台型电商声誉分享机制与责任追索策略协同匹配的条件、行为和结果也需要采取案例对比研究的方式清晰展示，这有利于识别二者之间的潜在逻辑，提高内部效度。

本章遵循理论抽样和差别逻辑原则（汪旭晖和张其林，2016），选取契合研究问题与理论建构目的的天猫商城和淘宝网作为案例研究对象。选择这两家平台型电商的主要原因有：（1）适配性。案例企业有不同的市场定位，天猫商城的高端市场定位旨在为平台买家提供高质量的商品和高品质服务，具有较高的声誉；相比天猫商城，淘宝网的低端市场定位旨在提供质量一般的商品与服务，商品和服务档次参差不齐，声誉较低；案例企业在发展过程中形成了不同的独具特色的声誉分享机制和责任追索策略，有利于回答研究问题。（2）行业典型性。天猫商城和淘宝网在平台型电商企业中均具有较高的知名度和影响力，根据市场研究机构的报告，2019年全球平台型电商成交总额（GMV）排行榜中，淘宝网排名第一、天猫商城排名第二，两者有较强的竞争力和行业典型性，很大程度上可以代表平台型电商声誉的发展方向。

本章选取的企业具体情况如下：

1.淘宝网

淘宝网创立于2003年，在大数据分析的优化算法基础上，为消费者提供高度互动的个性化购物体验。在淘宝网上，消费者能够获得高度相关引人入胜的内容以及商家实时提供的最新消息，从而获悉产品信息并感知新潮流。消费者还能够彼此之间以及与喜爱的商家和关键意见领袖（KOL）进行互动。按2019财年的交易总额（GMV）计算，淘宝网是中国最大的移动商业平台，拥有庞大且不断增长的用户社群。淘宝网的平台卖家也是淘宝网注册用户个体，相比天猫商城，淘宝网的市场定位是较为低端的，因此，平台买家对淘宝网的评价是声誉较低的平台型电商。淘宝网在发展过程中也形成了完善的规则体系，包括平台卖家声誉评价规则、招商入驻规则、违规管理规则、经营管理规则等。

2.天猫商城

天猫商城创立于2008年，致力服务日益追求更高质量产品与极致购物体验的消费者。大量的国际与中国品牌和零售商都已入驻天猫商城。按2019财年的交易总额（GMV）计算，天猫商城是全球最大的面向品牌与零售商的第三方在线及移动商业平台，并且持续快速增长。天猫商城具有较高的市场定位：即提供高质量的产品和服务。因此，平台买家对天猫商城的评价是具有较高声誉的平台型电商。天猫商城已经具备自己完善的规则体系，包括平台卖家声誉评价规则、招商入驻规则、违规管理规则、经营管理规则等。

（三）案例分析

现有研究将平台型电商声誉的形成分为导入阶段、成长阶段和成熟阶段。导入阶段即平台建立初期，平台交易双方较少、平台交易数量较少时期，平台型电商声誉尚未形成；成长阶段即大量卖方、买方在平台进行交易，平台企业采取各种措施提高平台型电商声誉，但平台卖家行为还有待规范；成熟时期即平台卖家的行为得到了规范，平台企业和平台卖家合作加深，共同提高平台型电商声誉。现阶段，大多数平台型电商已经跨越了导入阶段，正在成长阶段探索，为未来成熟阶段奠定基础，少数处于声誉成长阶段后期的平台型电商已经开始对未来成熟阶段的声誉管理模式进行探索（例如：天猫商城）。根据定义，成熟阶段的平台卖家行为具有"去个性化"的特点，为平台买家提供标准化的情境，现在天猫商城的平台卖家还没有实现标准化运营。但成熟阶段平台卖家和平台企业的互动加深，逐渐延伸到管理合作，当前天猫商城有部分品牌的平台卖家已经和平台企业深度合作，因此，可以判定天猫商城处于声誉成长阶段后期，向未来成熟阶段探索。由于导入阶段电商声誉尚未形成，故不作为声誉管理研究的对象。因此，本章主要探究平台型电商声誉在成长阶段的声誉管理策略，并根据天猫商城最新提出的管理策略判断未来在声誉成熟阶段平台企业可能遵循的声誉管理路径。

按照理论框架，本章将从声誉分享机制和责任追索策略以及二者的协同匹配三个方面对案例企业进行案例分析。其中，声誉分享机制部分主要对比分析不同平台型电商的市场准入条件、声誉评价体系和声誉分享效果，前两者既是声誉分享机制得以发挥的重要保障，也是声誉管理模式的重要组成部分，声誉分享效果是声誉分享机制的外在表现形式，是制定责任追索策略的重要依据；责任追索策略部分主要涉及对平台卖家的责任追索策略和对平台买家的责任追索策略；协同匹配部分主要分析案例企业基于声誉分享机制与协同追索策略协同匹配视角构建声誉管理策略的路径和内在机理。

1.声誉分享机制

（1）市场准入条件

市场准入条件是声誉分享机制得以发挥作用的重要保障措施，是平台型电商声誉管理的第一步。不同市场定位的平台型电商的市场准入条件存在差异，平台买家普遍认为具有高端市场定位的天猫商城提供的商品及服务质量高于具有低端市场定位的淘宝网提供的商品及服务质量，即天猫商城相比于淘宝网享有更高的平台型电商声誉。天猫商城在市场准入方面也有比淘宝网更加严格的条件：作为一个B2C平台，天猫商城卖家不仅需要拥有国家认证的注册商标，还需按照开店类型缴纳一定的保证金，不同类型的店铺所需要缴纳的保证金数量也存在差异，符合国家标准水平越高的店铺所缴纳的保证金越少，这里体现了平台与政府双元管理范式。淘宝网作为一个C2C平台，市场准入条件较为宽松，拥有实名认证的淘宝网和支付宝会员，符合年龄要求且通过淘宝网开店考试即可成为淘宝网平台卖家（见表7-1）。

表7-1　　　　　天猫商城与淘宝网市场准入条件对比

	天猫商城	淘宝网
	严苛的市场准入条件	宽松的市场准入条件
市场准入条件	一、商家在天猫商城经营必须缴存保证金，保证金主要用于保证商家按照天猫商城规则经营，且在商家有违规行为时根据相关规则规定用于向天猫商城及消费者支付违约金 二、店铺性质不同，保证金金额如下： 1.旗舰店、专卖店：持商标注册受理通知书的店铺保证金为人民币10万元，持注册商标的店铺保证金为人民币5万元 2.专营店：持商标注册受理通知书的店铺保证金为人民币15万元，持注册商标的店铺保证金为人民币10万元	一、提供店铺负责人真实有效的信息，通过淘宝网身份认证 二、符合淘宝网对店铺负责人的年龄要求 三、将其淘宝网账户与已通过实名认证、信息完善的支付宝账户绑定 四、销售部分类别的商品需要缴纳1 000元保证金

　　由上述天猫商城和淘宝网市场准入条件的对比分析可知，高端市场定位且具有高声誉的平台型电商往往具有更严格的市场准入条件，而低端市场定位、低声誉平台型电商的市场准入条件较为宽松。形成这种差异化市场准入条件的原因是高端市场定位且拥有高声誉的平台型电商通常满足两点：一是拥有平台企业为平台买家提供合理的平台架构、平台规则和平台中介；二是拥有大量能提供优质商品和服务的平台卖家。平台卖家进驻平台，表示该平台卖家所提供的商品或服务质量符合平台企业的要求、可以代表该平台型电商的市场定位。所以，高端市场定位的平台企业必须通过制定更严格的市场准入条件甄选有能力提供高质量商品和服务的卖家进驻平台，将无法提供高质量商品和服务及具有机会主义行为动机的平台卖家拒之门外，严格把控平台卖家所提供的商品、服务质量，凭借良好的商品、服务质量获得平台买家的高评价，以维护较高水平的平台型电商声誉，由此形成良性循环。若高端市场定位的平台企业制定了宽松的市场准入条件，所提供的商品和服务不符合平台质量标准的平台卖家会进驻平台，也会有部分平台卖家采取投机行为获取短期利益增长，这两种行为都会破坏平台型电商声誉，导致声誉难以维持在较高水平上。相较于高端市场定位的平台型电商，低端市场定位的平台型电商企业则会制定较为宽松的市场准入条件。一方面，低端市场定位的平台型电商本身对商品及服务质量的要求就较为宽松；另一方面，宽松的市场准入条件会导致平台中存在具有投机行为的平台卖家。两者共同作用导致低端市场定位的平台型电商声誉低于高端市场定位的平台型电商声誉。若低端市场定位的平台企业制定了严格的市场准入条件，会导致平台卖家数量不足，平台卖家所提供的商品和服务质量与平台市场定位不符，无法满足平台买家多样化的消费需求。因此，平台企业通常会根据自身市场定位，制定与之匹配的市场准入条件，筛选符合其市场定位的平台卖家以达到对平台型电商声誉的有效管理。基于以上分析，本章提出：

　　命题 1a：高市场定位的平台型电商具有严苛的市场准入条件。

　　命题 1b：低市场定位的平台型电商具有宽松的市场准入条件。

（2）声誉评价体系

声誉评价体系是声誉分享机制的重要环节，是平台型电商声誉管理的制度基础，也是声誉管理模式的关键步骤，没有完善的声誉评价体系，声誉的形成是不真实且无效的，声誉分享机制也就无法发挥作用。平台企业会参照平台买家的评价按照一定规则形成卖家个体声誉，卖家个体声誉会影响平台型电商声誉。天猫商城和淘宝网评价体系的数据均来自平台买家对交易过程中商品描述相符程度、卖家服务、物流信息的评价。其中，评价必须基于真实交易这一规定确保了平台卖家个体声誉的真实性，也保证了声誉分享机制的有效性。评价系统中各个规则的制定可以有效规制平台卖家和平台买家的机会主义行为，例如每个自然月相同卖家、买家之间的交易，只有前三次计入最终卖家店铺评分，这样可以有效避免卖家刷单等机会主义行为。平台买家针对交易进行的评分一旦做出无法修改这一规定，更好地控制了平台卖家私下联系平台买家删差评等行为，保障了声誉评价体系的真实性和有效性。天猫商城和淘宝网在声誉评价体系和规范平台买家行为的规则上基本趋同（见表7-2）。通过上述分析可知，无论平台型电商声誉高低，都需要一个完善的声誉评价体系构成声誉分享机制。这是由声誉评价体系在整个声誉管理过程中的重要地位决定的。声誉管理的目标是通过构建高水平的平台型电商声誉，实现平台型电商生态系统整体利益最大化。为了达成这一目标，要对平台型电商声誉进行管理。作为声誉管理的对象，声誉的高低是声誉管理策略制定的重要依据，声誉评价体系通过数字的方式将声誉的高低进行量化，只有实现对声誉的有效量化，才能为声誉管理策略的制定提供可行的参考。若在声誉评价过程中出现投机行为，则会导致声誉评价体系遭到破坏，影响声誉的真实性，无法发挥其应有的反映平台卖家经营活动情况的作用，既会影响平台型电商声誉的水平，也会影响后期声誉管理策略的制定。基于以上分析，本章提出：

命题2：声誉评价体系是声誉分享机制的基础，无论平台型电商市场定位高低，都需要制定完备的声誉评价体系。

表7-2 天猫商城与淘宝网声誉评价体系对比

	天猫商城	淘宝网
声誉评价 体系	一、评价时间：基于真实的交易，交易双方可在交易成功后15天内，以发布与交易的商品或服务相关的信息方式开展相互评价 二、评价组成：天猫商城评价包括"店铺评分"和"评论内容"，"评论内容"包括"文字评论"和"图片评论" 三、店铺评分逻辑：买家可针对单笔交易对商家进行描述相符、服务态度、物流服务三项评分。商家的每项店铺评分均为动态指标，系此前连续六个月内所有评分的算术平均值。买家若完成对天猫商城商家店铺评分中描述相符一项的评分，则买家信用积分增加一分。每个自然月，同一交易双方之间发生的交易，仅计取前三次评分。买家针对交易进行的评分一旦做出无法修改	一、评价时间：买卖双方可基于真实的交易在交易成功后15天内发布与交易商品或服务相关的信息，开展相互评价 二、评价组成：淘宝网的评价包括"店铺评分"和"信用评价"。店铺评分（即店铺DSR）由买家对卖家评出，如对商品或服务的质量、服务态度、物流等方面的评分指标。信用评价由买卖双方互评，包括"信用积分"和"评论内容" 三、店铺评分逻辑：每项店铺评分均为动态指标，系此前连续6个月内所有评分的平均值。每个自然月，相同买、卖家之间交易，卖家店铺评分仅计取前3次。店铺评分一旦做出，无法修改

（3）声誉分享效果

声誉分享效果是声誉分享机制的外在表现，是制定责任追索策略的重要依据，直接影响声誉分享机制与责任追索策略的匹配程度。声誉分享效果的不同主要源于声誉分享路径的效果在声誉分享过程中存在差异。平台型电商的声誉分享路径主要有声誉转移路径和声誉溢出路径两种。

声誉转移路径主要表现在，平台买家会将平台型电商声誉转移到平台卖家个体上。平台买家的判断标准是：平台卖家之所以可以进驻平台，是因为平台卖家达到了该平台的标准，具有与平台标准一致的服务。从表7-3中可见，对于同款商品，高声誉的天猫商城平台中平台卖家的店铺评分更高，即享有更高的卖家个体声誉；低声誉的淘宝网平台卖家的店铺评分较低，即享有较低的卖家个体声誉。平台型电商的声誉溢出路径主要表现在高声誉的平台型电商可以给平台卖家分享更多的客户资源，高声誉平台型电商的平台卖家也可以获得更高的溢价。对比天猫商城和淘宝网两个平台，随机选取两种商品，将该商品在天猫商城旗舰店与淘宝网搜索引擎中综合排名第一店铺的价格、月销量、粉丝数进行对比，通过表7-3可以看出，高声誉平台型电商的平台卖家拥有更高的成交价格、成交量、粉丝数，这也证实了高平台型电商会通过声誉转移路径和声誉溢出路径给平台卖家带来更高的声誉及更多的顾客和溢价。同时，通过购物体验我们可以得知，在淘宝网搜索商品时天猫旗舰店店铺会显示在搜索结果中，而在天猫商城搜索商品时，淘宝网的平台卖家则不会显示，平台企业在规则设定时，也为高声誉的天猫商城卖家提供了更多的平台买家数量。因此，在平台型电商声誉的分享程度上，拥有较高声誉的平台型电商会给其平台卖家带来更高的卖家个体声誉和绩效。

表7-3　　　　　　　　**天猫商城与淘宝网声誉分享效果对比**

| | 天猫商城 | | | | 淘宝网 | | | |
	价格	销量	店铺粉丝数（人）	店铺评分	价格	销量	店铺粉丝数（人）	店铺评分
某品牌运动鞋	559	月销1 360	2 401万	4.8	499	月销88	58.9万	4.7
某品牌化妆品	229	月销2.5万+	984万	4.8	185	月销218	31.1万	4.7

基于以上分析，本章提出：

命题3：高市场定位的平台型电商往往具有更高的声誉，高声誉的平台型电商会给其平台卖家带来更高的卖家个体声誉和绩效水平。

2.责任追索策略

（1）声誉成长阶段平台企业对平台卖家的责任追索策略

平台企业是否对平台卖家的进行责任追索主要基于对平台卖家是否做出违规行为的判断，而平台买家基于声誉评价体系做出的声誉评价是重要判断标准。平台企业对平台卖家的责任追索策略可以分为经济追索和权益追索两类。经济追索是指平台卖家的违规行为破坏平台型电商声誉时，平台企业向平台卖家收取违约金的责任追索策略。权益追索是指平台卖家的违规行为破坏平台型电商声誉时，平台企业对平台卖家的相关权限进行限制的责任追索策略，具体措施包括：店铺屏蔽、限制发布商品、限制创建店铺、限制发送站内信、限制社区功能及公示警告等。对比天猫商城和淘宝网两个平台型电商的责任追索策略，淘宝网对平台卖家的违规行为只采取了权益追索策略，具体表现为对平台卖家的违规行为扣分，在扣分节点采取店铺屏蔽等权限限制措施，待平台卖家整改完毕后恢复平台卖家的权益。而天猫商城对平台卖家的违规行为不仅采取了权益追索策略，还采取了经济追索策略，具体表现为对于不同的扣分节点要缴纳不同金额的违约金（见表7-4）。可以看出，作为高声誉平台型电商，天猫商城的责任追索策略更加严格，以此来提高平台卖家犯错误的成本，激励平台卖家规范自身的行为，降低平台卖家机会主义行为的动机，进而促进高平台型电商声誉的形成。相比之下，淘宝网较为宽松的责任追索策略对平台卖家机会主义行为的控制能力有限，因此导致平台型电商声誉也低于天猫商城。基于以上分析，本章提出：

命题4：高市场定位的平台型电商对违规平台卖家的责任追索策略较严苛；低市场定位的平台型电商对违规卖家的责任追索策略较宽松。

（2）声誉成长阶段平台企业对平台买家的责任追索策略

天猫商城和淘宝网都通过一些手段激励平台买家的合规行为，规制违规行为，有效避免平台买家的恶意评价、与平台卖家串谋等行为。对于平台买家的恶意评论等行为，天猫商城和淘宝网首先采取屏蔽评论内容，评分不累计等措施，保障声誉评价机制的真实性；其次会对平台买

表 7-4　　　天猫商城与淘宝网平台企业对平台卖家管理策略对比

	天猫商城	淘宝网
	经济追索+权益追索	权益追索
平台企业对平台卖家违规行为的责任追索策略	一、天猫商城对会员的一般违规行为采取以下违规处理方式： 1.商家因一般违规行为，每扣12分即向天猫商城支付违约金10 000元 2.如两项违规累计被扣分达24分，给予监管店铺7天的处理；如两项违规累计被扣分达36分，给予监管店铺14天的处理；如两项违规累计被扣分达48分，给予监管店铺28天的处理；如两项违规累计被扣分达60分，给予监管店铺56天的处理 二、天猫商城对会员的严重违规行为采取以下违规处理方式： 1.商家严重违规扣分累计达12分的，给予账户权限管控及经营权限管控7天的处理，同时给予商家向天猫商城支付违约金20 000元的处理 2.商家严重违规扣分累计达24分的，给予账户权限管控及经营权限管控14天的处理，同时给予商家向天猫商城支付违约金30 000元的处理 3.商家严重违规扣分累计达36分的，给予账户权限管控及经营权限管控21天的处理，同时给予商家向天猫商城支付违约金40 000元的处理 4.商家严重违规扣分累计达48分的，给予清退店铺的处理，同时商家向天猫商城支付部分或全部保证金作为违约金	一、违规行为成立后，淘宝网对会员进行扣分。当扣分达到节点时，淘宝网会对会员采取相应的节点处理措施 二、会员因单次违规扣分较大，导致累计扣分满足多个节点处理条件的，或在违规处理期间又须执行同类节点处理的，以当前扣分分值执行节点处理措施 三、被执行节点处理的会员，当其全部违规行为被纠正、违规处理期满、违规处理执行完毕且通过认证和节点考试后，方可恢复正常状态

家进行限制评价工具使用、限制行为等责任追索，降低其恶意评价动机。对于平台买家与平台卖家串谋等行为，平台企业也制定了诸如评分一旦做出无法修改、每个自然月同一交易双方之间发生的交易仅取前三次评

分等规则，力求确保评分的真实有效性。与责任追索策略同步实施的还有天猫商城和淘宝网对平台买家合规行为的奖励，真实评价的平台买家可以获得淘金币及购物优惠券，以此鼓励平台买家按照规则进行真实评价，激励的目的与责任追索策略相同，均是为了保障声誉评价机制的真实性和有效性（见表7-5）。平台企业之所以要规范平台买家的行为，是因为平台型电商声誉的形成基于平台企业、平台卖家、平台买家三方的互动行为。平台企业为平台卖家和平台买家提供评价架构、平台规则；平台卖家为平台买家提供商品和服务；平台买家基于对平台架构、平台规则的合理性及对商品和服务的满意度对平台型电商声誉做出评分。平台买家的评价是构成平台卖家以及平台型电商声誉的重要因素，也是平台企业是否对平台卖家进行责任追索的重要判断依据。对平台买家的合规行为的激励是为了促进平台买家积极发挥声誉评价功能，为平台型电商声誉管理提供依据。因此，作为三方互动中的一方，平台买家在平台型电商声誉的形成过程中也有着十分重要的作用。目前一些平台买家在评价交易过程中存在恶意评论或与平台卖家串谋修改评价等行为，严重影响声誉分享机制的真实性和可靠性、影响未来声誉形成以及平台卖家绩效，也影响着平台卖家之间的公平竞争。因此，平台企业也需要制定对平台买家违规行为的责任追索策略及与之匹配的对合规行为的激励策略来规范、引导平台买家行为。基于以上分析，本章提出：

表 7-5　　天猫商城与淘宝网平台企业对平台买家管理策略对比

	天猫商城	淘宝网
平台企业对平台买家违规评价的责任追索策略	天猫商城基于有限的技术手段，对与评价原则不符、不当使用评价工具，或异常交易产生的评价采取包括屏蔽评论内容、评分不累计等处理措施。视情况为违规会员采取身份验证、限制评价工具使用、限制买家行为等处理措施	对与评价原则不符、不当使用评价工具，或异常交易产生的评价采取包括屏蔽评论内容、评分不累计等处理措施。视情况为违规会员采取身份验证、限制评价工具使用、限制买家行为等处理措施
平台企业对平台买家合规行为的激励策略	积分可以兑换满减优惠券	淘金币（可抵现金）、优惠券、满减券

命题5：平台买家的行为会影响平台型电商声誉，因此，对平台买家违规行为的责任追索及对合规行为的激励是平台型电商声誉管理的重要组成部分。

（3）声誉成熟阶段平台企业对平台卖家责任追索策略的探索

天猫商城推出了以考代罚的激励制度，这是天猫商城在平台卖家声誉管理策略方面的创新，也是天猫商城对于未来声誉成熟阶段声誉管理策略的一次探索（见表7-6）。具体表现为，对于表现较好、声誉较高的平台卖家实施以学习并通过考试代替惩罚的激励制度，目的是在避免严格的处罚给平台卖家经营造成严重影响的同时，让平台卖家能够意识到违规行为对平台买家权益的损害以及对平台型电商声誉的破坏，起到警示教育的作用。这里提到的激励制度不同于经济激励和社会激励等给予平台卖家实质性的激励，而是相对于严格的惩罚措施的一种激励。目前这项制度只面向少部分表现较好、声誉较高的平台卖家开放，原因是通过这部分卖家以往的经营表现，可以认定其在经营过程中能够时刻规范经营行为，违规行为并非由于投机心理造成的，只是无意间的操作失误，不需要严格的惩罚对其经营活动造成严重的影响，仅需要通过学习考试即可以起到警示教育的作用。这一管理策略也将通过局部实施并根据具体效果进行推广。

表7-6　　　　　　　　　　**天猫商城特色责任追索策略**

	天猫商城
以考代罚激励制度	商家出于对规则不熟悉等原因，在无主观故意情况下实施了违规行为，进而被平台处罚，对店铺经营影响大。现针对容易违规、可整改的部分场景，根据情节严重程序给予部分商家在特定时间内以"学习并考试通过"代替扣分的激励机会。初始阶段对销售与增长、用户运营、商品能力、品牌能力、服务能力、合规经营等方面综合表现较好的商家少量开放，后期将根据运营效果逐步开放面向更多商家

天猫商城的这一管理策略也表明，在未来平台型电商声誉的成熟阶段，天猫商城对违规行为的规制策略将由单一的责任追索策略向着责任追索与激励并存的方向发展。成熟阶段实施责任追索与激励策略并存的

管理策略的原因是：经过平台型电商声誉成长阶段的规范化，平台卖家的行为得到了严格规范，为进入成熟阶段的管理奠定了基础。一方面，过于严格的责任追索策略会影响平台卖家的经营活动，影响平台卖家的绩效，进而影响整个平台型电商的绩效，这与力求实现平台型电商生态系统整体利益最大化这一目标相悖；另一方面，激励策略会激励更多的平台卖家达到激励制度所规定的要求，这些平台卖家在经营活动中会严格按照平台规则办事，最终实现平台型电商生态系统整体利益最大化。并且在声誉成熟程度不断加深的过程中，激励策略所占比重会逐渐增加。这是由于激励策略比重的上升反映了平台卖家自治能力的提升。他人的监督管理总是会存在制度策略方面的失效进而影响管理效果，只有通过激励平台卖家自治才能从根本上杜绝破坏平台型电商声誉的行为发生，进而实现对平台型电商声誉的高效管理。

毋庸置疑的是，成熟阶段的管理策略也要做到声誉分享机制和责任追索策略的协同匹配。只有通过声誉分享机制与责任追索策略的协同匹配，才能逐步培养平台卖家的自治能力。这是由于通过两者的协同匹配，平台卖家会意识到遵守平台规则、维护平台声誉带来的高绩效与破坏平台声誉带来的惩罚是一致的。平台卖家想要通过声誉分享机制获得更高的绩效就需要选择高声誉的平台型电商。对于高声誉的平台型电商，由于平台买家的期望值较高，平台卖家的违规行为会给平台型电商声誉造成更大的破坏，平台卖家要因此接受更加严格的惩罚。在此过程中，平台卖家会逐步意识到，只有通过规范自身经营行为，维护平台型电商声誉，才能获得长久的利益，最终实现"公地繁荣"，实现平台型电商生态系统的利益最大化，才能实现可持续的个人利益最大化。需要强调的是，实施责任追索策略与激励策略并存的管理策略的前提是平台卖家经过声誉成长阶段较为严格的责任追索策略的规范后，自治能力达到一定水平。急于跨入声誉成熟阶段，采取责任追索和激励策略并存的管理策略可能会使平台卖家产生更多的投机行为，影响平台型电商声誉管理的效果。基于以上分析，本章提出：

命题6：成熟阶段的声誉管理策略由成长阶段的单一责任追索策略向责任追索和激励并存的管理策略转化。

3.声誉分享机制与责任追索策略的协同匹配

由上述对天猫商城和淘宝网的分析可知，在平台型电商声誉的成长阶段，平台企业在构建声誉管理体系时基本遵循"建立市场准入条件—构建声誉评价体系—构建责任追索策略"的一般路径；在平台型电商声誉的成熟阶段，遵循以上路径的同时，责任追索策略会由单一的责任追索策略向责任追索与激励策略转变（如图7-4所示）。市场准入条件和声誉评价体系构成了声誉分享机制，声誉分享机制与责任追索策略的协同匹配，最终构成了声誉管理体系。责任追索策略的构建是平台型电商声誉管理体系的最终环节，具体策略的制定要与声誉分享机制协同匹配。

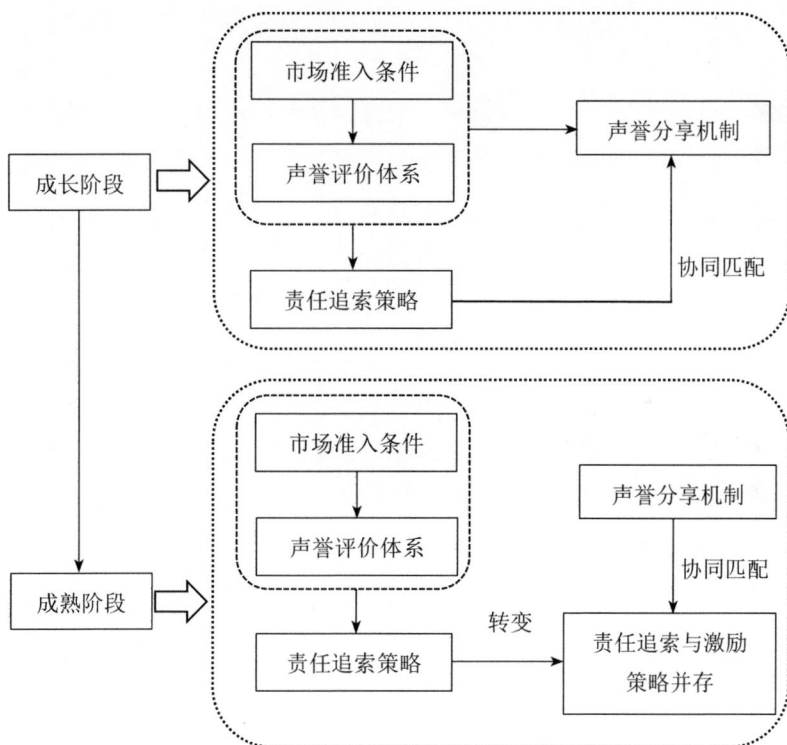

图7-4 平台型电商声誉管理路径

（1）策略实施对象的协同匹配

声誉分享机制由平台企业、平台卖家和平台买家三者互动形成，由平台企业制定规则和架构，最终通过平台买家评价平台卖家的交易行为得以实现。责任追索策略实施的对象也分为平台卖家和平台买家，责任追索策略由规制平台卖家的违规经营行为及规制平台买家的违规评价行为共同组成，天猫商城与淘宝网也都分别构建了针对平台卖家和平台买家的责任追索策略。若参与声誉分享机制的主体没有匹配责任追索策略，那么该主体将会产生投机行为破坏声誉分享机制、破坏平台型电商声誉。基于以上分析，本章提出：

命题7：声誉分享机制与责任追索策略的实施对象要达到协同匹配，才能实现对声誉的有效管理。

（2）声誉分享和责任追索策略程度的协同匹配

高端市场定位的平台企业具有更高的平台型电商声誉，其平台卖家通过声誉分享机制可以获得更高的绩效，平台卖家的违规行为也会给平台型电商声誉造成更严重的破坏。因此，平台企业制定更为严格的责任追索策略规制其违规行为，最终达到声誉分享机制和责任追索策略的协同匹配。具体表现为天猫商城具有较高声誉，也有更为严格的责任追索策略；淘宝网具有较低声誉，相应地有较为宽松的责任追索策略。

在声誉管理体系构建过程中，要求策略程度匹配的原因是声誉分享机制与责任追索策略的协同匹配程度影响着声誉管理效果，这是由平台企业、平台卖家、平台买家三者的互动关系决定的。平台企业的责任追索策略影响平台卖家行为，平台卖家行为影响平台买家的顾客满意度及其对平台卖家的声誉评价，进一步决定着平台型电商的声誉水平。本期的声誉水平影响后期声誉分享机制的效果，同时也影响平台企业责任追索策略的制定及声誉管理策略的制定。声誉分享机制的效果在不同声誉水平情况下存在差异，高声誉的平台型电商具有更高效率的分享机制，高声誉的平台型电商自身会吸引更多的平台买家，为平台卖家良好绩效的取得搭建资源更丰富的平台，提供充足的平台买家数量；高声誉对于平台卖家而言相当于对其商品、服务的质量提供了担保；对于平台买家而言相当于为其交易提供了保障，平台买家默认平台卖家入驻平台型电商成为该平台型电商的成员，一方面说明其符合该平台型电商的商品、服务质量要求，另一方面说明平台卖家遵守该平台型电商的规则，所以，愿意对高声誉平台型电商中的商品和服务支付更高的价格。因此，高声誉的平台型电商通过声誉转移路径和声誉溢出路径为平台卖家提供更高的个体声誉、更多的顾客数量和更高的溢价。若责任追索策略相对于声誉分享机制过于宽松，则会造成平台卖家出现投机心理和行为，提供的商品和服务质量不符合平台标准及平台型电商市场定位，导致平台买家实际接受的商品和服务与其以平台型电商声誉为基础形成的质量预期严重偏离，难以达到顾客满意。平台买家不满意的购物体验会直接导致其降低对平台型电商声誉的评价，平台型电商声誉难以保持较高水平，无法实现对平台型电商声誉的有效管理。若责任追索策略相对于声誉分享机制过于严格，则追求利益最大化的平台卖家会由于过分严格的惩罚做出退出平台的决策，其他平台的平台卖家及平台的潜在卖家（有意图成为加入平台的卖家）作为平台观察者也会因为过于严格的责任追索策略放弃加入该平台，这样会造成平台卖家数量减少，无法满足平台买家多样化的消费需求，造成平台买家数量减少及无法满足的较差的消费体验，影响平台型电商声誉，与平台型电商企业追求卖家规模最大化及平台生态系统整体利益最大化的目标相悖，无法实现对平台型电商声誉的有效管理。基于以上分析，本章提出：

命题8：只有实现声誉分享机制和责任追索策略程度的协同匹配，才能实现平台型电商声誉的有效管理。

（四）研究结论

通过对天猫商城和淘宝网的案例分析可知，平台型电商声誉管理模式的构建要基于声誉分享机制与责任追索策略的协同匹配。声誉管理模式在不同市场定位的平台型电商中存在差异。结合上述平台型电商声誉管理路径与机制的分析，本章将平台型电商声誉管理策略按照市场定位不同分为两种模式。

第一，市场定位较高的"高效率声誉分享机制–严苛责任追索策略"模式。市场定位较高的平台型电商会为平台买家提供更高质量的商品和服务，因此可以获得平台买家更高的声誉评价。高水平的平台型电商声誉会通过声誉分享机制传递给平台卖家，使得平台卖家获得更高绩效，本书将此过程定义为高效率声誉分享机制。基于上述匹配程度决定管理效果的平台型电商声誉管理机制，高效率声誉分享机制需要平台企业制定严苛的责任追索策略与之匹配，最终达到对平台型电商声誉的有效管理。

第二，市场定位较低的"低效率声誉分享机制-宽松责任追索策略"模式。市场定位较低的平台型电商会为平台买家提供普通质量的商品和服务，因此相较于市场定位较高的平台买家会获得较低的声誉评价。低水平的平台型电商声誉会通过声誉分享机制传递给平台卖家，平台卖家得到的绩效水平与高市场定位的平台卖家存在差距，是较低水平的绩效，本书将此过程定义为低效率声誉分享机制。基于上述匹配程度决定管理效果的平台型电商声誉管理机制，低效率声誉分享机制需要平台企业制定宽松的责任追索策略与之匹配，最终实现对平台型电商声誉的有效管理，这里有效管理并不是盲目追求与市场定位较高的平台型电商同水平的高声誉，而是与平台型电商自身市场定位相匹配的声誉。处于与自身市场定位相匹配的声誉水平就可以提供符合平台买家预期的商品和服务，良性循环，最终实现平台生态系统整体利益最大化的目标。

三、平台型电商声誉管理模式的系统建构

（一）研究框架

随着平台型电商成为电子商务领域的主流商业模式，与之相伴的却是假冒伪劣、交易纠纷、平台企业不作为等乱象愈演愈烈，严重干扰了正常的网络市场交易秩序，为此，"网络店铺实名""网购平台担责"等法制法规纷纷出台。但是，限于政府机构的信息劣势以及规制执行的高昂成本，政府规制难以为平台交易提供有效的"游戏规则"（汪旭晖和张其林，2016）。那么，在制度无法发挥作用的"盲区"，如何发挥声誉机制的应有效用成为待研究的问题。平台企业和平台卖家维护或管理平台型电商声誉的过程，也是他们约束自己行为的过程。平台型电商声誉对平台企业和平台卖家的约束效力并不完全一致，声誉危机来源将偏向约束效力较弱的一方，声誉管理权力则归属约束效力较强的一方，导致

平台型电商声誉管理难以沿用传统的模式。可见，平台型电商声誉蕴含了丰富的理论创新机会，探索这个问题不仅可以拓展现有的声誉理论，而且有助于揭示平台企业偏私行为（如包庇违规卖家）与平台卖家违规行为（如销售假货）的背后机理，具有重要的理论意义和实践价值。

平台型电商声誉的基本内涵包括平台企业个体声誉和平台卖家群体声誉。平台型电商声誉属于个体声誉和集体声誉的混合，突破了个体声誉和集体声誉分立的理论预设，成为互联网时代声誉理论发展的重要突破口。与一般的个体声誉类似，平台企业个体声誉可以对平台企业形成有效约束，成为制度的重要补充；与一般的集体声誉不同，平台卖家群体声誉只是卖家行为集合的表征，并不具备强制约束力，无法替代制度发挥作用。此外，不同于声誉共创过程和价值共创过程的分离导致成员数量负向影响传统的集体声誉，从而降低了社会福利（Winfree and Mccluskey，2005）。声誉共创过程和价值共创过程的结合使得平台卖家数量在一定程度上正向影响平台型电商声誉，从而提高了社会福利。平台型电商声誉的形成路径包括平台企业驱动路径和平台卖家驱动路径。平台企业驱动建立平台企业个体声誉的路径具有典型的企业主导特征、他组织特征、目的性特征，平台卖家驱动建立平台卖家群体声誉的路径具有典型的"去中心化"特征、自组织特征、或然性特征，平台企业个体声誉和平台卖家群体声誉的互动耦合形成了最终的平台型电商声誉。平台型电商声誉的分享机制包括声誉转移路径和声誉溢出路径。平台型电商声誉的作用可以分为社会信号效应和社会网络效应，据此，可以将平台卖家分享平台型电商声誉的机制分为声誉转移路径和声誉溢出路径，声誉分享效应大小取决于卖家的声誉、数量与结构，声誉分享边界却被平台企业牢牢把控。本书认为平台型电商声誉的管理重点在于厘清卖家引致危机和平台企业管理。平台卖家可能做出损害平台型电商声誉的行为，这是平台型电商声誉危机的主要来源。平台卖家的机会主义行为引发的传染效应不仅损害其他卖家的利益，还会降低平台型电商的绩效。作为平台型电商声誉的管理主体，平台企业不仅会自发约束自己的行为，保证平台架构的合理性、平台规则的公平性、平台中介的公正性，也会主动管理卖家行为，保证平台商品的质量、平台服务的完善、平台信息的完整，使得依托外部监管规制不同个体能在建立和分享卖家群体声誉过程中采取"搭便车"行为。基于以上分析，本章在厘定平台型电商声誉的基本内涵、形成路径、分享机制和声誉危机主要来源的基础上，提出了平台型电商声誉管理的研究框架（如图7-5所示），并通过探索阿里巴巴集团对平台卖家的管理行为的，为平台型电商的声誉分享、声誉破坏和责任追索提供具体的声誉管理方案。

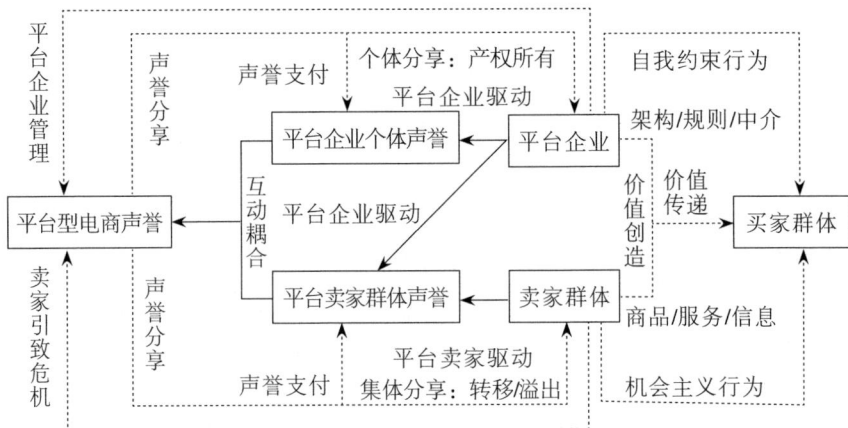

图7-5 平台型电商声誉管理的研究框架

（二）研究设计

本章旨在探索平台型电商企业对平台卖家的管理模式，鉴于平台企业的管理具备同质性，大量来源相同的案例只能增加研究广度而无益于提高研究深度，因此，本章尝试采用单案例研究方法以确保研究的深入。基于案例研究对案例典型性的要求，本章选择阿里巴巴集团作为研究对象，主要基于以下考虑：（1）阿里巴巴集团拥有国际领先的网络交易平台，在业内一直拥有良好的企业声誉。（2）阿里巴巴集团的声誉管理规则比较完善，有利于更加系统地分析平台型电商企业的管理模式。（3）可通过官网、新闻、浏览器等方式获得关于阿里巴巴集团对平台卖家管理的各种资料，保证实验进行的可行性。因此，本章运用探索性单案例研究方法，剖析阿里巴巴集团为管理平台卖家所做出的一系列举措。

本章采用三角形证据方法，主要包括：一是文献研究法。收集了阿里巴巴集团的相关文献百余篇，翻阅了《阿里巴巴的网商帝国》等几十本书，对这些公开出版的文献资料进行了较为详细的分析。二是网络资料法。整理了阿里巴巴集团官网面向社会公开的平台服务、平台规则、公司年报、新闻报道、专题访谈等网络公开信息，这为本章提供了丰富的基础素材。三是访谈法。笔者对平台工作人员及平台买卖双方进行了半结构化访谈，并对部分合作积极的访谈对象进行补充深入访谈，访谈内容主要涉及平台规则的制定和实施。

（三）案例分析

本章认为平台型电商声誉对平台卖家的约束效力不强，难以作为制度的补充机制，导致平台卖家的机会主义行为容易引发平台型电商声誉危机，进而对其他卖家产生传染效应；平台型电商声誉对平台企业的约束效力较强，可以作为制度的补充机制，使得平台企业通过管理卖家行为，规范平台型网络市场的交易秩序。平台企业对平台卖家的管理行为不仅能保障平台卖家合理竞争，抑制平台卖家投机行为，防范假冒伪劣行为的发生，还能提高平台商品的质量水平、平台卖家的服务水平、平台卖家信息的完整度等。鉴于此，本书认为平台企业对平台卖家的管理为温室管理，这种管理模式不仅能为平台型电商企业对平台卖家的规制策略提供分析工具与分类标准，更能通过规制平台卖家行为，保障平台卖家合理竞争，抑制平台卖家投机主义行为，从而达到维护平台型电商声誉的目的。最终，为平台型电商的声誉分享、声誉破坏破坏和责任追索提供具体的声誉管理方案。

平台型网络市场是平台型电商企业设定的虚拟空间，平台型电商企业对平台卖家进行管理，既可以通过市场搭建功能自主设计平台机制、平台规则、平台文化等管理环境，侧重对平台卖家主体的规范，也可以通过市场规制功能创新实施平台仲裁、平台奖惩、平台扶持等管理措施，侧重对平台卖家行为的规范。可见，在社会市场环境与平台管理措施之间存在中间层，传统的"组织外部管理环境—组织内部管理措施"两阶段匹配关系在平台型网络市场延伸为"社会市场环境—平台管理环境—平台管理措施"三阶段匹配关系，这种管理模式与温室生产模式具有较为类似的特质：管理过程的突出特征在于同步调整管理环境与管理措施，可类比为温室生产模式同步调整生态环境与生产工艺；管理行为的突出特征在于兼顾交易行为与经营策略，可类比为温室生产模式兼顾果实培育与植物生长；管理目标的突出特征在于追求社会公允价值和平台战略导向，可类比为温室生产模式追求食品安全和品牌特色。除了基本要素的一致，两者还存在其他相似的管理特征：（1）管理自组织。如同温室生产模式改变了水土、气温等生态环境构成要素，平台型电商企业管理模式改变了交易地点、交易程序等市场环境构成要素，在市场大环境下理性设计并实时调整平台"小环境"，为管理客体自发实现平台战略目标提供了一个适宜的环境。（2）管理主动性。如同温室生产模式调整光照、养分等生态环境要素改变植物自然生长路径，平台型电商企业管理模式调整流量配置、声誉建构等市场环境要素改变卖家自发经营策略，采用主动式主体管理替代了被动式行为监管。（3）管理多元化。如同温室生产模式可以通过生态环境要素与生产加工技术的不同组合培养不同特征植物，进而生产不同口感或不同形态的产品，平台型电商企业管理模式可以通过市场环境要素和平台管理措施的不同组合吸引不同特征卖家，进而建构不同层次或不同类型的市场。（4）管理普适性。如同温室生产模式可以摆脱自然条件限制从而普遍适用于不同地理区域，平台型电商企业管理模式可以摆脱社会条件限制从而普遍适用于不同平台型电商企业。鉴于此，本书采用类比法将平台型企业管理模式定义为温室管理模式，即平台型电商企业在社会大市场下自主设计平台"小市场"，自主调整市场要素为平台卖家自发成长提供适宜的环境，创新实施管理要素为规范平台卖家行为提供适宜的措施，最终实现平台型网络市场的健康发展与平台型电商企业的战略目标。

温室管理介于市场治理与科层管理之间，属于混合管理的一种，见表7-7。同网络治理一致，温室管理也是对混合管理的进一步细分，从而形成具有自身特色的独立模式。温室管理和网络治理存在着显著差异：（1）网络治理基础在于网络内部的集体规范，温室管理基础在于平台型电商企业将权力/地位优势转化为治理者与被治理者之间的关系准则。（2）网络治理的核心作用机制是网络内部的限制进入、集体监督与制裁等，温室管理的核心作用机制较之增加了治理者对被治理者的过程控制和结果控制，从而极大提高了"管理"控制力。（3）网络治理是一种价值链或价值网关系治理，网络主体作为价值链或价值网的重要节点直接参与价值生成过程，治理核心在于资源能力的良性互补、生产服务的协同合作以及经营目标的明确一致；温室管理属于第三方规制，平台型电商企业只是为平台卖家的价值传递提供基础设施，并不直接参与价值生成过程，管理核心在于平台卖家的良性经营、平台交易的繁荣发展以及平台战略的差别优势，从而极大提高了"治理"中立性。（4）网络治理以隐性契约或开放式契约为基础，这些契约主要是社会性联结而非法律性联结。自组织特征导致网络组织存在不稳定性，网络组织的重组极易诱发价值链断裂以及网络主体的反抗等问题；温室管理凭借埃奇沃斯重订契约将社会性联结转化为法律性联结；他组织特征使得温室管理可以建构"合规性壁垒"分化卖家群体，实现激进式改革的目的，从而更好地适应多变的环境。可以看出，在混合管理大区间内，网络治理更加靠近市场治理端点，温室管理更加靠近科层管理端点，网络技术进步与组织模式创新导致了直接管理成本降低，推动了混合管理区间内科层管理边界与市场治理边界的优化调整。

表7-7　　　　　　　　　　　　　组织模式的比较

特点	组织模式			
	市场	科层	网络	平台
管理基础	契约产权	雇佣关系	优势互补	契约产权
沟通方式	价格	惯例	关系	惯例/规则
组织柔性	高	低	中等	中等

科层管理体系主要包括物质基础、规章制度、企业文化；市场治理体系主要包括法律制度、交易规则、社会秩序；温室管理体系介于科层管理体系和市场治理体系之间，且不同于网络治理体系，需要对这些体系进行系统整合与全新建构。其中，法律制度与规章制度属于制度层，物质基础与交易规则属于技术层，企业文化与社会秩序属于社会层，本

书将在厘定三个层次边界的基础上，探究平台型电商企业温室管理的具体实施策略。

1. 平台型电商企业的温室管理构成

管理是在环境不确定性和行为不确定性双重约束条件下寻求最优解的过程。温室管理模式既可以对约束条件进行理性设计，也可以对博弈行为进行适当规制，使之达到高水平稳定均衡和预期平台战略目标。据此，本书将阿里巴巴的温室管理模式分为三个层次：①制度层的规则设定。阿里巴巴制定平台市场的基本规则，限定参与卖家和参与行为，这是对约束条件的设计。②技术层的程序设定。阿里巴巴构建平台市场的基本架构，规定市场交易的基本程序和平台卖家的功能设定，这是对约束条件的确认。③行为层的管理设定。阿里巴巴建设平台市场的管理机构，执行平台规则，建构规制措施，对卖家行为进行引导、规范和奖惩，这是对博弈行为的规制。除了三种基本层次，两两层次之间的融合还构成了三种复合层次，详见表7-8。

表7-8 **阿里巴巴的温室管理构成**

构成		具体内容
基本层次	规则设定	《大淘宝宣言》《淘宝规则》《天猫规则》等基础规则
	程序设定	交易流程、交易信息、交易功能、延伸服务等基础程序
	管理设定	商盟制度、违规惩处、卖家扶持计划等基础政策
复合层次	规则设定与程序设定的融合	支付宝、店铺声誉生成、店铺信息展示等系统设计
	程序设定与管理设定的融合	店铺降权、店铺屏蔽等操作设计
	规则设定与管理设定的融合	平台仲裁机制、规则众议院、大众评审制度等实施细则

平台规则限定在法治框架下，得到平台卖家高度认同，具有较高的合法性；平台程序可以将一些"不合规"行为或卖家完全排除在市场之外，具有较高的强制力；平台规制可以对"规则外"行为进行引导，具有较高的裁量权。其中，规则设定必须落实到程序设定和管理设定才能得以实施，程序设定和管理设定必须合乎规则设定才能获得合法性，三

个层次并不是完全孤立的；管理设定可以上升为规则设定，进而有条件转化为程序设定，三个层次也不是完全固化的。"规则设定—程序设定"的互动关系极大降低了外部环境不确定性，如支付宝强制嵌入交易流程杜绝了先货后款或货到付款可能引发的交易不确定性，而"程序设定—管理设定"的互动关系极大降低了内部环境不确定性，如系统自动对违规卖家采取店铺降权等惩处措施，杜绝了平台型电商企业管理人员的行为不确定性，这些构成了平台型电商企业的温室管理环境；"规则设定—管理设定"的互动关系有效应对了卖家行为不确定性，如大众评审结论具有"判例法"性质，对平台卖家的"规则外"行为形成有效的约束和引导，这构成了平台企业的温室管理措施。

2.平台型电商企业的温室管理实施

平台规则与政府法治在平台市场形成了混合型治理结构：淘宝判定中心对平台卖家违规行为的判定适用平台规则，仲裁机构或人民法院对平台卖家违规行为的判定适用法律制度，两种判定方式是否存在矛盾或冲突是平台型电商企业成功建构温室管理模式的关键。本书对于阿里巴巴的调查结果如下：

法治框架的坚守。阿里巴巴将平台规则限定在法治框架下，甚至直接将大量法律规定补充进平台规则，确保平台规则对法治框架的坚守，这是温室管理模式获取法治层面合法性的关键。鉴于法律制度在平台市场存在"水土不服"现象，阿里巴巴没有僵化地固守，而是进行了创造性革新，如充分利用后台信息优势，针对拥有大量违规历史的平台卖家采取定期抽检制度。并且，2014年新修订的《消费者权益保护法》规定平台型电商企业应该对平台卖家违规行为承担一定的连带责任。可见，阿里巴巴对法治框架的坚守，既是获取合法性的主观意愿，也是获得经营合规性的必然选择。不仅如此，在具体的交易纠纷处理过程中，阿里巴巴充当了政府机构在平台市场的"执行代理人"角色，强制违规卖家承担相应责任，甚至采取必要的惩处措施。因此，阿里巴巴对法治框架的坚守不仅体现在平台规则的设计方面，还体现在平台规则的实施方面。

自由裁量权的选择。法制体系的内在刚性决定了体系设计必须预留一定的自由裁量空间以应对市场交易的多样性和复杂性。据此，阿里巴巴对法律制度的自由裁量空间进行了筛选与圈定，采用清晰明确的平台规则替代"两可之间"的法律制度，实现了"平台理性"对"社会理性"的"挤出"。更为重要的是，建立在自由裁量空间之上的平台规则体现了平台型电商企业的价值观，使得温室管理模式不仅有利于实现社会公允价值，而且有利于实现平台战略目标，这是温室管理模式获取平台层面合法性的关键。

平台规则的实施。平台规则是对法律制度的进一步细化，具有更强的刚性约束特征，阿里巴巴裁定交易纠纷主要基于平台规则而非法律制度，并且，数据化运作使得平台规则供给和实施的低成本、实时化成为可能，阿里巴巴与政府机构的通力合作还加大了处罚力度。因此，平台规则建立了相对法律制度的实施优势，从而确保了温室管理模式的有效性。平台规则的公共性仅限平台市场，不同于法律制度的社会公共性；况且，平台型电商企业不具备被授权或者被委托行政监管的主体资格条件，因而阿里巴巴较少采用政府机构常用的罚款或当事人追责等手段，更多采用禁止入驻市场或限制使用服务等手段，角色定位差异形成的管理手段差异缓解了自由裁量空间引发的政府机构与平台型电商企业的裁定冲突，从而确保了温室管理模式的适用性。

平台规则相对法律制度的执行优势以及平台型电商企业对政府职能的"代理实施"，使得平台型电商企业建构的温室管理模式成为平台市场交易秩序的主要决定因素。这种管理模式兼顾了法治目标与公域之治，获得了法治层面与平台层面的合法性。基于以上分析，本章提出：

命题9：平台规则对法律制度的选择性实施形成了温室管理模式的规则体系。

买卖双方在长期交易过程中形成了多元化交易方式与个性化交易习惯，并且，群体博弈行为也会演化出一系列交易秩序，这些交易秩序可以内化为平台卖家自发交易行为。但是，市场自发博弈形成的稳定均衡并不具备价值导向，稳定均衡实现的支付水平取决于初始条件，大量平台市场沦为"柠檬市场"的原因正在于此。为此，阿里巴巴对交易程序进行了技术化设定，采用平台理性设计为卖家自发博弈创造良好的初始条件。具体如下：

平台交易的全方位设计。（1）阿里巴巴全权设计平台交易流程，改变交易参与者的博弈顺序。如阿里巴巴鼓励平台买家积极发表评论，这为平台交易双方实现动态博弈提供了可能，有效避免了平台卖家的机会主义行为。（2）阿里巴巴全权设计平台交易契约，改变交易参与者的博弈支付。如阿里巴巴为平台卖家提供标准格式订单，规定平台交易各方的责任，将平台交易打造成为"透明游戏"。（3）阿里巴巴强制嵌入平台交易程序，改变交易参与者的博弈策略。如支付宝提供的可置信承诺可以减少交易双方的道德风险行为，改变静态博弈过程中的无效率纳什均衡。

平台信息的选择性共享。阿里巴巴凭借对交易行为的低成本记录与展示，形成了庞大的后台数据库，并将这些数据信息和平台用户共同分享。但是，阿里巴巴并不是完全地共享信息，而是有选择地共享信息。如阿里巴巴在淘宝网公布了店铺评分（动态评分，主要功能在于信号甄别）和信誉评分（累计评分，主要功能在于声誉建构），而只在天猫商城公布了店铺评分。这种信息共享行为降低了平台卖家的信息不对称，实现了社会公允价值；信息共享差异践行了"淘宝创业市场、天猫品牌商城"的市场定位，体现了平台战略导向。

平台服务的垄断性供给。阿里巴巴拥有平台服务的垄断供给权，并对网页插件等基于平台型网络市场的延伸服务进行限制，还直接介入一些关键服务的使用过程，这在很大程度上压缩了平台卖家的行为域，降低了平台卖家的行为不确定性。如阿里巴巴设定了店铺信息展示的标准格式，并对卖家入驻资质进行全方位考核，大大减少了平台卖家的信息投机行为。

阿里巴巴对交易程序的技术化设定，强化了平台交易的刚性特征和理性特征，不仅有利于市场交易主体自发追求高水平稳定均衡，而且有利于市场交易主体自发追求预设的平台战略目标。并且，这种设定既确保了平台市场的公共性目标，还确保了平台型电商企业的私利性目标。基于以上分析，本章提出：

命题10：平台程序对交易程序的技术化设定形成了温室管理模式

的交易体系。

平台交易的线下交割导致阿里巴巴的封闭式管理存在脱节现象，交易双方对于具体交易占有更多信息，知假买假等平台交易双方的联合非伦理问题迟迟无法解决的原因正在于此。究其本质，虽然平台交易并未完全摆脱空间限定，但是完全脱离了空间赋予的关系特征，以血缘、乡缘、业缘、学缘为纽带建立起来的"乡土社会"被以利益交换为纽带建立起来的"网络社会"所取代，关系驱动的交易被市场驱动的交易所替代，价值意识、伦理道德、文化习俗所构成的非正式制度在平台型网络市场发生了严重的异化，从而形成了全新的博弈情境。正是由于平台卖家的自发博弈陷入"自然状态"，基于主观的理性逻辑取代了扎根惯性的情感逻辑，导致"个体理性"与"社会理性"以及"利益导向"与"价值导向"发生偏离。为此，阿里巴巴建设"网络社区"模仿"乡土社会"，试图建立平台型网络市场的社会文化情境，具体如下：

阿里巴巴建立了商盟制度，为同行卖家提供交流合作平台，形成对行业圈的模仿。商盟可以分享商业信息、交流经验教训、创造合作机会、分摊集体声誉，具有较强的外部性，严格的入盟程序和规章制度还对商盟成员的机会主义行为形成强有力约束，从而建立了自主管理机制。同时，商盟可以建构良好的商盟文化，促使商盟成员自发减少机会主义行为，从而建立了自我管理机制。此外，商盟拥有较多的内部信息，可以高效率、低成本解决交易纠纷或对机会主义行为进行认定，从而建立了具有信息优势的第三方管理机制。

阿里巴巴打通了社交网络，为交易双方提供交流合作平台，形成对社交圈的模仿。阿里巴巴相继推出社交产品"淘江湖"、移动社交产品"湖畔"、社区产品"淘帮派"以及移动社交网络"来往"（现已更名为点点虫），打造社交购物的努力从未中断。阿里巴巴此举促使市场驱动型交易回归关系驱动型交易，关系营销追求的长期稳定合作关系可以对平台卖家的投机动机产生较强的抑制作用，从而建立了平台卖家自我约束机制。

阿里巴巴构建了生态系统，为平台卖家提供交流合作平台，形成对地域圈的模仿。平台型网络市场可以突破时空约束，形成无边界发展的趋势，最终将发展成为商业生态系统。在阿里巴巴生态系统中，无边界、低成本、可追踪的网络口碑取代了受限地域的口头传播，使得"网络社区"具备了"乡土社会"的网络嵌入性特征。网络口碑不仅为平台买家提供了参考依据，而且为平台卖家提供了交易机会，长期社会资本相对短期交易利得的优势对平台卖家行为产生了较强的约束作用。更进一步，阿里巴巴不断扩大生态系统，包括打造开放平台、自建蚂蚁金服、合作金融机构等，增强了社会资本的价值性，对平台卖家行为产生了更强的规范作用。

阿里巴巴对"乡土社会"的情景化模仿，为自主管理、自我管理以及第三方管理等非正式制度提供了一个变迁的环境而不是一个变迁的路径。在这种环境下，社会资本作为长期激励对短期利益产生"挤出"效应，长期理性博弈形成的情感惯性培养了卖家自律行为，有助于形成良好的社会文化情境。阿里巴巴通过文化与管理的融合发展，推动了"经验管理""科学管理"向"文化管理"的范式演进。基于以上分析，本章提出：

命题11：平台规制对"乡土社会"的情景化模仿形成了温室管理模式的社会体系。

淘宝卖家、天猫卖家具有各自的特点，表明阿里巴巴采取的市场培育策略取得了巨大成功。但是，平台型电商企业在市场大环境下理性设计平台"小环境"，既要克服实体市场的路径依赖效应，也要克服平台市场的刚性约束，面临可行性危机。实际上，物理空间限制与国家公共产权导致实体市场属于具有非排他性和竞争性的准公共物品，突破时空限制与平台企业产权导致平台型网络市场属于具有非竞争性和排他性的准公共物品，实体市场具有自然选择属性（市场个体自发竞争的结果），平台型网络市场具有人为设定属性（管理主体主动排他的结果）。实体型网络市场对参与主体的一致性要求导致市场发展具有典型的自组织和或然性；平台型网络市场对参与主体的个性化要求导致市场发展具有典型的他组织和目标性。因此，实体市场参与主体的发展无边界，自主性较强；平台型网络市场参与主体的发展有边界，自主性较弱。边界的存在是平台型电商企业建构温室管理模式的可行性保障。阿里巴巴建构边界的具体措施如下：

规则设定与程序设定融为一体。阿里巴巴将平台规则嵌入交易程序，实现了规则设定与程序设定的有机融合，确保了温室管理边界的有效性。（1）平台卖家进入交易程序的过程成为平台卖家接受平台规则的过程，平台卖家自主选择替代了平台型电商企业强制管理，权力让渡替代了契约协定，保证了构造温室管理边界的合法性。（2）交易进行的过程成为规则践行的过程，提高了平台卖家履约的积极性和主动性，并且，"不合规"行为无法进入交易程序，保证了构造温室管理边界的可行性。（3）交易程序的学习过程成为平台规则的学习过程，提高了平台卖家学习规则的热情与适应改革的能力，保证了构造温室管理边界的高效性。

管理设定与程序设定融为一体。阿里巴巴将规制措施建立在交易程序框架下，实现了管理设定与程序设定的有机融合，确保了温室管理边界的适用性。①有助于实现交易程序和交易行为的适配性，防止程序刚性可能导致平台卖家需求得不到满足，这在阿里巴巴建立卖家服务中心的行动中体现得尤为明显。②有助于实现平台规则和交易程序的匹配性，防止潜规则可能对正式规则产生一定的消解，这在阿里巴巴严厉打击售假卖家的行动中体现得尤为明显。③有助于实现交易程序和规制措施的协同性，防止程序漏洞可能造成不利影响，这在阿里巴巴仲裁交易纠纷的事件中体现得尤为明显。

管理设定、规则设定与程序设定的协同演变。柔性的规制措施可以率先对平台型网络市场出现的新问题给出反应。随着新问题的规模涌现，应对的规制措施也会逐渐标准化、规范化，并逐步上升为平台规则，更进一步，规则设定的调整还会继续引发程序设定与管理设定的同步调整，最终形成"'例外问题'引发管理设定调整—管理设定调整上升为规则设定调整—规则设定调整落实到程序设定调整—程序设定调整框架下的管理设定再调整"的良性演化机制。阿里巴巴的店铺信息经历了"店铺信息审核通过方可开设店铺→店铺信息上传规则→店铺信息自动生成程序→店铺信息负面清单管理"这一漫长的过程，对该问题给出了很好的注解。因此，程序设定不仅与规则设定、管理设定融为一体，还形成了协同演化的良性机制，从而确保了温室管理边界的动态性。

综上所述，阿里巴巴依托网络技术进步实现了规则设定、程序设定、管理设定的集成，引发了技术边界对契约边界的替代，使得平台服务的使用呈现一定的排他性，即不符合平台规则的平台卖家或卖家行为将被平台系统自动筛选和过滤，且不需要平台型电商企业采取强制措施。这使得管理环境的设定真正成为一种理性设计下的外在约束条件，管理措施的执行真正成为一种预期条件下的内在求解行为，从而建构了温室环境与市场环境的边界。基于以上分析，本章提出：

命题12：规则设定、程序设定、管理设定的集成形成了温室管理模式的系统架构。

（四）研究结论

本章将平台型电商企业的创新型管理界定为温室管理模式，并结合阿里巴巴的管理实践进行系统解构。本章为探索平台型电商企业规制平台卖家建构了"规则设定—程序设定—管理设定"三大层次以及"规则体系—交易体系—社会体系"三大体系，为探索平台型电商企业对平台卖家的规制策略提供了分析工具与分类标准。由于平台型电商声誉危机的主要来源是平台卖家，平台型电商声誉的管理主体是平台企业，因此，平台企业应主动采取规制设定、程序设定、管理设定三种方式规制平台卖家行为，保障平台卖家合理竞争，抑制平台卖家投机行为，防范交易纠纷、假冒伪劣行为的发生，达到维护平台型电商声誉的目的。平台企业既可以通过规则设定实现对违规卖家行为的排除，建构市场化方案，也可以通过程序设定实现平台卖家的自治，建构产业化方案，还可以通过管理设定实现对违规卖家的惩罚，建构行政化方案。三种方案中平台企业的角色定位不同，在市场化方案实施过程中，平台企业扮演声誉所有者的角色；在产业化方案实施过程中，平台企业扮演平台搭建者的角色；在行政化方案实施过程中，平台企业扮演"类政府机构"的角色。

（1）市场化方案，平台企业凭借平台型电商声誉产权，建立平台卖家管理制度，典型的如天猫卖家的续签制度。平台企业可以采用市场化方案，原因在于：一方面，平台型电商声誉具有外部排他性，平台企业既可以对入驻卖家进行严格审核，也可以对违规卖家实施强制驱逐，从而有效地避免平台型电商声誉遭受损害；另一方面，平台型电商声誉具有内部竞争性，平台企业可以通过店铺降权、限制参加营销活动等干预平台资源分配，加大对平台卖家违规行为的惩处力度，从而更好地维护平台型电商声誉。

（2）产业化方案，平台企业为平台卖家参与管理、实行自治提供基础条件，典型的如淘宝判定中心。平台企业可以采用产业化方案，原因在于：一是平台型电商的信誉评价体系。通过平台企业设定的信誉评价体系，平台卖家可以采用成本较低的范式建构私有剩余以区隔平台型电商声誉，这在很大程度上解决了社会自律的困境。二是平台型电商声誉的非消耗性特征。平台型电商声誉本身具有非消耗性，况且，平台型电商声誉的过度使用表现为声誉破坏，不同于"有形公地"的过度使用表现为资源滥用，因此，平台参与者对平台型电商声誉具有一致的利益，并不存在必然的冲突，这在很大程度上解决了社会合作的困境。三是平台型电商的管理模式特征。平台型电商的声誉管理可以采用"平台企业集中化运作、平台卖家大众化参与"模式，如阿里巴巴的大众评审制度，在这种模式下，平台卖家参与平台型电商声誉管理具有较低的成本和较高的效率，惩治违规卖家可以依靠平台企业的规则设定与强制执行，这在很大程度上解决了社会参与的困境。四是平台型电商的数字化运营。由于电商平台完全采用数字化运营，所以平台市场上协会或商盟的组建、运营更具效率和成本优势。由于电商平台完全采用数字化运营，平台市场上协会或商盟的组建、运营更具效率和成本优势（吴德胜和李维安，2009）。其中，同行卖家可以组建行业商盟，对个别违规同行进行制裁，避免行业遭受传染效应，同城卖家则可以组建区域商盟，对个别违规同乡进行制裁，避免地区遭受传染效应，这在很大程度上解决了社会组织的困境。作为平台搭建者，平台企业主要通过程序设定与规则设定，为平台用户参与平台型电商声誉管理提供技术支持和制度保障，典型的如阿里巴巴的信誉评价体系、大众评审制度等。

（3）行政化方案，平台企业持续地为平台型电商声誉的统一决策承担责任，通过制定、修改或执行平台规则规制卖家行为，典型的如阿里巴巴的平台仲裁机制。平台企业可以采用行政化方案，原因在于：一是平台企业通过大数据中心记录了平台交易细节，对于平台卖家行为具有一定的信息优势，可以有效地避免规则失灵问题；二是平台型电商产业较易形成单寡头竞争性垄断市场结构，所以发展成熟的平台企业拥有相对平台卖家的渠道权力优势，可以很好地杜绝规则乏力问题；三是平台企业既可以通过系统设定自动对平台卖家行为进行奖惩，也可以发动平台用户的力量对平台交易纠纷进行处理，不仅避免了规制的高成本，还确保了规制的灵活性。

综上所述，作为声誉所有者与"类政府机构"，平台企业主要采用了声誉租金和行为监管：①声誉租金。平台企业可以向平台卖家收取一定的声誉租金，减免费用多寡取决于平台卖家通过平台型电商声誉获得的收益——声誉转移效应和声誉溢出效应。但是，声誉转移效应是非均衡的，个体声誉较差的卖家可以凭借平台型电商声誉获得更高的收益，这不利于激励卖家自发约束自己的行为；同时，声誉溢出效应也是非均衡的，个体声誉较好的卖家可以凭借平台型电商声誉获得更高的收益，这有利于激励卖家自发约束自己的行为。据此，平台企业制定声誉租金主要依据声誉转移效应，具体来说，平台企业倾向对获益较大的低声誉卖家索要更高的租金，而对获益较小的高声誉卖家索要更低的租金。这正是阿里巴巴、京东商城补贴知名品牌商家的原因所在。②行为监管。平台企业可以对平台卖家行为进行监管，使得平台型电商声誉的优劣在很大程度上取决于平台企业的监管水平，即监管水平越高，平台型电商声誉越好。平台企业采取过于严苛的监管，可能对平台卖家造成一定的压力，特别是，平台企业在处理交易纠纷过程中往往对平台买家给予一定的"偏爱"，更加重了平台卖家的负担。在这种情况下，部分卖家可能选择退出平台市场，这会对其他潜在的进入者产生不良的示范效应，从而抑制"公地繁荣"。平台企业采取过于宽松的监管，可能给平台买家带来较大的风险，特别是，平台买家在交易过程中并不具备信息优势，在交易纠纷处理过程中往往成为最大的风险承担方，在这种情况下，部分买家可能选择退出平台市场，这会对其他潜在的进入者产生不良的示范效应，从而导致"公地悲剧"。因此，平台企业有必要选择一个适度的监管水平，确保平台型电商的整体利益最大化目标。通常情况下，平台企业倾向选择适度宽松的监管水平，原因在于：一是平台卖家可以采取多种行为策略，导致平台企业之间存在激烈竞争，严苛的监管策略并不必然符合平台企业利益最大化；二是平台企业大都设置信誉评价体系，导致平台卖家之间存在激烈竞争，平台卖家的良性经营并不必然依赖严苛的监管策略；三是平台市场的卖家数量较多，导致平台企业的监管难度较高，严苛的监管策略并不必然奏效。

四、平台型电商声誉管理机制优化：基于事前控制与事后救济策略的视角

（一）研究假设

为了确保平台交易的合法性、公平性，平台企业会对卖家欺诈、弄虚作假、服务质量低下等行为进行责任追索，并对在交易纠纷中受到侵害的买家进行维权和补偿。而平台型电商企业为正确辨别平台卖家的违规行为，需要对平台卖家是否存在投机欺诈、买卖双方是否按照平台规则交易等行为进行监督，以保障平台市场的秩序稳定、消费者权益不受侵害。因此，平台型电商企业可以采取事前控制策略与事后救济策略来对平台卖家进行有效监督，进而削弱平台卖家发生投机行为的动机。

平台型电商企业的事前管理策略，即平台型电商企业通过抬高卖家进入平台的门槛以筛选高质量的卖家进入，避免投机主义卖家进入平台扰乱市场秩序，调控平台卖家的数量与质量，提高平台型电商声誉的平均分享份额，以防止"公地悲剧"；平台型电商企业也要采取事后救济策略，优化平台买家的服务与体验，即平台型电商企业通过制定"7天无理由退货""90天免费保修"等售后服务规则来确保消费者利益不受损失，优化消费者在平台型电商市场的交易体验，提高平台型电商声誉

的整体分享效应，以确保"公地繁荣"，最终提升平台卖家坚持合规经营的动机。

鉴于此，本章探讨了事前控制策略与事后救济策略对平台型电商声誉的影响以及消费者信任的中介作用，并在此基础上考察了产品类型对于事前控制策略与事后救济策略的互补效应和替代效应的调节作用，最终得出平台型电商声誉管理的经济激励策略，为完善平台型电商声誉管理体系提供参考，理论框架如图7-6所示。

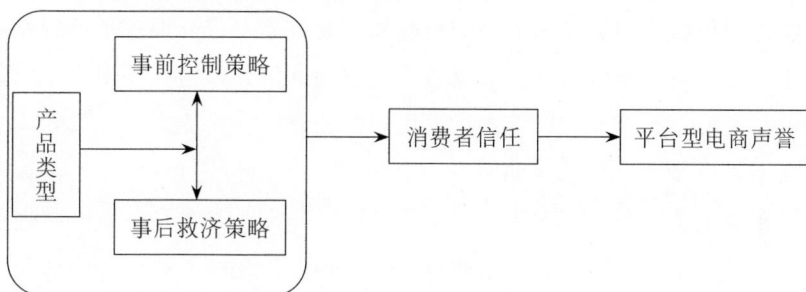

图7-6　理论框架图

1.事前控制、事后救济与平台型电商的认知声誉与情感声誉

作为企业的重要管理策略，事前控制与事后救济得到了学者的广泛关注。现有研究主要从食品安全监管领域、协会商会监管领域、资金监管领域（郁建兴等，2014），对事前控制、事后救济以及两者的监管效果做出了探讨，但鲜有文献对平台型电商治理情境中的事前控制策略与事后救济策略进行明晰的界定和深入的研究。本书根据上述领域对于事前控制与事后救济的定义，结合平台型电商的管理情境，将平台型电商企业的事前控制策略定义为平台型电商企业通过设定平台卖家进入门槛以筛选高品质卖家进入平台，以此减少平台违规行为发生的可能性。相应地，将平台型电商企业事后救济策略定义为平台型电商企业对交易纠纷中的受损买家给予的交易补救、经济补偿行为。

"入驻商家的注册资本必须达到平台型电商企业制定的标准""入驻商家必须缴纳平台型电商企业要求的保证金""入驻商家必须为产品提供第三方机构出具的质量检验报告"等平台型电商企业事前控制策略作为平台企业限制劣质卖家进入平台、控制违规交易发生的监督手段，能够通过对卖家品质进行限定、卖家行为进行规范，以建立安全的交易环境、规范的交易程序以及统一的控制标准，从而降低卖家投机行为的发生以及买家甄别商品质量优劣所耗费的时间和精力，进而简化了买家购买商品的程序，促进了交易安全顺利地进行（王勇等，2020）。另外，在交易前对卖家及交易行为进行严格把关有利于降低平台型电商企业事后救济的成本以及消费者退换货时发生的成本，从而在降低交易成本的同时提高交易效率。交易程序的简化促进了消费者对平台型电商企业运营能力的积极评价，交易秩序的保障和交易效率的提升促进了消费者对于平台型电商企业经营能力和竞争力的积极评价，二者共同提升了消费者对平台型电商企业整体实力、发展前景的评价。相比之下，诸如"平台买家可以要求违约卖家退回货款，并按规定赔付违约金""平台买家可以申请七天无理由退货""平台买家可凭有效证据向平台型电商企业投诉违规卖家"等事后救济策略虽然不能通过简化交易程序、降低交易成本以及提升交易效率等方式让消费者感知平台型电商企业具有较强的经营能力、运营能力以及竞争力，但是，事后救济策略的使用能够确保消费者在交易失败发生后其利益不受损失，这会让其感知到虽然平台型电商企业不具备较强的保障交易秩序、提高交易效率的能力，但在自己遇到困难的时候能够尽力地帮助自己，努力确保自己的利益不受损害，此时，消费者会认为企业对消费者利益的关心超过对企业自身盈利的关心，这会积极影响消费者对企业的态度。综上所述，相比事后救济策略，平台型电商企业采用事前控制策略更能优化交易程序、保障交易秩序以及提高交易效率，从而让消费者更容易感知到平台型电商企业具有较强的经营能力和竞争力，进而更能影响消费者对企业整体实力、发展前景的评价。而相比于事前控制策略，平台型电商企业采用事后救济策略更能让消费者感知到企业会在自己遇到交易困难的时候帮助自己，确保自己的利益不受损害，从而更能满足消费者对于企业的情感预期，进而更能促进消费者对企业认同、喜爱、尊敬的态度。基于此，我们提出以下假设：

H_1：与采用事后救济策略相比，平台型电商企业采用事前控制策略更能提升平台型电商的认知声誉。

H₂：与采用事前控制策略相比，平台型电商企业采用事后救济策略更能提升平台型电商的情感声誉。

2.能力信任与善意信任的中介作用

信任是指当信任者认为被信任者不会损害、侵犯自己利益时，其呈现出的一种愿意向被信任者坦露自身缺点的心理状态（Rousseau et al.，1998；王子贤和吕庆华，2018）。学者从不同的角度对信任的含义进行了划分，Mayer等将信任分为能力信任、善意信任以及正直信任三种类型，其中：能力信任指一方相信另一方的做事能力；善意信任指一方相信另一方具有关心自己的善意；正直信任指一方相信另一方会认同并遵守某项原则（Mayer et al.，1995）。Doney等（1997）在探究供应与购买关系中的信任时，将信任分为可靠度与善意两个维度。可靠度指供应商是否具有专业技能以便有效地开展工作；善意指供应商的行为是否会考虑到购买者的福利。Levin等在探究企业间信任时，将信任划分为能力信任和善意信任两个维度：能力信任指相信对方具备完成工作的知识和技能，善意信任指相信对方会考虑自己的利益（Levin et al.，2004）。虽然学者们对于信任的划分方式不尽相同，但是他们普遍认同信任中包含能力与善意两个成分。基于此，本书将信任划分为能力信任和善意信任两个维度。结合平台型电商企业的管理情境，将能力信任定义为消费者相信平台型电商企业具有经营平台、保障平台交易秩序以及提高平台交易效率的能力；将善意信任定义为消费者相信平台型电商企业会在自己发生交易困难、遭遇损失时关心自己的利益。

作为控制平台卖家质量、约束卖家交易行为的监督手段，事前控制通过预先设立严格的平台进入标准、规范的约束制度抑制卖家投机行为的发生，为消费者创造一个安全的交易环境。同时，严格的事前控制让消费者不必再耗费大量的时间、精力去辨别商品的品质优劣，简化了消费者的交易程序。此外，稳定的交易环境、规范的交易程序降低了卖、买双方发生交易纠纷的可能性，从而减少了消费者在解决纠纷、退换货等方面的时间、精力消耗，提高了交易效率。较高的交易效率满足了消费者对于平台交易便捷性的预期，稳定的交易环境降低了消费者的感知风险，满足了消费者对于平台交易可靠性的预期。当平台型电商企业的管理策略满足了消费者对平台交易可靠性、便捷性的预期时，消费者将提升对平台型电商企业的能力信任。进一步来说，对简化交易流程的能力信任促进了消费者对于平台型电商企业运营能力的积极评价，对保障交易秩序和提高交易效率的能力信任促进了消费者对于平台型电商企业经营能力和竞争力的积极评价，二者共同促进了消费者对于平台型电商企业整体实力、发展前景的积极评价。如天猫商城对入驻商家的品牌、注册资本、产品质量等做了严格的要求，这降低了平台内违规行为发生的可能性，提升了平台交易的效率，保障了平台交易的安全，从而促进了消费者对天猫商城经营能力和竞争力的积极评价。相比之下，事后救济发生在交易行为之后，对于交易过程中的效率提升、安全保障作用较小，难以对消费者能力信任和企业认知声誉产生较大的提升作用。因此，相比采用事后救济策略，平台型电商企业采用事前控制策略更能通过提升交易效率、保障交易安全等方式满足消费者对平台交易便捷性、可靠性的预期，从而更能提升消费者对于平台型电商企业的能力信任。进一步来说，对于简化交易流程的能力信任促进了消费者对平台型电商企业运营能力的积极评价，对于保障交易秩序和提高交易效率的能力信任促进了消费者对平台型电商企业经营能力和竞争力的积极评价，二者共同促进了平台型电商的认知声誉的提升（Manfred，2004）。基于此，我们提出以下假设：

H₃：相比采取事后救济策略，平台型电商企业采取事前控制策略更能提升消费者对平台型电商企业的能力信任，从而更能提升平台型电商的认知声誉。

相比采用事前控制策略，平台型电商企业采用事后救济策略对消费者在交易中发生的损失进行积极的、及时的事后补救，让消费者更能感知到平台型电商企业能够在自己遭受交易损失时维护自己的利益不受损害，此时，消费者会认为企业对消费者利益的关心超过对企业自身盈利的关心，这满足了消费者对企业的情感预期，从而使消费者对平台型电商企业产生更多的善意信任（赵占波等，2009）。而消费者对平台型电商企业的善意信任度越高，其便会越尊敬、喜欢该企业，进而积极影响企业的声誉。比如，淘宝商城设立了交易仲裁程序，当消费者认为自己

在交易中利益受损时，可通过向淘宝申请交易仲裁的方式维护自己的正
当权益，这一举措积极地促进了消费者对淘宝的情感评价。基于上述推
演，我们提出以下假设：

H₄：相比采取事前控制策略，平台型电商企业采取事后救济策略更
能提升消费者对平台型电商企业的善意信任度，从而更能提升平台型电
商的情感声誉。

3.产品类型对于事前控制与事后救济策略的互补效应和替代效应调
节作用

参照以往研究（Nelson，1974），本书按消费者购买产品前对产品
质量信息的感知程度，将产品分为体验品和搜索品。其中搜索品指产品
质量及主要属性在购买前便能被消费者感知的商品，如手机（朱翊敏，
2019）；体验品是指产品质量及主要属性在购买后的使用过程中才能被
消费者感知的商品，如服装（郭燕等，2018）。

根据体验品的性质，当消费者购买体验品时，其只有当产品到货后
亲身试穿、试用才能真正了解产品的质量。与搜索品在购买前就可通过
产品型号、性能了解其质量相比，消费者在拿到体验品后发现体验品质
量不好的可能性更高，因此与购买搜索品相比，消费者购买体验品可能
要花费更多精力去解决退换货问题。如果平台型电商企业采用宽松的事
前控制策略，便会提升假货、质量不合格产品进入平台的可能性，从而
进一步提高消费者在购买体验品时买到质量不合格产品的概率，同时也
进一步增加其退换货的成本。因此，结合假设 H₂与上述推论可得，消
费者在购买体验品时，若平台型电商企业采用宽松的事前控制策略，消
费者会因为付出较高的退换货成本而对平台型电商企业的管理感到不
满，这样的不满情绪抑制了平台型电商企业事后救济策略对消费者情感
认同的提升，进而抑制了事后救济策略对平台型电商的情感声誉的提
升。然而随着平台企业事前控制水平的提升，上述抑制作用随之减弱，
事后救济策略对平台型电商的情感声誉的提升作用增强，即事前控制对
事后救济与平台企业情感声誉的关系具有互补作用。同时，结合假设
H₁以及上述推论可得，对于退、换货发生率极高的体验品来说，事后
救济工作对保障消费者利益至关重要，如果平台型电商企业不能做好与

退换货相关的事后救济工作，那么企业的事前控制做得再好也不会让消费者感到该企业具有丰富的平台管理能力和经验。因而，对于体验品来说，消极的事后救济工作会抑制事前控制对于平台型电商的认知声誉的提升，而随着事后救济水平的提升，上述抑制作用随之减弱，事前控制对平台型电商的认知声誉的提升作用增强，即事后救济与事前控制具有互补作用。据此，我们提出以下假设：

H_5：对于体验品来说，事前控制与事后救济对平台型电商声誉的影响具有互补作用。

H_{5a}：对于体验品来说，当平台型电商企业采用积极的事后救济策略时，严格的事前控制策略比宽松的事前控制策略更能提升消费者对平台型电商的认知声誉。

H_{5b}：对于体验品来说，当平台型电商企业采用消极的事后救济策略时，严格的事前控制策略与宽松的事前控制策略对平台型电商的认知声誉的提升无显著差异。

H_{5c}：对于体验品来说，当平台型电商企业采用严格的事前控制策略时，积极的事后救济策略比消极的事后救济策略更能提升消费者对平台型电商的情感声誉。

H_{5d}：对于体验品来说，当平台型电商企业采用宽松的事前控制策略时，积极的事后救济策略与消极的事后救济策略对平台型电商的情感声誉的提升无显著差异。

对于搜索品来说，如果平台企业采用严格的事前控制策略，那么消费者买到劣质商品的概率将极低。此时，事后救济策略的改变将不会对消费者态度产生明显的影响，即积极的事后救济策略与消极的事后救济策略对平台型电商的情感声誉的提升无显著差异。相反，如果平台型电商企业采用宽松的事前控制策略，那么根据假设 H_2 的论证，积极的事后救济策略将更能提升平台型电商的情感声誉。进一步来说，随着事前控制水平的提升，事后救济策略对平台型电商的情感声誉的提升作用在下降，即事前控制对事后救济与平台型电商的情感声誉的关系具有替代作用。同样地，由于搜索品的性质，消费者买到劣质商品以及退换货的概率都较低，此时如果平台型电商企业采用积极的事后救济策略，那么消费者会忽略平台型电商企业事前控制工作不足对自己所造成的影响。因此，对于搜索品来说，当平台型电商企业采用积极的事后救济策略时，严格的事前控制策略与宽松的事前控制策略对平台型电商的认知声誉的提升无明显差异。相反，如平台型电商企业采用消极的事后救济策略，那么根据假设 H_1 的论证可知，严格的事前控制策略更能提升平台型电商的认知声誉。进一步说，随着事后救济策略的提升，事前控制策略对平台型电商的认知声誉的提升作用在下降，即事后救济与事前控制具有替代作用。据此，我们提出以下假设：

H_6：对于搜索品来说，事前控制与事后救济对平台型电商声誉的影响具有替代作用。

H_{6a}：对于搜索品来说，当平台型电商企业采用消极的事后救济策略时，严格的事前控制策略比宽松的事前控制策略更能提升消费者对平台型电商的认知声誉。

H_{6b}：对于搜索品来说，当平台型电商企业采用积极的事后救济策略时，严格的事前控制策略与宽松的事前控制策略对平台型电商的认知声誉的提升无显著差异。

H_{6c}：对于搜索品来说，当平台型电商企业采用宽松的事前控制策略时，积极的事后救济策略比消极的事后救济策略更能提升消费者对平台型电商的情感声誉。

H_{6d}：对于搜索品来说，当平台型电商企业采用严格的事前控制策略时，积极的事后救济策略与消极的事后救济策略对平台型电商的情感声誉的提升无显著差异。

（二）研究设计

本部分共包含三个实验，实验目的如下：

实验1：采用2×1的简单组内因子实验探索事前控制策略与事后救济策略对平台型电商的认知声誉的影响及能力信任的中介作用，从而验证 H_1 和 H_3。

实验2：采用2×1的简单组内因子实验探索事前控制策略与事后救济策略对平台型电商的情感声誉的影响及善意信任的中介作用，从而验

证 H_2 和 H_4。

实验3：采用2×2的组间因子实验探究在不同产品类型下，事前控制策略与事后救济策略对平台型电商的认知声誉、情感声誉的互补作用或替代作用，从而验证 H_5 和 H_6。

实验设计如下：

1.实验1

实验1的目的是探索事前控制策略与事后救济策略对平台型电商的认知声誉的影响及能力信任的中介作用，因此我们采用情景实验的方法来检验。

（1）情景开发

根据天猫、淘宝、eBay等多家平台型电商企业的事前控制与事后救济策略，结合多篇企业报道以及对平台购物者的深度访谈，本书对平台型电商企业事前控制与事后救济策略的实验情景进行了开发。为了使被试不受先前购物经历的影响，以下研究中用平台A来代替具体平台的名称。

①事前控制——情景Ⅰ

该平台只接受指定品牌入驻；入驻平台的企业注册资本要满足一定标准；入驻平台的企业须为所销售产品提供第三方机构出具的质量检验报告；入驻企业需要向平台支付一定数量的保证金，用于保证其按照平台规则经营。

②事后救济——情景Ⅱ

平台买家可以要求违约卖家退回货款，并按规定赔付违约金；平台买家可以申请7天无理由退货；平台买家购买商品若干天后发现商品有质量问题，可向卖家发起退货申请；平台买家可凭有效证据向平台型电商企业投诉违规卖家。

（2）被试选取

目前大学生是网络购物的活跃群体，采用他们作为被试开展网络营销的实验研究被证明是非常有效的（Hamilton et al., 2017；刘建新，李东进，2017）。同时，为了避免被试受到先前实验的干扰，我们选取的被试均为自愿参与，不了解实验意图，也未参加过任何类似实验。鉴于此，我们招募了 103 名（女生占 57%，平均年龄 20.35 岁）来自辽宁某财经院校的本科生作为被试，有效被试 94 名，女生 51 人，占 54%，年龄均在 18~22 岁之间，平均年龄 20.78 岁，来自计算机、日语、新闻学、数学、金融学、物流管理等 17 个专业；所有被试都具有 1 年以上的网络平台购物经验，其中经验在 1~2 年的被试占 26.60%，2~4 年的被试占 58.51%，4 年以上的被试占 14.89%；平均每月可支配收入方面，收入金额在 1 000 元以下的被试占 11.70%，在 1 000~2 000 元之间的被试占 34.04%，在 2 000~3 000 元之间的被试占 43.62%，在 3 000 元以上的被试占 10.64%。

（3）实验方法与步骤

实验 1 采用 2（事前控制 vs. 事后救济）×1 简单组间因子设计。参照以往的研究，我们将所有被试进行编号并通过计算机随机生成号码的方式将被试分成两组，尽可能保证被试的分组是随机的。分组结束后我们对被试的人口统计特征进行了检验，发现两组被试的年龄（$p > 0.5$）、性别（$p > 0.4$）、网购经验（$p > 0.4$）以及可支配收入（$p > 0.5$）不存在显著差异，证明我们的随机分组方式是有效的。实验开始后，被试被告知将参加一项评价平台型电商声誉的实验。每位被试会看到自己所在组平台型电商企业的相关信息。事前控制组被试被告知现有一家平台型电商企业，其采用情景 I 的管理策略对电商平台进行管理（情景 I 为上文提到的事前控制的情景，在此不做赘述）。之后，让被试填写能力信任与平台型电商的认知声誉量表。能力信任的量表参照 Levin 等（2004）、Yilmaz 等（2005）以及 Ganesan（1994）的研究并结合平台型电商的购物情景进行改编，最终确定由"我认为该平台企业具有提高交易效率的能力"等 4 个题项构成；平台型电商的认知声誉的量表参照 Fombrun 等（2000）以及 Manfred（2004）的研究并结合平台型电商的购物情景进行改编，最终确定由"我认为该平台企业拥有很好的市场发展前景"等 4 个题项构成。同样，告知事后救济组被试情景 II（情景 II 为上文提到的事后救济的情景，在此不做赘述），然后让其填写能力信任与平台型电商的认知声誉量表。接着向所有被试介绍平台型电商企业事前控制与事后救济的相关概念，并让他们对上述情景中自己接触到的平台企业所使用的管理策略打分，采用7分量表，1分表示该平台型电商企业的管理策略属于事前控制策略，7分表示该平台型电商企业的管理策略属于事后救济策略。最后让每名被试填写相关人口统计变量。

2.实验2

实验2的目的是探索事前控制策略与事后救济策略对平台型电商的情感声誉的影响及善意信任的中介作用，因此我们同样采用情景实验的方法进行检验。同时实验2将继续沿用实验1开发的事前控制与事后救济的情景。

（1）被试选取

目前大学生是网络购物的活跃群体，采用他们作为被试开展网络营销的实验研究被证明是非常有效的（刘建新和李东进，2017）。同时，为了避免被试受到先前实验的干扰，我们选取的被试均为自愿参与，不了解实验意图，也未参加过任何类似实验。鉴于此，我们重新招募了98名（女生占61%，平均年龄19.95岁）来自辽宁某财经院校的本科生作为被试，有效被试94名，女生58人，占62%，年龄在17岁至23岁之间，平均年龄19.91岁，来自数学、企业管理、经济学、计算机、商务外语、社会学等19个专业；所有被试都具有1年以上的网络平台购物经验，其中经验在1~2年的被试占17.02%，2~4年的被试占58.51%，4年以上的被试占24.47%；平均每月可支配收入方面，收入金额在1 000元以下的被试占6.38%，在1 000~2 000元之间的被试占46.81%，在2 000~3 000元之间的被试占30.85%，在3 000元以上的被试占15.96%。

（2）实验方法与步骤

实验2同样采用2（事前控制 vs.事后救济）×1简单组间因子设计。参照以往的研究（汪良军，童波，2017），我们将所有被进行试编号并通过计算机随机生成号码的方式将被试分成两组，尽可能保证被试的分组是随机的。分组结束后我们对于被试的人口统计特征进行了检验，发现两组被试的年龄（p > 0.6）、性别（p > 0.4）、网购经验（p > 0.3）以及可支配收入（p > 0.4）不存在显著差异，证明我们的随机分组方式是有效的。实验开始后，被试被告知将参加一项评价平台型电商声誉的实验。每位被试会看到自己所在组平台型电商企业的相关信息。事前控制组被试被告知现有一家平台型电商企业,其采用情景Ⅰ的管理方式(情景Ⅰ为上文提到的事前控制的情景,在此不做赘述)。之后,让被试填写善意信任与平台型电商的情感声誉量表。善意信任的量表参照 Levin 等(2004)及 Ganesan(1994)的研究并结合平台型电商的购物情境进行改编,最终确定由"该平台企业会努力确保我的利益不受伤害"等5个题项构成;平台型电商的情感声誉量表参照 Formbrun 等(2000)以及 Manfred(2004)的研究并结合平台型电商的购物情景进行改编,最终确定由"我感觉该平台企业是一家令人喜爱的企业"等5个题项构成。同样,告知事后救济组被试情景Ⅱ(情景Ⅱ为上文提到的事后救济的情景,在此不做赘述),然后让其填写善意信任与平台型电商的情感声誉量表。接着向所有被试介绍平台型电商企业事前控制与事后救济的相关概念,并让他们对上述情景中自己接触到的平台企业的管理策略打分,量表采用7分量表,1分表示该平台型电商企业的管理策略属于事前控制策略,7分表示该平台型电商企业的管理策略属于事后救济策略。最后让每名被试填写相关人口统计变量。

3. 实验3

实验3的目的是探究在不同产品类型下,事前控制策略与事后救济策略对平台型电商的认知声誉、情感声誉的互补作用或替代作用。具体来说,我们意在验证,当消费者购买体验品时,事后救济对事前控制与平台型电商的认知声誉关系的互补作用,以及事前控制对事后救济与平台型电商的情感声誉关系的互补作用;当消费者购买搜索品时,事后救济对事前控制与平台型电商的认知声誉关系的替代作用,以及事前控制对事后救济与平台型电商的情感声誉关系的替代作用。

(1)情景开发

根据天猫、淘宝、eBay 等多家平台型电商企业的事前控制与事后救济策略,结合多篇网络报道以及对平台购物者的深度访谈,本书对平台型电商企业使用事前控制与事后救济策略的程度进行了区分,分为严格事前控制、宽松事前控制与积极事后救济、消极事后救济等不同情景。

①严格的事前控制

该平台型电商企业只接受知名品牌入驻；平台型电商企业要求入驻商家的注册资本必须达到1 000万元以上；平台型电商企业要求入驻商家必须为产品提供第三方机构出具的质量检验报告；入驻商家需要向平台型电商企业支付10万元的保证金，用于保证商家按照平台规则经营。

②宽松的事前控制

该平台型电商企业接受多数品牌入驻；平台型电商企业要求入驻平台商家的注册资本达到10万元即可；入驻商家只需要向平台支付5 000元的保证金即可，用于保证商家按照平台规则经营。

③积极的事后救济

在该平台经营中，如果有商家违约发货，一经平台核实，商家不仅要退回货款，还要按规定赔付消费者违约金；平台商家必须遵守平台型电商企业制定的交易后7天无理由退货的相关规定；平台中的商家必须遵守平台型电商企业制定的交易后15天无理由换货的相关规定；平台中的商家必须遵守平台型电商企业制定的90天质保服务，即消费者在购买商品90天内发现商品有质量问题，消费者可向商家发起退货申请；消费者购买商品过程中如与商家发生纠纷，可凭有效证据向平台方投诉。

④消极的事后救济

在该平台经营中，如果出现商家违约发货的情况，一般由消费者与商家自行协商，协商不成再由平台方进行调解；平台中的商家将自行规定本店的退货规则；平台中的商家将自行规定本店的换货规则；消费者如在消费过程中与商家发生纠纷，多数情况下由消费者与商家自行协商解决，协商不成再由平台方出面调解。

（2）被试选取

目前大学生是网络购物的活跃群体，采用他们作为被试开展网络营销的实验研究被证明是非常有效的。同时，为了避免被试受到先前实验的干扰，我们选取的被试均为自愿参与，不了解实验意图，也未参加过任何类似实验。鉴于此，我们重新招募了225名（女生占53%，平均年龄20.65岁）来自辽宁某财经院校的本科生作为被试，有效被试 213 名，女生 111 人，占 52%，年龄均在 17~23 岁之间，平均年龄 20.13 岁，被试来自统计学、公司治理、会计学、计算机、法学、旅游管理、数学等 23 个专业；所有被试都具有 1 年以上的网络平台购物经验，其中经验在 1~2 年的被试占 13.62%，2~4 年的被试占 62.44%，4 年以上的被试占 23.94%；平均每月可支配收入方面，收入金额在 1 000 元以下的被试占 7.98%，在 1 000~2 000 元之间的被试占 26.29%，在 2 000~3 000 元之间的被试占 51.64%，在 3 000 元以上的被试占 14.08%。

（3）实验方法与步骤

实验 3 采用 2 事前控制（严格事前控制，宽松事前控制）×2 事后救济（积极事后救济，消极事后救济）×2 产品类型（搜索品，体验品）组间因子设计。参照以往的研究（汪良军，童波，2017），我们将所有被试进行编号并通过计算机随机生成号码的方式将被试分成 8 组，尽可能保证被试的分组是随机的。分组结束后我们对于被试的人口统计特征也进行了检验，结果同实验 1 和实验 2，没有发现被试的年龄、性别、网购经验以及可支配收入存在显著差异，证明我们的随机分组方式是有效的。通过预实验，我们选择了智能手环为搜索品，休闲运动鞋为体验品。实验开始后，每名被试被告知将参加一项评价平台型电商声誉的实验。首先，严格事前控制积极事后救济搜索品组被试被告知自己将在某平台型电商企业的网络购物平台上选购一款智能手环，并得知该平台企业采用严格的事前控制以及积极的事后救济策略对平台进行管理（严格的事前控制情景如上文情景 1 所列，积极的事后救济情景如上文情景 3 所列，不在此进行赘述），之后让被试填写平台型电商的认知声誉与平台型电商的情感声誉的量表，平台型电商的认知声誉的量表同实验 1，平台型电商的情感声誉的量表同实验 2。同样，严格事前控制积极事后救济体验品组被试被告知自己将在某平台型电商企业的网络购物平台上选购一款休闲运动鞋，并得知该平台企业采用严格的事前控制以及积极的事后救济策略管理平台，之后让被试填写平台型电商的认知声誉与情感声誉的量表。类似地，分别告知其他 6 组被试相应的产品类型以及平台管理情景，然后让被试填写平台型电商的认知声誉与情感声誉量表。接着，告知所有被试搜索品与体验品的相关定义，并让被试对上述情景中自己接触的产品进行打分（1=搜索品，7=体验品）。同样，告知所有被试平台型电商企业事前控制策略与事后救济策略的相关定义，并让被试对上述情景中自己接触的平台型电商企业所采用的事前控制与事后救济策略进行评价：事前控制策略1分表示宽松事前控制，7分表示严格事前控制；事后救济策略1分表示消极事后救济，7分表示积极事后救济。最后，让每位被试填写人口统计变量。

（三）实验结果

1.实验1

（1）操控检验

ANOVA分析结果表明，$M_{事前控制}=1.760$，$M_{事后救济}=6.000$，$SD_{事前控制}=0.822$，$SD_{事后救济}=0.940$，$F(1,92)=544.280$，$P=0.000$，即事前控制得分显著低于事后救济得分。根据量表设计，得分越低，表示被试认为平台型电商企业采用的管理策略为事前控制策略，得分越高，表示被试认为平台型电商企业采用的管理策略为事后救济策略。综上所述，对于平台型电商企业管理策略的操纵成功。

（2）信效度检验

采用LISREL 8.80和SPSS 19.0等软件对本书量表的信度和效度进行检验，结果如下：由表7-9可知，能力信任和认知声誉两个变量的Cronbach's α系数和组合信度值都大于门槛值0.70，表明能力信任与认知声誉的量表具有较高的信度。将能力信任与认知声誉两个变量一起纳入结构方程模型进行验证性因子分析（CFA），发现全部题项的因子载荷均大于0.60，且两个变量的AVE值都大于0.50，说明能力信任与认知声誉量表具有较高的收敛效度。另外，能力信任与认知声誉的相关系数为0.72，分别小于能力信任AVE值的平方根值0.77和认知声誉AVE值的平方根值0.92，表明能力信任与认知声誉量表具有较好的区分效度。

表7-9　　　　　　　　　　能力信任与认知声誉的信效度检验

变量	测量题项	效度		信度	
		因子载荷	AVE	α系数	组合信度
能力信任	我认为该平台企业具有提高交易效率的能力	0.85			
	我认为该平台企业具有优化交易程序的能力	0.84			
	我认为该平台企业具有促进交易顺利的能力	0.75	0.594	0.852	0.852
	我认为该平台企业拥有保障交易安全的能力	0.62			
	我认为该平台企业拥有很强的市场竞争力	0.92			
认知声誉	我认为该平台企业拥有很好的市场发展前景	0.92			
	我认为该平台企业拥有良好的企业经营实力	0.91	0.847	0.955	0.957
	我认为该平台企业拥有强大的平台运营实力	0.93			

（3）假设检验

ANOVA分析结果显示，相较于事后救济策略，事前控制策略会导致更高的平台型电商的认知声誉（$M_{事前控制}$=5.400，$M_{事后救济}$=3.483，$SD_{事前控制}$=0.941，$SD_{事后救济}$=1.049，$F_{(1, 92)}$=87.269，P=0.000）。因此，假设H_1得证。

为了验证能力信任的中介作用，参照 Preacher（Preacher et al.，2007）等提出的中介分析模型（模型4）进行 Bootstrap 中介变量检验，在95%置信区间下，5 000次 Bootstrap 检验结果表明，能力信任的确中介了平台型电商企业管理策略对于平台型电商的认知声誉的影响，间接效应大小的均值为0.883，Bootstrap 检验的置信区间为（0.488，1.299），区间不含0，说明能力信任的中介效应存在。因此，假设H_3得证。

2.实验2

（1）操控检验

ANOVA分析结果表明，$M_{事前控制}$=1.652，$SD_{事前控制}$=0.795，$M_{事后救济}$=5.958，$SD_{事后救济}$=0.967，$F_{(1, 92)}$=553.850，P=0.000，即事前控制得分显著低于事后救济得分。根据量表设计，得分越低，表示被试认为平台型电商企业采用的管理策略为事前控制策略，得分越高，表示被试认为平台型电商企业采用的管理策略为事后救济策略。综上所述，对于平台型电商企业管理策略的操纵成功。

（2）信效度检验

采用LISREL 8.80和SPSS 19.0等软件对本书量表的信度和效度进行检验，结果如下：由表7-10可知，善意信任和情感声誉两个变量的Cronbach's α系数和组合信度值都大于门槛值0.70，表明善意信任与情感声誉的量表具有较高的信度。将善意信任与情感声誉两个变量一起纳入结构方程模型进行验证性因子分析（CFA）发现全部题项的因子载荷均大于0.60，且两个变量的AVE值都大于0.50，说明善意信任与情感声誉量表具有较高的收敛效度。另外，善意信任与情感声誉的相关系数为0.61，分别小于善意信任AVE值的平方根值0.73和情感声誉AVE值的平方根值0.81，表明善意信任与情感声誉量表具有较好的区分效度。

表7-10　　　　善意信任与情感声誉的信效度检验

变量	测量题项	效度		信度	
		因子载荷	AVE	α系数	组合信度
善意信任	该平台企业不会有意做出损害我利益的事情	0.79			
	该平台企业会努力确保我的利益不受伤害	0.78			
	该平台企业会在我遇到困难时提供帮助	0.65	0.531	0.848	0.849
	该平台企业非常关心我的需求和愿望	0.65			
	该平台企业在做决策时，会考虑消费者的利益	0.76			
	我很喜欢该平台企业	0.78			
情感声誉	我感觉该平台企业是一家令人喜爱的企业	0.84			
	我认同和支持该平台企业	0.84	0.648	0.900	0.902
	我欣赏和尊敬该平台企业	0.83			
	如果该平台企业倒闭，我会感到遗憾	0.73			

（3）假设检验

ANOVA分析结果显示，相较于事前控制策略，事后救济策略会导致平台型电商企业更高的情感声誉（$M_{事前控制}$=3.857，$SD_{事前控制}$=0.895，$M_{事后救济}$=4.767，$SD_{事后救济}$=0.815，$F_{(1, 92)}$=26.607，P=0.000）。因此，假设 H₂ 得证。

善意信任中介作用的检验同能力信任中介作用的检验类似，同样参照 Preacher 等（Preacher et al.，2007）提出的中介分析模型（模型4）进行 Bootstrap 中介变量检验，在95%置信区间下，5 000次 Bootstrap 检验结果表明，善意信任的确中介了平台型电商企业管理策略对于平台型电商的情感声誉的影响，间接效应大小的均值为0.507，Bootstrap 检验的置信区间分别为（0.261，0.809），区间不含0，说明善意信任的中介效应存在。因此，假设 H₄ 得证。

3. 实验3

（1）操控检验

ANOVA 分析结果表明，产品得分 $M_{搜索品}$=2.783，$SD_{搜索品}$=0.828，$M_{体验品}$=5.196，$SD_{体验品}$=0.852，即体验品得分显著高于搜索品得分（$F_{(1, 211)}$=439.476，P=0.000）；同样，事前控制得分 $M_{严格事前控制}$=5.185，$SD_{严格事前控制}$=0.789，$M_{宽松事前控制}$=3.255，$SD_{宽松事前控制}$=0.893，即严格事前控制得分显著高于宽松事前控制得分（$F_{(1, 211)}$=278.008，P=0.000）；事后救济得分 $M_{积极事后救济}$=5.131，$SD_{积极事后救济}$=0.870，$M_{消极事后救济}$=3.019，$SD_{消极事后救济}$=0.768，即积极事后救济得分显著高于消极事后救济得分（$F_{(1, 211)}$=352.600，P=0.000）。根据量表设计可知，对于产品类型，平台型电商企业事前控制及事后救济的操控成功。

（2）假设检验

互补、替代作用的定义：互补作用是指一个变量的边际效应随着另一个变量的增加而递增；替代作用是指一个变量的边际效应随着另一个变量的增加而递减。据此，两个变量之间的互补替代效应主要通过两者的交互作用体现出来。当自变量与调节变量同为分类变量时，要判别二者间的交互作用须采用方差分析方法。由此我们认为，当方差检验显示事前控制与事后救济具有交互效应时，若随着事后救济水平由低到高，事前控制对于平台型电商的认知声誉边际影响效应增强，那么可以证明事后救济对于事前控制与认知声誉的关系具有互补作用；相反，若事前控制对平台型电商的认知声誉边际影响效应减弱，那么可以证明事后救济对事前控制与认知声誉的关系具有替代作用。具体来看，当事后救济水平低时，高事前控制相对于低事前控制对认知声誉均值的提升若低于事后救济水平高时相应的认知声誉均值的提升，那么说明事前控制的边际效应随着事后救济的增加而增加，证明事后救济对事前控制与认知声誉的关系具有互补效应；相应地，当事后救济水平低时，高事前控制相对于低事前控制对认知声誉均值的提升若高于事后救济水平高时相应的认知声誉均值的提升，那么说明事前控制的边际效应随着事后救济的增加而减少，证明事后救济对事前控制与认知声誉的关系具有替代效应。同理，事前控制对事后救济与情感声誉关系的互补、替代作用的验证方法相同。

具体到本书，对于体验品来说，如果我们可以同时验证假设 H_{5a} 和 H_{5b}，即当平台型电商企业采用积极的事后救济策略时，严格的事前控制策略比宽松的事前控制策略更能提升消费者对平台型电商的认知声誉；当平台型电商企业采用消极的事后救济策略时，严格的事前控制策略与宽松的事前控制策略对平台型电商的认知声誉的提升无显著差异，那么，我们便可以证明对于体验品来说，随着事后救济水平由低到高，事前控制对平台企业认知声誉的边际效应增强，即事后救济对事前控制与认知声誉的关系具有互补作用。同样，如果我们可以同时验证假设 H_{5c} 和 H_{5d}，即当平台型电商企业采用严格的事前控制策略时，积极的事后救济策略比消极的事后救济策略更能提升消费者对平台型电商的情感声誉；当平台型电商企业采用宽松的事前控制策略时，积极的事后救济策略与消极的事后救济策略对平台型电商的情感声誉的提升无显著差异，那么，我们便可以证明对于体验品来说，随着事前控制水平由低到高，事后救济对平台企业情感声誉的边际效应增强，即事前控制对事后救济与情感声誉的关系具有互补作用。综合上述验证，我们认为，对于体验品来说，事前控制与事后救济对平台型电商声誉的影响具有互补作用，进而假设 H_5 便可得到证明。同理，我们可以通过验证假设 H_{6a} 和 H_{6b} 证明对于搜索品来说，事后救济对事前控制与认知声誉的关系具有替代作用，通过验证假设 H_{6c} 和 H_{6d} 证明事前控制对事后救济与情感声誉的关系具有替代作用，从而证明对于搜索品来说，事前控制与事后救济对平台型电商声誉的影响具有替代作用，进而假设 H_6 便可得到证明。

我们的具体检验如下：以平台型电商的认知声誉为因变量进行的2事前控制（严格事前控制，宽松事前控制）×2事后救济（积极事后救济，消极事后救济）×2产品类型（搜索品，体验品）多因素方差分析结果显示，事前控制、事后救济以及产品类型三者的交互作用显著（$F_{(1, 205)}=147.224$，$P=0.000$），事前控制与事后救济的交互效应显著（$F_{(1, 205)}=14.692$，$P=0.000$），这表明产品类型的三阶调节作用存在。当商品为体验品时，方差分析结果显示事前控制的主效应显著（$F_{(1, 103)}=179.640$，$P=0.000$），事前控制与事后救济的交互作用显著（$F_{(1, 103)}=135.504$，$P=0.000$），这表明事后救济能够调节事前控制与平台型电商的认知声誉之间的关系。进一步说，如图7-7所示，当平台型电商企业采取积极的事后救济时，与宽松的事前控制相比，严格的事前控制更能提升平台型电商的认知声誉（$M_{严格事前}=5.870$，$M_{宽松事前}=3.810$，$SD_{严格事前}=0.457$，$SD_{宽松事前}=0.573$，$F_{(1, 52)}=208.247$，$P=0.000$），因此，假设 $H5_a$ 得证；而当平台型电商企业采取消极的事后救济时，严格的事前控制与宽松的事前控制对平台型电商的认知声誉的影响无显著差异（$M_{严格事前}=3.913$，$M_{宽松事前}=3.769$，$SD_{严格事前}=0.299$，$SD_{宽松事前}=0.285$，$F_{(1, 51)}=3.256$，$P=0.077 > 0.05$），因此，假设 H_{5b} 得证。综合以上两个假设的验证我们发现，当事后救济水平高时，严格事前控制相比于宽松事前控制对平台企业认知声誉均值的提升显著高于事后救济水平低时相应的平台企业认知声誉的提升，换言之，随着事后救济水平的提高，事前控制对平台企业认知声誉的边际效应也在提升，即当商品为体验品时，事后救济对事前控制与认知声誉的关系具有互补作用。当商品为搜索品时，方差分析结果显示事前控制的主效应显著（$F_{(1, 102)}=49.067$，$P=0.000$），事前控制与事后救济的交互作用显著（$F_{(1, 102)}=32.490$，$P=0.000$），这表明事后救济能够调节事前控制与平台型电商的认知声誉之间的关系。进一步说，如图7-8所示，当平台型电商企业采取消极的事后救济策略时，与宽松的事前控制策略相比，严格的事前控制策略更能提升平台型电商的认知声誉（$M_{严格事前}$=5.157，$M_{宽松事前}$=4.048，$SD_{严格事前}$=0.279，$SD_{宽松事前}$=0.575，$F(1, 51)$=80.936，P=0.000），因此假设$H6_a$得证；而当平台型电商企业采取积极的事后救济策略时，宽松的事前控制与严格的事前控制对平台型电商的认知声誉的影响无显著差异（$M_{严格事前}$=5.230，$M_{宽松事前}$=5.116，$SD_{严格事前}$=0.353，$SD_{宽松事前}$=0.520，$F(1, 51)$=0.849，P=0.361＞0.05），因此假设$H6_b$得证。综合以上两个假设的验证我们发现，当事后救济水平高时，严格事前控制相比宽松事前控制对平台企业认知声誉均值的提升显著低于事后救济水平低时相应的平台企业认知声誉的提升，换言之，随着事后救济水平的提高，事前控制对平台企业认知声誉的边际效应在减弱，即当商品为搜索品时，事后救济对事前控制与认知声誉的关系具有替代作用。

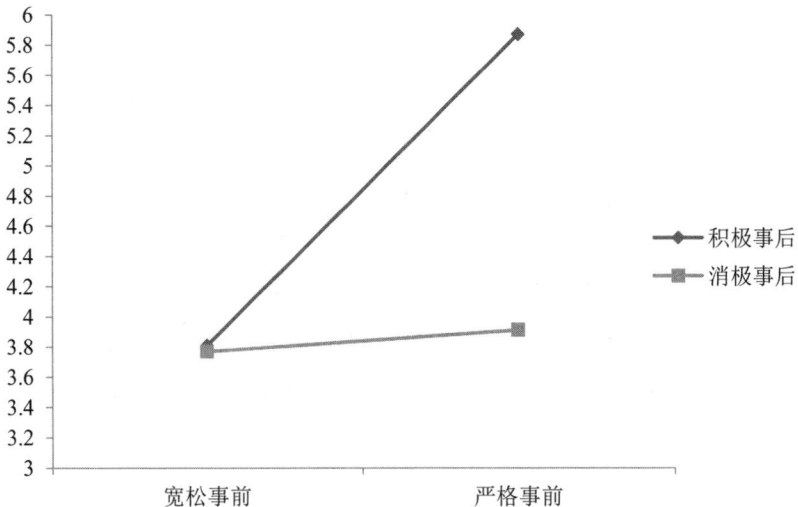

图7-7 商品为体验品时事后救济的调节作用

以平台型电商的情感声誉为因变量，我们同样采用2事前控制（严格事前控制，宽松事前控制）×2事后救济（积极事后救济，消极事后救济）×2产品类型（搜索品，体验品）多因素方差分析，结果显示，事前控制、事后救济以及产品类型三者的交互作用显著（$F(1, 205)$=134.777，P=0.000），事前控制与事后救济的交互效应显著

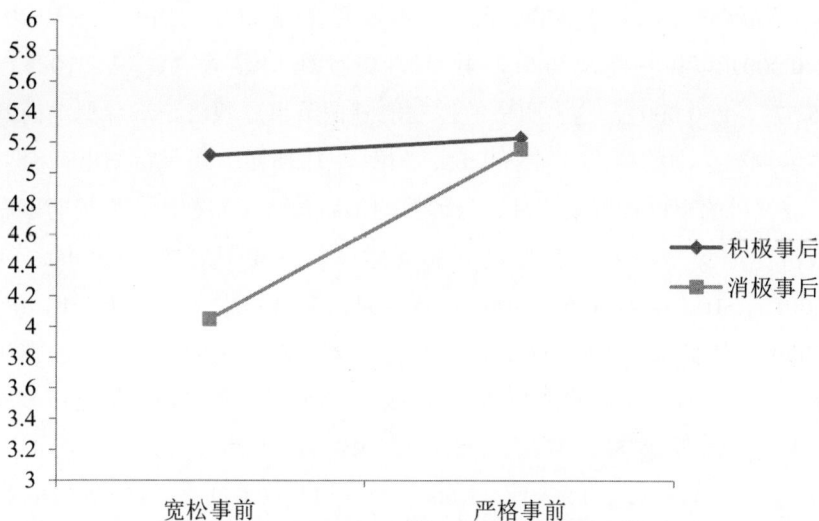

图7-8　商品为搜索品时事后救济的调节作用

（F（1，205）=6.694，P=0.010＜0.05），这表明产品类型的三阶调节作用存在。当商品为体验品时，方差分析结果显示事后救济的主效应显著（F（1，103）=176.595，P=0.000），事前控制与事后救济的交互作用显著（F（1，103）=117.399，P=0.000），这表明事前控制能够调节事后救济与平台型电商的情感声誉之间的关系。进一步说，如图7-9所示，当平台型电商企业采取严格的事前控制时，与消极的事后救济相比，积极的事后救济更能提升平台型电商的情感声誉（M $_{积极事后}$=5.776，M $_{消极事后}$=3.908，SD $_{积极事后}$=0.21，SD $_{消极事后}$=0.42，F（1，49）=397.497，P=0.000），因此，假设H5。得证；而当平台型电商企业采取宽松的事前控制时，积极的事后救济与消极的事后救济对平台型电商的情感声誉的影响无显著差异（M $_{积极事后}$=4.014，M $_{消极事后}$=3.844，SD $_{积极事后}$=0.458，SD $_{消极事后}$=0.438，F（1，53）=1.971，P=0.166＞0.05），因此，假设H5$_d$得证。综合以上两个假设的验证我们发现，当事前控制水平高时，积极事后救济相比于消极事后救济对平台企业情感声誉均值的提升显著高于事前控制水平低时相应的平台企业情感声誉的提升，换言之，随着事前控制水平的提高，事后救济对平台企业情感声誉的边际效应也在提升，即当商品为体验品时，事前控制对事后救济与情感声誉的关系具有互补作用。当商品为搜索品时，方差分析结果显示事后救济的主效应显著（F（1，102）=61.620，P=0.000），事前控制与事后救济的交互作用显著（F（1，102）=35.573，P=0.000），这表明事前控制能够调节事后救济与平台型电商的情感声誉之间的关系。进一步说，如图7-10所示，当平台型电商企业采取宽松的事前控制策略时，与消极的事后救济策略相比，积极的事后救济策略更能提升平台型电商的情感声誉（$M_{积极事后}$=5.243，$M_{消极事后}$=4.008，$SD_{积极事后}$=0.426，$SD_{消极事后}$=0.454，F（1，52）=106.240，P=0.000），因此假设$H6_c$得证；而当平台型电商企业采取严格的事前控制策略时，积极的事后救济与消极的事后救济对平台型电商的情感声誉的影响无显著差异（$M_{积极事后}$=5.376，$M_{消极事后}$=5.207，$SD_{积极事后}$=0.467，$SD_{消极事后}$=0.491，F（1，50）=1.604，P=0.211＞0.05），因此假设$H6_d$得证。综合以上两个假设的验证我们发现，当事前控制水平高时，积极事后救济相比消极事后救济对平台企业情感声誉均值的提升显著低于事前控制水平低时相应的平台企业情感声誉的提升，换言之，随着事前控制水平的提高，事后救济对平台企业情感声誉的边际效应在减弱，即当商品为搜索品时，事前控制对事后救济与情感声誉的关系具有替代作用。

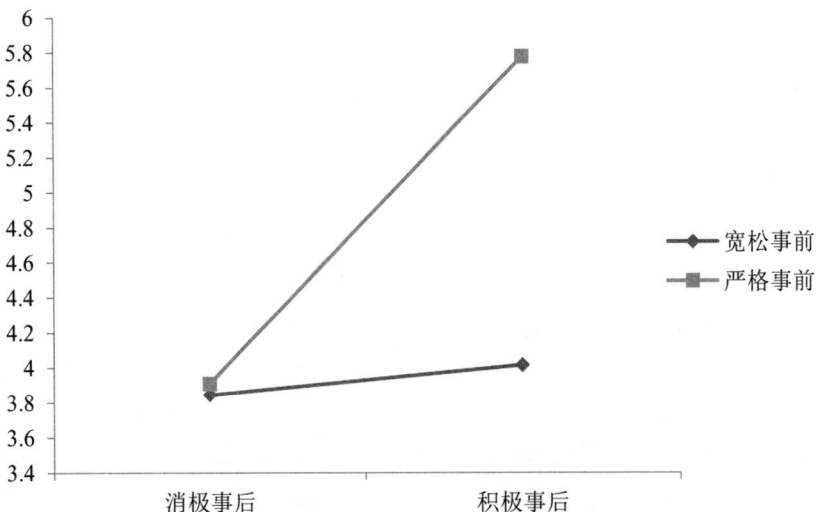

图7-9　商品为体验品时事前控制的调节作用

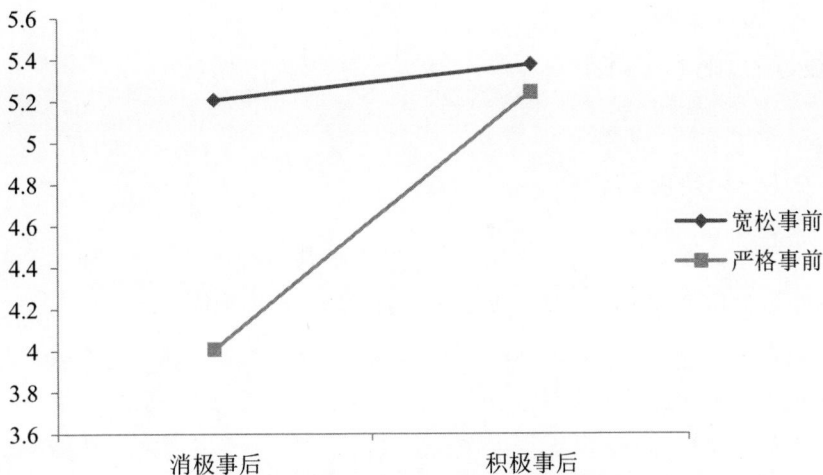

图7-10　商品为搜索品时事前控制的调节作用

综合以上检验，我们得出结论：当购买体验品时，事后救济对事前控制与平台企业认知声誉间关系具有互补作用，事前控制对事后救济与平台企业情感声誉间关系具有互补作用，假设 H_5 得证；当购买搜索品时，事前控制对事后救济与平台企业情感声誉间关系具有替代作用，事后救济对事前控制与平台企业认知声誉间关系具有替代作用，假设 H_6 得证。至此，本书提出的所有假设均得到了数据验证。

4.实验结论

根据研究假设的验证情况，本书得出以下结论：事前控制与事后救济对平台型电商的认知声誉具有影响，与采用事后救济相比，平台型电商企业采用事前控制更能提升认知声誉，且能力信任在两者之间起到了中介作用。事前控制与事后救济对平台型电商的情感声誉具有影响，与采用事前控制相比，平台型电商企业采用事后救济更能提升情感声誉，且善意信任在两者之间起到了中介作用。产品类型对事前控制与事后救济策略互补效应和替代效应起调节作用，当消费者购买体验品时，事前控制与事后救济对平台型电商声誉的影响呈互补作用；当消费者购买搜索品时，事前控制与事后救济对平台型电商声誉的影响呈替代作用。

五、结论与讨论

（一）研究结论

第一，本章在平台企业和平台卖家价值共创的基础上重点探讨了平台型电商声誉危机的来源、成因和影响机理。研究表明：①平台卖家是平台型电商声誉危机的来源。主要原因包括以下五个方面：平台卖家为了扩大销量、追求个体利益最大化，可能存在假冒伪劣、操纵评论、商家失信等违规行为，从而损害平台型电商声誉；平台卖家的声誉投资和声誉收益具有非对称关系，下级主体维护声誉得到的收益会被上级主体所分享，但下级主体破坏声誉而造成的损失会被上级主体所承担；平台企业拥有平台制度的供给权、执行权与解释权以及共创价值的剩余索取权，可以凭借主导地位和产权优势天然地分享平台型电商声誉，平台卖家则必须加入平台型网络市场才能够参与分享，导致平台卖家难以从中获利，进而缺乏维护声誉的动力；平台企业与平台卖家具有组织内部的委托–代理关系。平台企业对卖家欺诈、弄虚作假、服务质量低下等行为进行责任追索，又在遭到外界质疑的情况下维护平台卖家，导致平台卖家质疑平台规则和平台监管；平台卖家分布较为分散，卖家之间信息不对称程度较高，个别买家采取的机会主义行为其他买家不甚了解，致使平台型电商声誉遭到严重破坏。②由于平台企业和平台卖家具有共享用户、共同属性、信息匮乏等特征，导致个别参与主体对平台型电商声誉造成破坏的行为会让平台企业和平台卖家共同受到平台买家的制裁。③平台卖家的声誉损毁行为可以对其他卖家产生影响，其影响效应可以分为传染效应与竞争效应。传染效应指个别卖家行为对其他卖家产生相似影响，竞争效应指个别卖家行为对其他卖家产生相反影响。

第二，本章在声誉分享机制与责任追索策略协同匹配视角的基础上，重点考察了声誉管理的路径与机制。研究表明：①高声誉平台型电商通过声誉分享机制给平台卖家带来更高的绩效，同时也需要更严格的责任追索策略规制违规行为。高声誉平台型电商会通过声誉分享机制传递给平台卖家，使得平台卖家获得更高绩效，但也需要对其制定更加严格的责任追索策略，降低平台卖家机会主义行为的动机。②对平台买家违规行为的责任追索是平台型电商声誉管理的关键。平台企业之所以要规范平台买家的行为，是因为平台企业、平台卖家、平台买家三方互动形成了平台型电商声誉。平台企业为平台卖家和平台买家提供评价架构、平台规则，平台卖家为平台买家提供商品和服务，平台买家基于对平台架构、平台规则的合理性及对商品和服务的满意度对平台型电商声誉做出评分。③平台企业对平台卖家的管理策略将向着激励与规制并存的方向发展。在未来平台型电商声誉的成熟阶段，平台企业对违规行为的规制策略将由单一的责任追索策略向着责任追索与激励并存的方向发展。

第三，本章在厘清平台卖家引致的声誉危机、平台企业为进行声誉管理而从事的服务策略和管理策略的基础上，探索了平台型电商声誉管理模式。鉴于目前研究声誉管理模式的文献较少且平台企业的管理具备同质性，因此，我们采取单案例研究方法重点考察平台型电商企业管理的构成和声誉管理模式的构建。研究表明：①平台型电商企业管理构成包括三个基本层次和三个复合层次。基本层次包括规则设定、程序设定、管理设定，复合层次包括规则设定和程序设定的融合，规则设定和管理设定的融合，程序设定和管理设定的融合。②平台型电商声誉对平台卖家的约束效力不强，难以作为制度的补充机制，导致平台卖家的机会主义行为容易引发平台型电商声誉危机，进而对其他卖家产生传染效应；平台型电商声誉对平台企业的约束效力较强，可以作为制度的补充机制，使得平台企业不仅约束自身行为，还会规制卖家行为，有助于维护良好的交易秩序。为此，平台企业可以通过规则设定、程序设定、管理设定建构起来的市场化方案、产业化方案和行政化方案规制平台卖家。

第四，本章探索了声誉管理的策略——经济激励策略，重点考察了事前控制与事后救济策略对平台型电商声誉的影响以及消费者信任的中介作用，并在此基础上探究了产品类型对事前控制与事后救济策略的互补效应和替代效应的调节作用。研究表明：①事前控制策略与事后救济策略对平台型电商声誉具有差异化影响，且能力信任与善意信任在上述关系中起到了中介作用。与采用事后救济策略相比，平台型电商企业采用事前控制策略更能提升平台型电商的认知声誉，并且能力信任在上述关系中起到了中介作用，其解释了事前控制策略对平台型电商的认知声誉的作用机制；而与采用事前控制策略相比，平台型电商企业采用事后救济策略更能提升平台型电商的情感声誉，并且善意信任在上述关系中起到了中介作用，其解释了事后救济策略对平台型电商的情感声誉的作用机制。②当购买体验品时，事前控制策略与事后救济策略对平台型电商声誉的影响具有互补效应；当购买搜索品时，二者对平台型电商声誉的影响具有替代效应。

（二）管理启示

在平台型网络市场中，平台企业代表市场力量获得市场监管权力。本章的研究结论有助于平台企业完善监管措施规制卖家行为，对预防平台卖家违规行为具有重要的实践意义。

具体启示如下所示：

（1）制定有针对性的管理策略，实行差异化管理。第一，平台企业应该根据市场定位不同设置有针对性的管理策略。具体来说，如果选择低端市场定位，意味着具有较低的平台型电商声誉，那么设置较严格的责任追索策略，可能会对平台卖家起到过于严格的警示作用，平台卖家可能会退出平台型电商，影响平台型电商整体绩效。如果选择高端市场定位则具有较高的平台型电商声誉，那么设置较为宽松的责任追索策略会引起平台卖家的大量投机行为，进而损害平台型电商声誉。第二，平台企业应该根据平台卖家经营表现的不同设置差异化的管理策略。具体来说，声誉水平不同的平台卖家在经营表现的各个方面均存在差异，其违规行为的动机也存在差异，惩罚措施实施过程中对平台卖家绩效的影响也存在差异，基于平台企业、平台卖家、平台型电商利益最大化的目标，可以对一些高绩效水平的平台卖家采取激励与责任追索并存的措施。当然，实施这种策略的时机非常重要，一般情况下，要经过声誉成长阶段的规范化，平台型电商声誉进入成熟阶段时，责任追索与激励并存的管理策略才能实现对声誉的有效管理。

（2）确保规则设定、程序设定、管理设定统一，强化平台监管行为。第一，平台型电商企业战略管理与发展模式创新应该建构"规则设定—程序设定—管理设定"自上而下的管理模式建构路径与自下而上的管理模式，调整路径，以此确保管理模式的合法性和动态性。第二，平台企业不仅可以利用规则设定、程序设定、管理设定的集成性建构高效的管理模式，还可以利用规则设定、程序设定、管理设定的层次性建构丰富的商业模式，进而通过有效厘清层次性与集成性的关系确保商业模式与管理模式的一致性。第三，平台企业既要确保规则设定对地方法律规定的坚守、程序设定对地方交易习惯的遵从以及管理设定对地方社会文化的适应，也要确保规则设定对平台战略定位的支撑、程序设定对平台经营策略的支持以及管理设定对平台商业文化的保障，通过自由裁量空间的筛选、新式交易习惯的培养以及网络社区文化的塑造，解决管理地方化与经营全球化之间的冲突。最终，通过规则设定、程序设定、管理设定的协同匹配与系统整合，建构完整有效的声誉管理模式。

（3）建构有效的声誉管理机制，提升平台管理效率。第一，平台型电商企业可以根据事前控制策略和事后救济策略的不同作用，建构有针对性的管理策略体系。具体来说，如果认知声誉较低，那么平台型电商企业可以适当增强事前控制的力度，通过技术优势与管理优势提高卖家准入门槛、建立严格监控制度，树立"有能力维护交易秩序"的形象；如果情感声誉较低，那么平台型电商企业可以适当增强事后补救的力度，如通过员工培训和内部管理提高售后响应速度、提升售后服务质量，树立"有动机维护交易秩序"的形象。第二，平台型电商企业可以根据搜索品和体验品的不同性质，设置差异化的管理策略体系。具体来说，对于搜索品而言，平台型电商企业只需保证较严格的事前控制或较完善的事后救济策略即可，尽可能在维护平台型电商声誉的过程中降低管理成本，以确保利益最大化；对于体验品而言，平台型电商企业需要同时保证严格的事前控制与完善的事后救济，尽可能在维护平台型电商声誉的过程中提高管理效率，以确保管理最优化。第三，平台型电商企业可以根据认知声誉和情感声誉的互动关系，设置系统性的管理策略体系。具体来说，在平台型电商发展的导入期，可以充分发挥认知声誉容易建立的优势，将大量的资源投入严格的事前控制策略，以建立良好的知名度，实现认知声誉向情感声誉的"输血"，从而确保平台型电商声誉的逐步建立；在平台型电商发展的成熟期，可以充分发挥情感声誉比较稳定的优势，将大量的资源投入到完善的事后救济策略，以建立良好的美誉度，实现情感声誉向认知声誉的"反哺"，从而确保平台型电商声誉的良好维护；通过认知声誉和情感声誉的互动关系，确定事前控制和事后救济的资源投入，有助于达到管理成本降低、管理效率提升的效果。

第八章　总结与展望

一、总结

　　伴随阿里巴巴集团、eBay 等取得巨大成功，平台型网络市场逐渐成为热点研究对象。平台型电商企业吸引买卖交易双方通过网络平台交易，并且一方收益取决于另一方参与者数量，交易双方持续集聚演化形成了平台型网络市场。基于此，如何塑造良好的平台型电商声誉，从而吸引消费者进驻平台成为其发展的关键。然而，平台型电商企业与平台卖家的分离式自组织管理以及平台卖家之间的激烈竞争，导致平台型网络市场上交易纠纷、假冒伪劣、"刷单"等违规行为盛行，且平台型电商企业未能很好地控制平台卖家的投机行为，导致卖家机会主义行为泛滥，对平台型电商声誉乃至平台型电商绩效造成严重影响。因此，"如何管理平台卖家"成为理论界与实业界共同关注的热点问题。

　　本书从平台型电商声誉管理的角度，对平台型网络市场的治理进行了深入探索。事实上，平台型网络市场的形成和发展，得益于平台型电商企业与平台卖家的资源和能力相结合而产生的共动效应。基于平台企业与平台卖家互动视角，本书考察了平台型电商的声誉分享机制、声誉破坏与责任追索策略以及最终的声誉管理模式，依托于平台型电商这一全新的组织形式丰富了声誉理论。研究结果不仅丰富了传统的声誉管理理论，也为平台企业的组织管理和平台经济的宏观调控提供丰富的经验借鉴。具体来说，本书对平台型电商的声誉管理这一研究薄弱点进行补充，解决了五个关键问题：

（一）平台型电商声誉的概念界定

平台型电商模式的本质在于平台企业和平台卖家共创价值，向平台买家提供完整的购物体验。立足于平台企业和平台卖家的价值共创视角，本书对平台型电商声誉进行了概念界定，提出平台型电商声誉的基本内涵包括平台企业个体声誉和平台卖家群体声誉。平台型电商声誉是平台企业和平台卖家共同创造的公共性资源，平台型电商声誉形成平台企业个体声誉和平台卖家群体声誉双元结构，具有不同于传统声誉的特殊性质。具体而言，与一般的个体声誉类似，平台企业个体声誉可以对平台企业形成有效约束；与一般的集体声誉不同，平台卖家群体声誉只是卖家行为集合的表征，并不具备强制约束力。因此，平台企业驱动的路径和平台卖家驱动的路径共同组成了平台型电商声誉的形成路径，平台企业个体声誉和平台卖家群体声誉的互动耦合形成了最终的平电商声誉。平台型电商声誉的个体声誉和集体声誉混合特征，突破了个体声誉和集体声誉分立的理论预设，成为互联网时代声誉理论发展的重要突破口，为本书后续探索平台型电商声誉与平台卖家绩效的影响机制等问题提供了标准和依据。

（二）平台型电商声誉对平台卖家绩效的影响机制

与以往研究主要关注平台型电商市场中企业声誉不同，本书将声誉构建的主体区分为平台企业与平台卖家，并发现平台卖家所积累的个体声誉是平台企业集体声誉的构成元素，平台型电商声誉存在个体声誉与集体声誉的共享。据此，基于价值共创的理论视角，本书对平台型电商声誉分享机制进行了理论探究，提出平台型电商声誉是通过声誉转移路径和声誉溢出路径而实现的，平台型电商市场中的卖家能够通过声誉分享路径实现情感资源和实物资源的积累，并最终对平台卖家绩效产生有利影响，为后续平台型电商声誉管理策略的研究提供了研究证据，也对现有平台经济理论和声誉理论进行了整合性创新。与此同时，本书在构建声誉转移路径和声誉溢出路径的基础上，立足于心理契约和认知锁定的视角，对平台型电商声誉对平台卖家绩效的影响进行了实证分析，验证了平台型电商声誉分享的一般规律。本书基于平台型电商市场中的网络信息效应对消费者制定复杂决策行为的组织方式进行了理论解读。实证研究表明，本书所构建的心理契约、认知锁定与平台买家信任、忠诚建立之间逻辑关系的研究模型具备有效性，且该模型的建立验证了平台型电商声誉分享路径的理论模型。此外，本书探究了平台型电商声誉分享机制的内在机理，验证了平台型电商类型和市场定位对平台型电商声誉分享机制的影响。本书通过平台买家态度结构指标反映平台型电商声誉与平台卖家绩效的关联性和网络效应，从而通过变量间的因果关系证实了平台组织结构和企业定位对平台型电商声誉分享机制的影响。本书将平台型电商声誉理论置于更为广阔的平台经济理论和组织理论的研究视角，突破了以往研究对于电子商务网络市场的研究局限。

（三）平台卖家违规行为对平台型电商声誉的影响机制

平台卖家违规行为由于处在电子商务这样一个比较新的产业背景下，相关的研究更是少见，据此，本书对平台卖家违规行为的概念做出了界定，并系统地识别、归纳和总结了平台卖家违规的不同违规程度和表现类型。本书以违规行为、违约行为以及制度边界等构想为依据，界定了平台卖家违规行为的概念，并根据违规程度将其划分为平台卖家实际违约行为与平台卖家制度边界行为，依据表现类型将其划分为虚假营销宣传及实际销售欺诈。这一界定主要针对损害消费者权益的卖家违规行为，基本涵盖了现实生活中各大平台企业出台的相关规章制度，且两种特征及两种类型所涵盖的内容互斥，进一步充实了违规行为与平台型电商领域的相关研究。在此基础上，本书进一步对平台卖家不同违规程度和违规表现类型对平台型电商声誉的影响机制，以及不同变量在平台卖家违规对平台型电商声誉影响机制中所呈现的差异性和复杂性进行了理论探索。本书验证了平台卖家不同违规程度与制度信任、平台卖家不同违规表现类型与买家态度之间的负相关关系；平台卖家违规与平台型电商声誉之间的负相关关系；制度信任、买家态度与平台型电商声誉之间的负相关关系；以及本平台卖家声誉和产品类型的调节效应。本书将违规行为对企业声誉的影响应用到了平台型电商的情境当中，并考虑了不同平台卖家声誉与不同产品类型所导致的差异性与复杂性。本书不仅从管理学的视角对平台型电商声誉破坏的现象进行了理论解读，更从法学、经济学和心理学等视角对这一现象进行了跨学科的研究，以更为全面的研究视角对声誉形成、声誉破坏和危机管理等理论边界进行了拓展。

（四）平台型电商的责任追索策略

本书以责任追索、制裁等构想为依据，在法律知识和营销管理知识结合的基础上，提出了平台型电商企业责任追索策略的概念，划分其类型为财产惩处和申诫惩处两种策略，并进一步将财产惩处策略细分为权益性制裁策略与经济性制裁策略两种类型。这一界定基本涵盖了现实生活中各大平台企业出台的相关规章制度，既丰富了平台型电商责任追索策略划分维度，又拓宽了行政处罚的研究领域。在此基础上，本书将责任追索对机会主义行为的影响应用到了平台型电商的情境当中，开创性地探究了平台型电商的责任追索策略对平台卖家的影响机制，且研究发现平台型电商企业采取不同的责任追索策略会对平台卖家机会主义行为产生不同程度的抑制作用。与此同时，与以往对平台企业责任追索策略的研究大多聚焦于平台型电商企业与平台卖家的互动博弈关系不同，本书着眼于平台型电商企业责任追索策略对平台买家用户黏性的影响视角，探索了平台型电商的责任追索策略对平台买家的影响机制。本书将平台型电商声誉和追索策略同时引入到消费者心理、消费者行为的研究中，丰富了用户黏性研究的内涵，拓宽了研究领域。

（五）平台型电商的声誉管理模式构建

平台型电商的声誉管理模式构建是一个系统工程。本书在探索平台型电商责任追索策略对平台卖家和平台买家的影响机理的基础上，进一步归纳和总结了责任追索策略的适用范围、作用效果及控制特点，并通过典型平台型电商企业的多案例比较研究，提炼出平台型电商责任追索与声誉分享的协同匹配机制，从而构建系统完善的声誉管理模式，以及平台型电商声誉管理机制的优化。

本书从根本上厘清了声誉危机的来源、声誉危机的成因、声誉危机产生的内在逻辑，提出了平台卖家是平台声誉危机的来源的观点，为平台型电商声誉管理的研究提供了理论依据，也为减少声誉危机产生的负面影响提供了相应决策依据。并且，创造性地提出声誉危机的影响效应分为传染效应与竞争效应，以及两个效应的传播路径，为平台企业制定平台监管策略和责任追索策略提供重要理论依据。在此基础上，本书从平台型电商的声誉分享机制和责任追索策略协同匹配的视角对平台型电商声誉管理策略进行了分析，探究了不同市场定位情境下平台企业如何构建差异化的声誉管理体系。与此同时，基于平台企业和平台卖家的价值共创视角系统构建了平台型电商声誉的管理模式，即平台企业作为声誉管理的主体，通过规则设定建构市场化方案、通过程序设定建构产业化方案、通过管理设定建构行政化方案，从而抑制平台卖家的机会主义行为，以实现市场的平衡。而且，除了持续完善平台程序、平台规则、声誉租金、监管策略之外，还应该考虑充分发挥经济性激励与社会性激励双重作用，从而更好地维护平台型电商声誉。这一研究既解决了传统声誉管理模式难以适应平台声誉监管的弊端，又延伸了现有的声誉理论，揭示了平台企业偏私行为与平台卖家违规行为的背后机理。此外，与以往主要关注平台企业对平台卖家责任追索策略的相关研究相比，本书基于"平台企业—平台卖家—平台买家"三元互动视角，按照交易发生顺序将平台企业管理策略分为事前控制策略与事后救济策略，探讨了平台企业管理策略对平台企业声誉的影响。率先对平台企业管理策略给予了理论层面的界定，丰富了企业管理策略与声誉的研究成果的同时，推进了声誉管理领域的相关研究。

二、展望

自互联网诞生以来，其发展速度和规模扩张带来了深刻的社会变革。2019 年 6 月 6 日，工信部正式向中国电信、中国移动、中国联通、中国广电发放 5G 商用牌照，中国正式进入 5G 商用元年，中国将逐步进入一个高速、移动、互联的时代。伴随着 5G 时代的到来，互联网的速率和容量进一步增强，其带来的广泛连接和权力下放激活了网络中个体的传播能量，视频化、场景化的传播方式成为网络传播的主要形式。这种新兴的传播技术突破了人类社会历史上时间与空间带来的交流障碍，将社会中的人、物、信息等资源释放出巨大的潜力，各类信息在高容量的条件下高速、实时地进行输送和交换，这种兼具动态主体性和技术内生性的系列变化给互联网治理带来了新的挑战。互联网平台的治理问题已日渐突出，矛盾冲突逐渐激化。而从声誉管理角度来看，"任何一个团体组织要想取得成功，良好的声誉是必不可少的"。作为一种现代化的治理方式，声誉管理对于互联网治理主体而言意义深远。

（一）超级网络平台声誉管理机制研究

互联网经过 20 多年的商业化发展，正在进入网络平台时代，并借助移动智能终端的快速增长，平台迎来腾飞的新阶段，开始向超级网络平台迈进。到 2017 年，市场价值达到 3 000 亿~7 000 亿美元的超级网络平台正式在中国崛起，中国互联网真正进入了超级网络平台主导的市场。从网络平台到超级网络平台是从服务内容到新的经济模式的形成过程，可以理解为网络平台侧重于基于网络提供服务，而超级网络平台则是对原有产业发展模式的变革与颠覆。超级网络平台作为新的商业模式具有很高的社会价值。但同时，由于其超级的开放性与网络效应，且对用户具有高黏性，可聚合数以十亿的用户量，超级网络平台具有强大动员能力与产业支配地位，已成为重要信息基础设施，且仍在持续扩张。

而且，因为政府在网络空间效能的缺失，这些超级网络平台也成为制度建设的供给者。超级网络平台的属性和规模决定了其拥有的权力和承担的职责已经超越了一个普通平台企业正常的行为范畴，可以制定规则，可以执行权力，还可以宣称"最终解释权归本平台所有"。然而，这些超级网络平台本身面临着私有性和公共性之间的天然冲突。超级网络平台的实际权力越来越大，越来越变得"无所不能"。

当然，权力和责任相辅相成，所谓权力越大责任越大，超级权力逐渐成为双刃剑。作为掌握超级权力的网络平台，其私营企业的角色和能力也面临有效治理的巨大挑战。平台型电商的责任追索与声誉管理标准也愈发"超级网络平台化"。比如，近些年"电商平台二选一"这一网络平台不正当竞争的潜规则盛行，使得原本合规经营的平台卖家，正是由于超级网络平台新的规定而变成了"违规行为"，面临着超级网络平台的责任追索。然而，随着政府不允许"电商二选一"新规的出台，以及其他非网络平台和部分平台卖家的公平竞争呼吁等，使得超级网络平台的超级权力面临着巨大的治理压力。因此，随着超级权力而来的超级网络平台声誉评价，是否会因为违规行为合法性基础的改变和责任追索策略的转变而带来不一样的评价标准？而超级网络平台本身是否就代表着一种新的声誉符号等，都值得我们在超级网络平台治理背景下，基于本书声誉管理的研究成果基础上，进行超级网络平台声誉管理机制的深入探索。

（二）复杂背景下声誉机制失效的应对

平台治理的目标是最大化正网络效应、创造财富并在各方之间公平分配，并避免完全自由市场导致"劣币驱逐良币"的失败。然而，平台治理的一些工具可能会在现实中失效，比如声誉机制。声誉机制主要是通过对内部控制执行主体的声誉激励与约束，以及向市场（外）传递声誉信号等方式来发挥作用。对于企业来讲，声誉是至关重要的。对于平台来讲，声誉机制也具有同样的作用。在平台型网络市场中，声誉降低了信息不对称，成为保护消费者权益的一种安全可靠的自我监督形式，甚至在一定程度上它可以作为平台治理过程中的市场货币加以应用。然而，随着平台型电商的发展，在实践中，声誉机制也出现了一定的应用局限。比如，很多平台的声誉评级机制都面临着评论供给不足的问题。据统计，国内大部分平台的在线评论比例尚不足50%，评论供给不足将会对声誉的准确性造成较大的负面影响，而在线声誉的准确性是平台型电商声誉机制得以有效运行的基础保障，准确性的缺失将带来声誉机制失效的风险。但是，关于国内电商平台声誉评级系统的状况，目前还缺乏相关的研究，而其对声誉机制运行所产生的负面效应，将有可能造成声誉机制失效而引发的平台治理的新问题。因此，如何改进和完善声誉管理机制，以应对复杂的平台治理背景下声誉机制失效的问题都值得进一步地研究关注。

（三）声誉机制与信号机制的协同匹配

平台治理的一个重要目标就是治理平台参与者的机会主义行为，而治理机制在其中发挥着重要的作用。在平台型网络市场中，声誉机制是平台企业监督卖家行为的主要方式之一，且本书已表明，声誉机制对治理平台卖家机会主义行为是有效的。同时，平台治理模式是多样的，治理体系是多种要素的组合，各种治理工具之间可能存在着替代或互补，要让治理体系运作更为顺利，还应当注意各种治理工具之间的互补性。

平台型交易市场中存在较大的搜寻成本，这削弱了声誉机制的作用。因此，引入与声誉机制具有互补性的治理工具，并实现二者的协同匹配，是复杂情景下的平台有效治理需要考虑的问题。在治理模式的选择过程中，信息的特征具有至关重要的作用。消费者在通过诸如"货比三家"等方式来降低决策风险的时候，其实是对更多信息的需求。从生理学角度看，达到信息丰富供给与有效呈现之间平衡的最佳方式就是信息的可视化。而有效的信息配送，也是平台型电商声誉良性构建的重要前提。与此同时，平台企业通过构建声誉机制将卖家的历史交易信息传递给买家，声誉也是消费者在网购决策中用来参照产品或服务的一种质量信号。由此可见，具有改善信息和质量暗示双重功能的信号机制，作为平台运营中的另一种重要治理工具，与声誉机制之间具有极强的互补性。基于此，如何发挥声誉机制与信号机制的协同匹配效应，实现复杂情景下的平台有效治理值得进一步地研究关注。

（四）声誉管理与治理技术的共同演化

在平台型网络市场中，平台的特殊性凸显了声誉机制的重要性。实践者和专家学者均认为声誉机制是平台利用信息行使控制手段的重要表现，不仅可以解决信息不对称和平台买卖双方的相互信任问题，也可以帮助消费者作出更好的选择，保护消费者免受伤害或者回避不满意的交易，从而使平台的交易能够得以有序进行。同时，声誉机制对平台买卖双方还发挥了一种自我监督的作用，平台因此激励交易双方，平台买家声誉高就会得到更好的服务，平台卖家声誉高就会得到更多的服务机会甚至是补贴。

但是，不少平台都面临着声誉真实性被质疑的问题，买卖双方都有可能利用声誉机制的漏洞而为自己牟利，这是平台声誉机制所面临的主要问题。而平台声誉机制要想真正发挥作用，必须要有买家积极参与给出真实且翔实的评价。真实的评价可以反映卖家的诚信程度，而翔实的评价则能更完全地将卖家的信息公开化、透明化。所以，平台设计的声誉机制需要满足两方面要求：对于卖家而言，平台的声誉机制能够激励卖家参与其中，且诚实行为的收益高于机会主义行为的收益；对于买家而言，平台的声誉机制能够吸引买家参与到评价中，并且能够激励他们给出更真实的评价。与传统交易声誉由重复博弈形成不同，多边市场中的声誉机制则是以信息的反馈和传导为主，所以，声誉工具的效力需要良好的平台结构予以支撑，应当重视治理技术在平台结构中的作用。因此，声誉机制与治理技术间的相互匹配及共同演化值得进一步研究关注。

参考文献

[1]   ANDERSON J C, NARUS J A. A model of distributor firm and manufacturer firm working partnerships ［J］．Journal of Marketing, 1990，54（1）：42-58.

[2]   ANDERSON R，SRINIVASAN S S，PONNAVOLUB K. Customer loyalty in e-commerce：an exploration of its antecedentsand consequences ［J］. Journal of Retailing，2002，78（1）：66-89.

[3]   ARMSTRONG M. Competition in two-sided markets ［J］．Rand Journal of Economics，2006，37（3）：668-691.

[4]   BISWAS D. Economics of information in the web economy：towards a new theory ［J］. Journal of Business Research，2004，57（7）：724-733.

[5]   BURNHAM T A，JUDY K F，VIJAY M. Consumer switching costs：a typology，antecedents，arid consequences ［J］．Journal of the Academy of Marketing Science，2003，31（2）：109-126.

[6]   CHATTERJEE P. Online review：do consumers use them ［J］．Advances in Consumer Research，2001，28（2）：129-133.

[7]   CHEN P Y，HITT L M. Measuring switching costs and the determinants of customer retention in internet-enabled business：a study of the online brokerage industry ［J］．Information Systems Research，2002,

13 (3): 255-274.

[8]　CUARNA A. The impact of switching costs on customer loyalty: a study among corporate customers of mobile telephony [J]. Jounral of Targeting, Measuerment and Analysis of Marketing, 2004, 12 (4): 33-48.

[9]　DEMOTTA Y, SEN S. How psychological contracts motivate employer-brand patronage [J]. Marketing Letters, 2017, 28 (3): 385-395.

[10]　DONEY P M, CANNON J P. An examination of the nature of trust in buyer-seller relationships [J]. Journal of Marketing, 1997, 61 (2): 35-51.

[11]　ELFENBEIN B, DANIEL W, MANUS M. A greater price for a greater good? evidence that consumers pay more for charity-linked products [J]. American Economic Journal: Economic Policy, 2010, 2 (2): 28-60.

[12]　EVANS D S, NOEL M D. The analysis of mergers that involve multisided platform businesses [J]. Journal of Competition Law & Economics, 2008, 4 (3): 663-695.

[13]　FAN Y, JU J, XIAO M. Reputation premium and reputation management: evidence from the largest e-commerce platform in China [J]. International Journal of Industrial Organization, 2016, 46 (5): 63-76.

[14]　FESTINGER L. A theory of social comparison processes [J]. Human Relations, 1954 (7): 117-140.

[15]　FINCH D, HILLENBRAND C O, REILLY N, et al. Psychological contracts and independent sales contractors: an examination of the predictors of contractor - level outcomes [J]. Journal of Marketing Management, 2015, 31 (17-18): 1-41.

[16]　FOULIRAS P. A novel reputation-based model for e-commerce [J]. Operational Research, 2013, 13 (1): 113-138.

[17]　GREWAL R, CHAKRAVARTY A, SAINI A. Governance mechanisms in business - to - business electronic markets [J]. Journal of Marketing, 2010, 74 (4): 45-62.

[18]　HAN C M. Country image: halo or summary construct [J]. Journal of Marketing Research, 1989, 26 (2): 222-229.

[19]　HARUVY E, MAHAJAN V, PRASAD A. The effect of piracy on the market penetration of subscription software [J]. Journal of Business,

2004, 77 (2): S81–S107.

[20] HEINBERG M, OZKAYA H E, TAUBE M. Do corporate image and reputation drive brand equity in India and China? similarities and differences [J]. Journal of Business Research, 2018, 86 (5): 259–268.

[21] HOLMSTRÖM B. Managerial incentive problems: a dynamic perspective [J]. The Review of Economic Studies, 1999, 66 (1): 169–182.

[22] HSIEH Y C, CHIU H C, CHIANG M Y. Maintaining a committed online customer: a study across search-experience-credence product [J]. Journal of Retailing, 2005, 81 (1): 75–82.

[23] HUANG R D, LI H. Does the market dole out collective punishment? an empirical analysis of industry, geography, and Arthur Andersen's reputation [J]. Journal of Banking & Finance, 2009, 33 (7): 1255–1265.

[24] HUO B, YE Y, ZHAO X. The impacts of trust and contracts on opportunism in the 3PL industry: the moderating role of demand uncertainty [J]. International Journal of Production Economics, 2015, 10 (7): 160–170.

[25] HUURNE M T, RONTELTAP A, GUO C, et al. Reputation effects in socially driven sharing economy transactions [J]. Sustainability, 2018, 10 (8): 223–243.

[26] JANE C H, ZU Z R, TOMAS K S, et al. Customer loyalty in the sharing economy platforms: how digital personal reputation and feedback systems facilitate interaction and trust between strangers [J]. Plos One, 2019, 7 (1): 13–18.

[27] JOHNSON E J, BELLMAN S, LOHSE G. Cognitive lock-in and the power law of practice [J]. Journal of Marketing, 2003, 67 (2): 62–75.

[28] KAROLINA M Z. Terms of reference: the moral economy of reputation in a sharing economy platform [J]. European Journal of Social Theory, 2018, 21 (2): 148–168.

[29] KELLER K L. Conceptualizing, measuring, and managing customer-based brand equity [J]. Journal of Marketing, 1993, 57 (1): 1–22.

[30] KIM M K, PARK M C, JEONG D H. The effcts of customer satisfaction and switching barrier on customer loyalty in Korean mobile telecommunication services [J]. Telecommunications Policy, 2004, 28 (2): 145–159.

[31] KIRMANI A, RAO A R. No pain, no gain: a critical review of the

literature on signaling unobservable product quality [J]. Journal of Marketing, 2000, 64 (2): 66-79.

[32] KREPS D M, MILGROM P, ROBERTS J, et al. Rational cooperation in the finitely repeated prisoners' dilemma [J]. Journal of Economic Theory, 1982, 27 (2): 245-252.

[33] LESZCZYNSKI K, ZAKRZEWICZ M. Reviews with revenue in reputation: credibility management method for consumer-opinion platforms [J]. Information Systems, 2019, 84 (S1): 189-196.

[34] LEVIN D Z, CROSS R. The strength of weak ties you can trust: the mediating role of trust in effective knowledge transfer [J]. Management Science, 2004, 50 (11): 1477-1490.

[35] LI L. Research note: sales force opportunism in emerging markets: an exploratory investigation [J]. Thunderbird International Business Review, 2002, 44 (4): 515-531.

[36] LI X L, REN X Y, QIAN L P, et al. Toward a social fitness perspective on contract design: contract legitimacy and influence strategy [J]. Industrial Marketing Management, 2020, 85 (2): 254-268.

[37] LIN L, HU P J, SHENG O R. Is stickiness profitable for electronic retailers [J]. Communications of the ACM, 2010, 53 (3): 132-136.

[38] LIN M, LIU Y, VISWANATHAN S. Effectiveness of reputation in contracting for customized production: evidence from online labor markets [J]. Management Science, 2018, 64 (1): 345-359.

[39] MANFRED S. Components and parameters of corporate reputation: an empirical study [J]. Schmalenbach Business Review, 2004, 5 (1): 46-71.

[40] MAYER R C, DAVIS J H, SCHOORMAN F D. An integration model of organizational trust: academy of management [J]. The Academy of Management Review, 1995, 23 (3): 473-490.

[41] MCKNIGHT D H, CHOUDHURY V, KACMAR C. Developing and validating trust measures for e-commerce: an integrative typology [J]. Information Systems Research, 2002, 13 (3): 334-359.

[42] MONROE K B, CHAPMAN J D. Framing effects on buyers' subjective product evaluations [J]. Advances in Consumer Research, 1987, 14 (1): 193-197.

[43] MUDAMBI S M, SCHUFF D. What makes a helpful online review? a

study of customer reviews on Amazon.com [J]. MIS Quarterly, 2010 (1): 185-200.

[44] MURRAY G H, HAUBL B. Explaining cognitive lock-in: the role of skill-based habits of use in consumer choice [J]. Journal of Consumer Research, 2007, 34 (3): 77-88.

[45] NELSON P. Advertising as information [J]. The Journal of Political Economy, 1974, 82 (4): 729-754.

[46] NGO - YE T. eBay or craigslist: explaining users' choice of online transaction community [J]. Issues in Information Systems, 2013, 14 (2): 382-392.

[47] NICOLA L, ALFONSO G, DELFINA M, et al. Platform economy and techno-regulation—experimenting with reputation and nudge [J]. Future Internet, 2019, 11 (7): 12-27.

[48] PAN Y. Price dispersion under the adverse selection environment in e-commerce markets [J]. International Journal of Services Technology & Management, 2014, 20 (1/2/3): 3-13.

[49] PARK L. An analysis of gap of hotel service quality and customer satisfaction [J]. Routledge, 2000, 1 (1): 33-49.

[50] PARKER G G, ALSTYNE M W V. Two-sided network effects: a theory of information product design [J]. Management Science, 2005, 51 (10): 1494-1504.

[51] PAVLOU P A, GEFEN D. Building effective online marketplaces with institution-based trust [J]. Information Systems Research, 2004, 15 (1): 37-59.

[52] PAYNE A F, STORBACKA K, FROW P. Managing the co-creation of value [J]. Journal of the Academy of Marketing Science, 2008, 36 (1): 83-96.

[53] PETERSON C, SELIGMAN M E P. Character strengths and virtues: a handbook and classification [M]. Oxford, England: Oxford University Press, 2006.

[54] PETRICK L, DUBINSKY C. Value creation in mobile commerce: findings from a consumer survey [J]. Journal of Information Technology Theory & Application, 2003, 4 (1): 43-64.

[55] PULIGADDA S, ROSS W T, GREWAL R. Individual differences in brand schematicity [J]. Journal of Marketing Research, 2012, 49 (1):

115-130.

[56] PURVA K, SURITI G. Perceived recourse and redress risk: remedy risk before purchase and its impact on purchase intention [J]. Journal of Management Research, 2019, 18 (3): 51-66.

[57] REICHHELD F F, SCHEFTER P E. Loyalty: your secret weapon on the web [J]. Harvard Business Review, 2000, 78 (4): 44-54.

[58] ROCHET J, TIROLE J. Platform competition in two-sided markets [J]. Journal of the European Economic Association, 2003, 1 (4): 990-1029.

[59] ROEHM M L, TYBOUT A M. When will a brand scandal spill over, and how should competitors respond [J]. Journal of Marketing Research, 2006, 43 (3): 366-373.

[60] ROUSSEAU D M, SITKIN S B, BURT R S. Introduction to special topic forum: not so different after all: a cross-discipline view of trust [J]. Academy of Management Review, 1998, 23 (3): 393-404.

[61] SAEEDI M. Reputation and adverse selection: theory and evidence from eBay [J]. Rand Journal of Economics, 2019, 50 (5): 1215-1233.

[62] SCHWAIGER M. Components and parameters of corporate reputation: an empirical study [J]. Schmalenbach Business Review, 2004, 5 (1): 46-71.

[63] SEKERKA L E. Rule-bending: can prudential judgment affect rule compliance and values in the workplace [J]. Public Integrity, 2007, 9 (3): 34-56.

[64] SHIH H P. Cognitive lock-in effects on consumer purchase intentions in the context of B2C websites [J]. Psychology and Marketing, 2012, 29 (10): 738-751.

[65] SONG P J, WANG Q S, LIU H F, et al. The value of buy-online-and-pickup-in-store in omni-channel: evidence from customer usage data [J]. Production and Operations Management, 2020, 29 (4): 995-1010.

[66] SWAIT J, SWEENEY J C. Perceived value and its impact on choice behavior in a retail setting [J]. Journal of Retailing and Consumer Services, 2000, 7 (2): 77-88.

[67] TIWANA A. Evolutionary competition in platform ecosystems [J]. Information Systems Research, 2015, 26 (2): 266-281.

[68] TOBIAS S, BASTIAN S, JOST D. The emergence of dependence and lock-in effects in buyer supplier relationships—a buyer perspective [J]. Industrial Marketing Management, 2016, 55 (2): 22-34.

[69] VELOSO B, FÁTIMA L, MALHEIRO B, et al. Distributed trust & reputation models using block chain technologies for tourism crowd sourcing platforms [J]. Procedia Computer Science, 2019, 160 (1): 457-460.

[70] WINFREE J A, MCCLUSKEY J J. Collective reputation and quality [J]. American Journal of Agricultural Economics, 2005, 87 (1): 206-213.

[71] YEYI L, THOMAS F, ANDREAS B, et al. Strategic management of product and brand extensions: extending corporate brands in B2B vs. B2C markets [J]. Industrial Marketing Management, 2018, 71 (5): 147-159.

[72] ZHENG X V, LI X L, REN X Y, et al. Enhancing compliance among channel members by modeling reward events: matching motivation and ability with model selection [J]. Journal of the Academy of Marketing Science, 2019, 48 (3): 331-349.

[73] 宝贡敏, 徐碧祥. 国外企业声誉理论研究述评 [J]. 科研管理, 2007, 22 (3): 98-107.

[74] 蔡宁, 王节祥, 杨大鹏. 产业融合背景下平台包络战略选择与竞争优势构建——基于浙报传媒的案例研究 [J]. 中国工业经济, 2015, 33 (5): 96-109.

[75] 陈莹. 电商平台对卖方用户企业的治理机制研究——以品牌依恋理论为视角 [J]. 上海财经大学学报, 2019, 21 (2): 106-123.

[76] 程贵孙. 组内网络外部性对双边市场定价的影响分析 [J]. 管理科学, 2010, 23 (1): 107-113.

[77] 陈明亮, 汪贵浦, 邓生宇, 等. 初始网络信任和持续网络信任形成与作用机制比较 [J]. 科研管理, 2008, 29 (5): 187-195.

[78] 邓爱民, 陶宝, 马莹莹. 网络购物顾客忠诚度影响因素的实证研究 [J]. 中国管理科学, 2014, 22 (6): 94-102.

[79] 冯华, 陈亚琦. 平台商业模式创新研究——基于互联网环境下的时空契合分析 [J]. 中国工业经济, 2016, 34 (3): 99-113.

[80] 冯娇, 姚忠. 基于社会学习理论的在线评论信息对购买决策的影响研究 [J]. 中国管理科学, 2016, 24 (9): 106-114.

[81] 傅瑜, 隋广军, 赵子乐. 单寡头竞争性垄断: 新型市场结构理论构建——

基于互联网平台企业的考察 [J]. 中国工业经济，2014，32（1）：140-152.

[82] 郭海玲. 好评返现对电子商务网购市场的影响及治理对策 [J]. 中国流通经济，2015，29（3）：42-48.

[83] 郭燕，吴价宝，王崇，等. 多渠道零售环境下消费者渠道选择意愿形成机理研究——产品类别特征的调节作用 [J]. 中国管理科学，2018，27（9）：158-169.

[84] 韩菁，蔡寻，滕新玉. 价值与风险感知对好评返现行为影响的演化分析 [J]. 中国管理科学，2019，36（9）：205-216.

[85] 何美贤，罗建河. 企业声誉对消费者情感依恋和顾客公民行为的影响机制——基于顾客—企业认同视角 [J]. 中国流通经济，2016，30（4）：108-114.

[86] 贺爱忠，李钰. 商店形象对自有品牌信任及购买意愿影响的实证研究 [J]. 南开管理评论，2010，13（2）：79-89.

[87] 贺曦鸣，胡赛全，易成，等. 平台服务和物流服务对网络商家信心的影响——商家信誉的调节作用 [J]. 中国管理科学，2015，23（6）：83-90.

[88] 金帆. 价值生态系统：云经济时代的价值创造机制 [J]. 中国工业经济，2014，32（4）：97-109.

[89] 雷宇. 声誉机制的信任基础：危机与重建 [J]. 管理评论，2016，28（8）：225-237.

[90] 李广乾，陶涛. 电子商务平台生态化与平台治理政策 [J]. 管理世界，2018，34（6）：104-109.

[91] 李国峰，邹鹏，陈涛. 产品伤害危机管理对品牌声誉与品牌忠诚关系的影响研究 [J]. 中国软科学，2008，23（1）：108-115.

[92] 李海舰，陈小勇. 企业无边界发展研究——基于案例的视角 [J]. 中国工业经济，2011，29（6）：89-98.

[93] 李海舰，田跃新，李文杰. 互联网思维与传统企业再造 [J]. 中国工业经济，2014，32（10）：135-146.

[94] 李海芹，张子刚. CSR对企业声誉及顾客忠诚影响的实证研究 [J]. 南开管理评论，2010，19（1）：90-98.

[95] 李杰，张睿，徐勇. 电商平台监管与商家售假演化博弈 [J]. 系统工程学报，2018，33（5）：649-661.

[96] 李莉，杨文胜，谢阳群. 电子商务市场质量信息不对称问题研究 [J]. 管理评论，2004，16（3）：25-30.

[97] 李维安，吴德胜，徐皓. 网上交易中的声誉机制——来自淘宝网的证据

[J]. 南开管理评论, 2007, 10 (5): 36-46.

[98] 李小玲, 任星耀, 郑煦. 电子商务平台企业的卖家竞争管理与平台绩效——基于 VAR 模型的动态分析 [J]. 南开管理评论, 2014, 17 (5): 73-82.

[99] 李玉峰, 刘敏, 平瑛. 食品安全事件后消费者购买意向波动研究: 基于恐惧管理双重防御的视角 [J]. 管理评论, 2015, 27 (6): 186-196.

[100] 李焰, 王琳. 媒体监督、声誉共同体与投资者保护 [J]. 管理世界, 2013, 29 (11): 130-143, 188.

[101] 李延喜, 吴笛, 肖峰雷, 等. 声誉理论研究述评 [J]. 管理评论, 2010, 22 (10): 3-11.

[102] 林润辉, 谢宗晓, 吴波, 等. 处罚对信息安全策略遵守的影响研究——威慑理论与理性选择理论的整合视角 [J]. 南开管理评论, 2015, 18 (4): 151-160.

[103] 刘汉民, 张晓庆. 网络零售平台治理机制对卖家机会主义行为的影响——以感知不确定性为调节变量 [J]. 商业经济与管理, 2017, 37 (4): 17-28.

[104] 刘建新, 李东进. 产品稀缺诉求影响消费者购买意愿的并列多重中介机制 [J]. 南开管理评论, 2017, 20 (4): 4-15.

[105] 刘明霞, 吴光菊. 互联网时代组织声誉外部关联现象: 认知视角的研究 [J]. 南大商学评论, 2016, 13 (3): 73-92.

[106] 刘重阳, 曲创. 平台垄断、劣币现象与信息监管——基于搜索引擎市场的研究 [J]. 经济与管理研究, 2018, 39 (7): 92-107.

[107] 刘洋, 廖貅武. 基于在线评分和网络效应的应用软件定价策略 [J]. 管理科学, 2013, 24 (4): 60-69.

[108] 卢艳峰. 网购多线索环境对消费者信息处理过程的影响 [J]. 管理学报, 2016, 13 (10): 1546-1556.

[109] 罗汉洋, 李智妮, 林旭东, 等. 网络口碑影响机制: 信任的中介和性别及涉入度的调节 [J]. 系统管理学报, 2019, 28 (3): 401-414, 428.

[110] 马皑. 相对剥夺感与社会适应方式: 中介效应和调节效应 [J]. 心理学报, 2012, 57 (3): 377-387.

[111] 潘勇. 论声誉管理的内在机理——兼论网络市场声誉管理的特殊性 [J]. 管理科学, 2003, 16 (4): 21-24.

[112] 潘勇, 廖阳. 中国电子商务市场 "柠檬" 问题与抵消机制——基于淘宝网的数据 [J]. 商业经济与管理, 2009, 29 (2): 11-15.

[113] 曲创, 刘重阳. 平台竞争一定能提高信息匹配效率吗——基于中国搜索引擎市场的分析 [J]. 经济研究, 2019, 65 (8): 120-135.

[114] 曲振涛，周正，周方召. 网络外部性下的电子商务平台竞争与规制——基于双边市场理论的研究 [J]. 中国工业经济, 2010, 28 (4): 120-129.

[115] 邵兵家，孟宪强，张宗益. 中国B2C电子商务中消费者信任前因的实证研究 [J]. 科研管理, 2006, 27 (5): 143-149.

[116] 宋锋森，陈洁. 营销渠道中的企业声誉、合同治理与角色外利他行为 [J]. 商业经济与管理, 2020, 40 (6): 56-65.

[117] 苏治，荆文君，孙宝文. 分层式垄断竞争：互联网行业市场结构特征研究——基于互联网平台类企业的分析 [J]. 管理世界, 2018, 34 (4): 80-100, 187-188.

[118] 陶红，卫海英. 抢雷策略对品牌危机修复效果的影响研究——品牌危机类型、品牌声誉的调节作用 [J]. 南开管理评论, 2016, 19 (3): 77-88.

[119] 唐小飞. 认知忠诚和情感忠诚的消费者行为研究 [J]. 中国工业经济, 2008, 26 (3): 101-108.

[120] 滕文波，庄贵军. 制造商基于服务水平的店中店模式选择 [J]. 系统工程理论与实践, 2015, 35 (8): 2004-2013.

[121] 汪旭晖，王东明. 互补还是替代：事前控制与事后救济对平台型电商企业声誉的影响研究 [J]. 南开管理评论, 2018, 21 (6): 67-82.

[122] 汪旭晖，张其林. 电子商务破解生鲜农产品流通困局的内在机理——基于天猫生鲜与沱沱工社的双案例比较研究 [J]. 中国软科学, 2016, 31 (2): 39-55.

[123] 汪旭晖，张其林. 平台型电商企业的温室管理模式研究——基于阿里巴巴集团旗下平台型网络市场的案例 [J]. 中国工业经济, 2016, 34 (11): 108-125.

[124] 汪旭晖，张其林. 平台型电商声誉的构建：平台企业和平台卖家价值共创视角 [J]. 中国工业经济, 2017, 35 (11): 174-192.

[125] 汪旭晖，张其林. 平台型网络市场"平台—政府"双元管理范式研究——基于阿里巴巴集团的案例分析 [J]. 中国工业经济, 2015, 33 (3): 135-147.

[126] 王长军，蔡昱瑶. 考虑消费者多样性的卖家声誉网络扩散研究 [J]. 工业工程与管理, 2018, 23 (3): 164-170.

[127] 王强，陈宏民，杨剑侠. 搜寻成本、声誉与网上交易市场价格离散 [J]. 管理科学学报, 2010, 19 (5): 15-24.

[128] 王林，曲如杰，赵杨. 基于评论信息的网购情景线索类型及其作用机制研究 [J]. 管理评论, 2015, 27 (4): 156-166.

[129] 王永钦，刘思远，杜巨澜. 信任品市场的竞争效应与传染效应：理论和基

于中国食品行业的事件研究 [J]. 经济研究，2014，60（2）：141-154.

[130] 王秀为，胡珑瑛，王天扬. 基于制度信任的出借方对网贷平台初始信任产生机理研究 [J]. 管理评论，2018，30（12）：99-108.

[131] 王玮，陈丽华. 网络效应下创新企业的最优产品策略 [J]. 中国管理科学，2014，31（13）：560-565.

[132] 王子贤，吕庆华. 感知风险与消费者跨境网购意愿——有中介的调节模型 [J]. 经济问题，2018，40（12）：61-67.

[133] 王勇，冯骅. 平台经济的双重监管：私人监管与公共监管 [J]. 经济学家，2017，29（11）：73-80.

[134] 王勇，刘航，冯骅. 平台市场的公共监管、私人监管与协同监管：一个对比研究 [J]. 经济研究，2020，55（3）：148-162.

[135] 吴德胜，李维安. 集体声誉、可置信承诺与契约执行——以网上拍卖中的卖家商盟为例 [J]. 经济研究，2009，55（6）：142-154.

[136] 吴锦峰，常亚平，潘慧明. 多渠道整合质量对线上购买意愿的作用机理研究 [J]. 管理科学，2014，27（1）：86-98.

[137] 肖红军. 共享价值式企业社会责任范式的反思与超越 [J]. 管理世界，2020，36（5）：87-115，133.

[138] 肖红军，李平. 平台型企业社会责任的生态化治理 [J]. 管理世界，2019，35（4）：120-144，196.

[139] 肖俊极，刘玲. C2C网上交易中信号机制的有效性分析 [J]. 中国管理科学，2012，20（1）：161-170.

[140] 薛有志，郭勇峰. C2C电子商务卖家的竞争战略研究：基于淘宝网的分析 [J]. 南开管理评论，2012，15（5）：129-140.

[141] 熊猛，叶一舵. 相对剥夺感：概念、测量、影响因素及作用 [J]. 心理科学进展，2016，34（3）：438-453.

[142] 鄢慧丽，余军，熊浩. 移动旅游应用用户粘性影响因素研究——以网络舆论为调节变量 [J]. 南开管理评论，2020，23（1）：18-27.

[143] 郁建兴，沈永东，周俊. 从双重管理到合规性监管——全面深化改革时代行业协会商会监管体制的重构 [J]. 浙江大学学报（人文社会科学版），2014，44（4）：107-116.

[144] 张琥. 集体信誉的理论分析——组织内部逆向选择问题 [J]. 经济研究，2008，54（12）：124-133.

[145] 张哲宇，罗彪，梁樑. 网络环境下的消费者态度转变——基于在线口碑信息框架交互作用的实验研究 [J]. 管理科学学报，2018，21（11）：23-39.

[146] 张正堂，李倩. 组织惩罚行为的决策动因与实施效应：研究综述 [J]. 经

济管理, 2014, 36 (4): 181-191.

[147] 张钰, 刘益, 李瑶. 营销渠道中控制机制的使用与机会主义行为 [J]. 管理科学学报, 2015, 24 (12): 79-92.

[148] 张新香, 胡立君. 声誉机制、第三方契约服务与平台繁荣 [J]. 经济管理, 2010, 32 (5): 143-150.

[149] 赵占波, 张钧安, 徐惠群. 基于公平理论探讨服务补救质量影响的实证研究——来自中国电信服务行业的证据 [J]. 南开管理评论, 2009, 12 (3): 27-34.

[150] 赵良杰, 武邦涛, 段文奇, 等. 消费者交互作用对网络效应产品扩散的影响——基于产品生命周期的视角 [J]. 系统工程理论与实践, 2012, 32 (1): 67-75.

[151] 周黎安, 张维迎, 顾全林, 等. 信誉的价值: 以网上拍卖交易为例 [J]. 经济研究, 2006, 52 (12): 81-91.

[152] 朱艳春, 张志晴, 张巍. 服务失败会影响网络卖家信誉吗?——基于露天拍卖网的实证研究 [J]. 北京工商大学学报 (社会科学版), 2017, 32 (2): 28-39.

[153] 朱翊敏. 在线品牌社群成员参与程度对其社群认同的影响——产品类型和品牌熟悉度的调节 [J]. 商业经济与管理, 2019, 39 (2): 51-61.

索引